法律硕士精品系列教材

监察法理论与实务

JIANCHAFA LILUN
YU SHIWU

主　编　谭宗泽
副主编　杨尚东　杨靖文
撰稿人（以撰写章节先后为序）
谭宗泽　杨尚东　周紫藤　郭文涛
冯文杰　陈子祯　杨靖文　王海琴
刘　建　付大峰　谭清值　袁　浦

中国人民大学出版社
·北京·

主编简介

谭宗泽　法学教授，博士生导师，博士后合作导师。现任西南政法大学校学位委员会委员、纪检监察学院执行院长、重庆市纪检监察理论与实务研究中心执行主任、宪法与行政法学学科带头人。兼任中国法学会行政法学研究会副会长、中国廉政法制研究会副会长、中共重庆市委法律顾问、重庆市人民政府法律顾问、重庆市人大常委会立法咨询委员、重庆市纪委监委咨询专家、重庆市行政复议委员会委员、重庆仲裁委员会仲裁员、重庆市教委咨询专家、重庆市若干法检单位咨询专家等。

主要从事纪检监察学、监察法学、行政法基础理论、行政诉讼法学、公务员制度、职务犯罪预防和廉政制度、社会管理创新等研究。主持国家社科基金项目、中国法学会重点课题、最高人民法院司法重大委托项目、最高人民检察院委托项目等国家级、省部级以及中外合作项目20余项。在《光明日报》《中国纪检监察》《现代法学》《行政法学研究》《政治与法律》等报纸杂志发表论文30余篇。主编《监察法论丛》《纪检监察学刊》等刊物，是重庆市线下一流课程“监察法学”课程负责人。

总　序

2022年10月16日，习近平总书记在中国共产党第二十次全国代表大会上的报告中强调："深化教育领域综合改革，加强教材建设和管理"。同时，党的二十大报告第七部分"坚持全面依法治国，推进法治中国建设"专门部署法治建设，要求发挥法治固根本、稳预期、利长远的保障作用，在法治轨道上全面建设社会主义现代化国家。习近平总书记指出，全面推进依法治国，建设一支德才兼备的高素质法治队伍至关重要。① 高校是法治人才培养的第一阵地，高校法学教育在法治人才培养中发挥着基础性、先导性作用。

在法治轨道上全面建设社会主义现代化国家，迫切需要法律硕士专业学位研究生（以下简称"法律硕士"）教育开辟一条加快培养高层次应用型法治人才的新渠道。法律硕士是具有特定法律职业背景的专业性学位，在培养目标上强调实务特点，主要培养立法、司法、行政执法和法律服务以及各行业领域德才兼备的高层次的复合型（专门型）、应用型法治人才。根据新时代法治人才培养的要求"立德树人、德法兼修、明法笃行"，要将法律硕士培养成具有坚定政治立场和崇高法律职业道德的法治人才，培养成具有宽基础、复合型、跨学科知识结构的法治人才，培养成能够综合运用法律、经济、管理、科技、外语、计算机以及其他方面专业知识独立从事法律实务和管理工作的法治人才。

近年来，各高校、科研院所及法律实务部门在应用型高级法律实务人才培养方面不断探索。西南政法大学作为新中国最早建立的高等政法学府，是国家首批卓越法律人才教育培养基地。自1979年开展研究生教育以来，西南政法大学坚持科学的研究生教育质量观，把研究生教育作为提升学校品牌的重要支点，坚定不移地推进改革，凝心聚力，攻坚克难，不断增强研究生教育的竞争力、吸引力和培养能力，以实施科教兴国战略和满足经济发展对高层次、高素质、创新型人

---

① 中共中央文献研究室．十八大以来重要文献选编：中．北京：中央文献出版社，2016：190.

才的需求为出发点，努力发展研究生教育。2010 年，西南政法大学被确定为教育部法律硕士教育综合改革试点高校；2013 年，西南政法大学被评为全国法律硕士优秀培养院校。西南政法大学紧紧围绕党中央的要求和国家经济、社会发展的需要，明确目标和功能定位，充分发挥培养复合型、实践型法律人才的作用，以培养德才兼备、系统掌握法学理论知识、具备实践能力、具有社会主义法治理念、能够独立从事法律实务或理论研究工作的高层次专门人才为目标，不断进行探索和创新：

——实施责任教授制度，创新课程管理模式。针对法律硕士专业必修课程实施责任教授制度，实行团队教学。课程所属学科确定一名课程责任教授，由其负责组建教学团队、主持课程建设的各项工作，包括课程规划、教学内容安排、课程进度控制、教学方法使用、考核评价方式等。课程责任教授制度的确立，改变了任课教师单打独斗的授课局面，形成了课程教学合力。

——推进课程教学改革，创新课程教学方法。自 2013 年大力推进研究生课程教学改革以来，制定并实施了《西南政法大学研究生课程教学改革办法（试点）》，推行基于问题、基于项目、基于案例的教学方法和学习方法，探索建立以学生为主体、以培养学生创新能力为主要特征的研究型教学方式，促进课程教学与科研训练、实习实践相结合。已立项建设 4 批次共 37 门改革课程，培育重庆市优质研究生课程 12 门。

——强化教学案例建设，注重实践能力培养。重视案例编写，积极开展案例教学，已组织编写校级法律硕士教学案例 21 个，其中 4 个教学案例入选首批全国法律硕士教学案例库，为首批入库案例最多的院校。在积极开展案例库建设的同时，大力推进案例教学，在法律硕士专业课程教学过程中，引用案例进行讲解的教学内容占比达到 30%以上。

——开设实践训练课程，强化职业能力培养。为适应职业型与复合型的人才培养定位，法律硕士人才培养要把理论知识与开展实务能力加以复合，要开展更加注重实务与应用的实践性教学。学校专门开设了法律实践训练课程，占法律硕士课程的四分之一，任课教师大都为校外行业专家，由此大大提升了学生的法律逻辑分析能力与知识运用能力。

法律硕士的招生院校及招生规模不断扩大，对专业法律人才的培养提出了新的挑战，对法律硕士教学规范化也提出了比较高的要求。党的二十大报告指出：“深化教育领域综合改革，加强教材建设和管理，完善学校管理和教育评价体系，健全学校家庭社会育人机制。”这说明深化教育领域综合改革，扎实推进法律硕士教育、加强相关教材建设非常关键。在 2012 年前后，西南政法大学与中国人民大学出版社共同推出针对法律硕士的“应用型高级法律人才系列教材”。该套教材内容设计贴近教学需要，编写质量优良，打下了较好的教材基础。为遵循法律硕士的教学特点和更加贴近司法实务的教学要求，西南政法大学根据全国专业学位研究生教育指导委员会《专业学位研究生核心课程指南（试行）》，更新编写了这套“法律硕士精品系列教材”。该系列教材体系的构建主要有几点考虑：

第一，提升教材的普适性，按照全国专业学位研究生教育指导委员会《专业学位研究生核心课程指南（试行）》的目录搭建对应的系统性教材。

第二，立足教材的应用性，结合实务训练课程需要编写案例丰富、实践性强、以案说法的实务性教材。

第三，侧重特色交叉教材，以满足学校新兴学科发展需要和法律硕士教育特色发展为目标，编写特色教材。

本套教材得以面世，首先要感谢校内外多位主编、编委和作者的精诚合作和辛勤笔耕；还要感谢中国人民大学出版社的大力支持，感谢郭虹社长对教材编写和出版的精心策划与宝贵建议。西南政法大学副校长唐力教授及校党委常委、研究生院院长李燕教授在教材设计和编写方面做了大量的开创性工作；还有很多工作人员在教材编写和出版过程中默默付出辛劳，我代表编委会对他们一并表示诚挚的敬意和谢忱。

付子堂

2022 年 10 月 29 日于西南政法大学

前　言

事关全局的国家监察体制改革，是党和国家在新时代背景下展开的一项重大政治体制改革。这项改革不仅重塑并续造了我国“八二宪法”的基本体例，革新了既存的宪制以及以宪法为核心的法律体系，还进一步调整和优化了既存的国家机构与国家权力的结构、宪法法律制度及党政关系、党法关系等，可谓是在中国特色社会主义理论指导下进行的政治制度、政治结构与政治关系的创造性转化和创新性发展。

从这项改革的具体推行来看，国家监察体制改革集中展现了立足于中国政治实践，符合中国客观实际，具有中国特色，遵循“重大改革于法有据”的中国特色社会主义法治的理念、逻辑和方法论。2016 年 11 月，中共中央办公厅印发了《关于在北京市、山西省、浙江省开展国家监察体制改革试点方案》，部署在北京、山西、浙江三省、市设立各级监察委员会，从体制机制、制度建设上先行先试、探索实践，为国家监察体制改革在全国推开积累经验，由此拉开了国家监察体制改革的帷幕。2017 年 11 月 4 日，第十二届全国人民代表大会常务委员会第三十次会议通过了《全国人民代表大会常务委员会关于在全国各地推开国家监察体制改革试点工作的决定》，由此国家监察体制改革在全国推行开来。

深化国家监察体制改革，是以习近平同志为核心的党中央作出的具有全局性的重大政治体制改革，其中一个重要任务就是设立监察委员会。为满足这项改革的需要，为给这项改革提供宪法法律支撑，2018 年 3 月 11 日，第十三届全国人民代表大会第一次会议通过了《中华人民共和国宪法修正案》（以下简称《宪法修正案》），在《宪法》第三章“国家机构”部分专门增设“监察委员会”作为第七节，专门对监察委员会的产生、组织结构、人员组成、性质、地位、工作原则、领导体制及其与其他国家机关之间的关系作了明确规定，确立了监察委员会作为国家专责机关的宪法地位，实现了国家监察体制改革这一重大成果的宪法化，形成了“一府一委两院”的国家机构新格局。《宪法修正案》不仅为监察制度建构奠定了宪法基础，而且为监察委员会依法行使职权、开展工作提供了宪法根据，同时还为制定监察法等法律法规提供了宪法依据。

为进一步细化宪法的规定，规范监察委员会的行为，并为国家监察权运行提供法律保障和制度支撑，2018 年 3 月 20 日，第十三届全国人民代表大会第一次会议通过了《中华人民共和国监察法》（以下简称《监察法》），分九章共六十九条，对《监察法》的立法目的、依据、基本原则，以及监察机关及其职责、监察范围和管辖、监察权限、监察程序、反腐败国际合作、对监察机关和监察人员的监督、法律责任等作了详细规定。至此，国家监察体制改革以及监察制度的顶层制度设计与基本框架初步确立。与此同时，作为中国法学的一个新兴学科和理论研究领域，监察法学也随之生长起来。

为了深入贯彻实施《宪法》和《监察法》，保障国家监察委员会依法履行最高监察机关职责，2019 年 10 月 26 日，第十三届全国人民代表大会常务委员会第十四次会议通过了《全国人民代表大会常务委员会关于国家监察委员会制定监察法规的决定》，决定授予国家监察委员会根据监察工作实际需要，可以依据宪法和法律就为执行法律的规定需要制定监察法规，以及为履行领导地方各级监察委员会工作的职责需要制定监察法规等事项制定监察法规的权力，并明确了监察法规不得与宪法、法律相抵触，以及其制定、公布的具体程序与效力，备案要求，有权撤销的主体等内容。为推进国家监察体制改革进一步深化，规范监察机关的行为，推进政务处分的法治化、规范化，加强对所有行使公权力的公职人员的监督，促进公职人员依法履职、秉公用权、廉洁从政从业、坚持道德操守，并实现党纪与国法的有效衔接，根据《监察法》的规定，2020 年 6 月 20 日第十三届全国人民代表大会常务委员会第十九次会议表决通过了《中华人民共和国公职人员政务处分法》（以下简称《公职人员政务处分法》），进一步明确了政务处分的主体和基本原则、公职人员违法行为及其适用的处分，以及政务处分依法应遵循的程序与被处分人员的救济途径等。为了推进反腐败工作规范化、法治化，推进高素质专业化监察官队伍建设，并加强对监察官的管理和监督，保障监察官依法履行职责，维护监察官合法权益，2021 年 8 月 20 日第十三届全国人民代表大会常务委员会第三十次会议表决通过了《中华人民共和国监察官法》（以下简称《监察官法》），进一步明确了监察官的职责、义务和权利，担任监察官的基本条件及其选用、任免、管理、考核和奖励、监督和惩戒、职业保障等。这些法律法规的出台，必将大力推进国家监察体制改革深化的步伐，推动反腐败工作向纵深发展。

“党和人民事业发展需要一代代中国共产党人的接续奋斗，必须抓好后继有人这个根本大计。”[①] 换言之，无论是国家的发展，还是高校、学科与专业的发展，都需要人才，尤其是对于监察法治实践而言，没有专业化的人才支撑，国家监察全覆盖就难以实现。积极推动教育教学改革，推进监察法学教材建设等工作，则是高校服务于党和国家需要，优化学科发展的必然要求。例如，我国《监察官法》在第三十条、第三十二条就明确规定了，对监察官应当有计划地进行政治、理论和业务培训，培训应当突出政治机关特色，坚持理论联系实际、按需施教、讲求实效，提高专业能力。国家加强监察学科建设，鼓励具备条件的普通高等学校设置监察专业或者开设监察课程，培养德才兼备的高素质监察官后备人才，提高监察官的专业能力。作为监察法学的研习者，我们应该有这样的认知，学好监察法，既是这个时代给予我们的不容错过的机遇，也是这个时代赋予我们的义不容辞的责任。

不断满足深化国家监察体制改革的客观需求，推动我国包括监察法治在内的法治国家工程建设，培养新时代忠诚干净担当的监察法治人才，是监察法学教育乃至于法学教育及法学理论研究的重要职责。习近平总书记在多个场合多次强调，要善于用法治思维和法治方式反对腐败，推进反腐败工作规范化、法治化，与此同时，习近平总书记还对监察干部队伍寄予殷切期望，要求努力建设一支政治素质高、忠诚干净担当、专业化能力强、敢于善于斗争的监察铁军。更进一步说，加强规范化、法治化、正规化的监察法学教育、教学制度及教材建设等，是锻造高素质、专业化监察铁军的基本保证，而不断完善和拓展监察法学的知识体系、理论体系、学科体系、学术体系，深化监察法学基础理论研究，则是推进国家监察法治人才培养，建设政治素质高、忠诚干净担当、专业化能力强、敢于善于斗争的监察铁军的重要工作内容。

而学好监察法，则有利于我们把握时代的脉搏及其客观需求。习近平总书记指出，坚持和加强党的全面领导，关系党和国家前途命运，我们的全部事业都建立在这个基础之上，都根植于这个最本质特征和最大优势。国家监察体制改革，基本目的是构建起国家监察机关，实现对所有行使公权力的公职人员的全覆盖监察；根本目的则是通过国家法律把党对反腐败工作的集中统一领导机制固定下来，推进不敢腐、不能腐、不想腐的“三不腐”机制建设，把权力关进制度的笼子，实行合署办公，实现依规治党与依法治国、党内监督与国家监督、党的纪律检查与国家监察的有机统一，为夺取反腐败斗争压倒性胜利提供坚强的法治保

① 中共中央关于党的百年奋斗重大成就和历史经验的决议. 北京：人民出版社，2021：74.

证，推进国家治理体系和治理能力现代化；而更深层次的目的则在于进一步调整和优化党政关系及国家政治的基础结构，加强党的集中统一领导，确保党始终是坚持和发展中国特色社会主义、实现中华民族伟大复兴的领导核心的地位。我们只有认识到这项改革的目的，才能更充分地理解国家监察制度的顶层设计，才能更好地认识监察制度运行的基本规律，也才能更好地学习监察法并把握监察法治的客观实践。

那么，最终问题就落在了我们应如何学习和把握监察法学体系这一问题上。监察法可谓是对监察委员会行使监察权展开监察活动进行规范的法律规范的总称，监察法学则是法学领域内以监察法律现象为研究对象的一门学科，亦属于部门法学，且是以监察法律、法规以及监察制度、监察权、监察程序等为主要研究内容的科学。监察委员会入宪及《监察法》的出台，在宪制与人民代表大会制度下形成了“一府一委两院”相互配合制约的国家机构新格局及立法权、行政权、审判权、检察权、监察权相互平行且独立运行的国家权力新结构。显而易见的是，与其他传统的部门法学相比，监察法学的政治性更强，这已是基本的共识。而也正是因为如此，在这项改革推行的过程当中出现了基于合署办公及监察委员会不设党组、不决定人事事项，认为“监察机关是政治机关，本质上就是党的工作机构”，监察委员会作为政治机关，政治属性是第一属性、根本属性，必须始终把讲政治放在第一位这样的观点。当然，改革过程中还出现了如“监察委员会是党集中统一领导下的反腐败工作机构”“监察委员会是专责机关，就是国家的监察机关”“监察权是‘第四权’”“监察权是监督权”“监察权是治权之权”等观点，甚至还有观点认为“监察权是行政权”“监察权兼具行政权与司法权双重属性”。从学者们的相关论述和观点来看，“监察权既不是行政权，也不是司法权，而是一项独立的国家权力”已成为主流观点。

这其中，值得反思和进一步追问的是，“监察机关是政治机关”吗，我们究竟应当如何来认识监察机关，如何来对其定性，如何理解其所具有的一般属性和特殊属性？如何认识这项改革，不仅会直接影响我们如何定性监察机关、如何看待国家监察这项制度，也会直接影响我们对于监察权运行、监察法治实践等系列问题的判断。应当明确的是，在宪法法律意义上，各级监察委员会是国家机构，是国家的监察机关，这是毋庸置疑的。而从这项改革的深层次目的以及改革具体所采取的各项举措来说，宜将合署体制下的监察机关定性为政治监督机关，其建构的目的是监督“政治”，即保证党和国家的政治肌体不变质、不变色，坚持人民民主专政的社会主义国家的性质不变，坚持人民代表大会制度这一根本政治制度不变，坚持走中国特色社会主义发展的道路不变、方向不变，确保党长期执政，国家长治久安，一切权力属于人民。只有理解和认识到这一点，我们才能更好地理解和认识这项改革以及国家监察制度，才能学好监察法，把握监察法治实践。与此同时，才能更好地理解和掌握监察法的基本原理、原则与规则，也才能更好地把握监察机关及其职责，监察管辖的范围，监察的基本权限，监察对象及其监察程序，以及为何要进行反腐败国际合作，如何强化对监察机关和监察人员的监督等监察法学的核心内容。

本教材由西南政法大学监察法学院监察法教研室编写而成。具体撰写分工为：前言由西南政法大学谭宗泽教授编写，第一章由西南政法大学谭宗泽教授、杨尚东副教授、周紫藤助理研究员编写，第二章由西南政法大学谭宗泽教授、郭文涛博士编写，第三章由西南政法大学郭文涛博士编写，第四章由西南政法大学冯文杰博士、陈子祯博士编写，第五章由西南政法大学杨靖文副教授、陈子祯博士以及王海琴博士编写，第六章由西南政法大学刘建副教授、付大峰博士编写，第七章由西南政法大学谭清值副教授编写，第八、九章由西南政法大学袁浦博士编写。此外，周奔、苗畅与沈夏欣三位同学参与全书的校对工作，在此一并表示感谢。

西南政法大学是全国最早成立监察法学院的院校之一。早在 20 世纪 80 年代初，西南政法大学就开始关注监察制度法制化问题，我校王连昌教授更是率先提出了重建国家监察机关的建议，并于 1981 年在《现代法学》上公开发表了《建议重建国家监察机关》一文。2018 年 3 月 20 日，西南政法大学监察法学院于《监察法》通过当日挂牌成立，正式启动了监察法学科建设，截至目前，已经形成了完整的“本、硕、博”三个层次的人才培养模式和体系，招收监察法学硕士研究生、法律硕士（监察法实务）研究生、博士研究生。开设课程有“纪检监察学”“监察法学”“监察法学专题研究”“监察法学原理与实务”“监察法学经典案例研究”等。希望本教材的出版发行能够进一步推进监察法学的教育和研究，为全国监察法学教学及人才培养提供一定的参考和借鉴，助力于广大读者朋友们学习和研究监察法学。

最后，因教研室老师们对于监察法治的客观实践缺乏完全的接触和了解，老师们自身的研究领域、写作风格等也不尽相同，且时间和精力有限，对于本教材中存在的疏漏、错误及不当之处，敬请广大读者朋友们批评、指正，在此一并表示衷心的感谢！

目　录

第一章　监察法学基本概念

自我国进行监察体制改革以来，“监察”整合了行政机关内部的行政监察以及检察机关的反贪污贿赂和预防腐败职能，并与党的纪律检查相贯通，形成了具有中国特色的监察监督职能。而《监察法》的颁布与施行，为我国的监察体系构建了基本框架，为监察机关行使监察职权提供了基本依据，是确认监察体制改革成果的基本法律。监察法学是以监察法律规范为核心研究对象，具有专门性和新兴性的专门法律学科，也是正处于发展中的学科。监察法的基本原则体现了监察法律法规的根本价值，反映了中国特色腐败治理体系和治理能力现代化的要求，对于监督、调查以及处置等监察活动具有根本性的指导与协调作用，是监察委员会、其他国家机关以及监察活动参与人共同遵守的基本准则。

第一节　监察

一、监察与国家监察

（一）监察

监察之“监”，其古字形描绘的是一个人俯身低头面对盛水的器皿，本意是以水为镜照视自己，这种照视是由上往下看的。《说文解字》中“监，临下也”，亦含有“居高视下”之义，由此“监”作动词便引申出检视、监督等含义。监察之“察”，《辞源》解释为细看、详审，其本意为仔细看、调查研究、细致深刻地观看。《左传·庄公十年》中“小大之狱，虽不能察，必以情”，则有明察、知晓之意。“监”“察”二字结合，便组成了自上而下的以仔细检视而监督、以调查研究而明察的含义。因此，“监察”一词在古代最早是指自上而下进行监督、调查、控制、约束的监察活动和监察行为。唐代元稹《寄隐客》中有“监察官甚小，发言无所裨”，宋代王谠《唐语林·识鉴》中“初，岩为淮南崔铉度支使，除监察，十年不出京师，致位宰相”，以及《宋史·列传第九十九·刘挚》中“谏官御史员缺未补，监察虽满六员，专以察治官司公事，而不预言责”，可见，随着秦汉时期从权力监督向监察制度转化的完成以及御史等监察职官的出现，“监察”亦指代负有监督察看之责的官吏。这也反映出，自古时起，“监察”就已经成为国家权力结构的一部分，有了专门开展监督、调查工作的监察机构以及行使监督职能的监察官员。

“监察”的英文为“supervision”，意为自上而下的监督、管理和指导，与我国“监察”的含义相近，都包含监督、管理、控制等意。但两者在制度模式上存在差异。国外的“监察”有多种模式，主要包括代议机关内部的行政监察、行政机关内部的行政监察和监察与审计合一的行政监察等。[①] 而我国在开展监察体制改革之后，当前的“监察”整合了行政机关内部的行政监察以及检察机关的反贪污贿赂和预防腐败职能，并与党的纪律检查相贯通，成为具有中国特色的监察监督职能。

（二）国家监察

国家监察，指国家以监察权来监督和制约公权力，目的在于“把权力关进制度的笼子里”。2016 年 1 月，十八届中央纪委六次全会的召开使“国家监察”首次在中央会议上得到了深入阐述，习近平总书记提出要健全党统一领导、全面覆盖、权威高效的权力制约监督体系。我国自 2016 年开始国家监察体制改革，这是我国权力监督体系的一次重大变革，其将行政监察以及检察院的司法监督并入监察委员会，形成了“一府一委两院”的宪制结构以及全面覆盖国家机关和所有行使公权力的公职人员的权威高效的国家监察体系。监察体制改革后的“国家监察”是指，各级监察委员会作为独立行使国家监察职能的专责机关，依法履行监督、调查、处置职责，对所有行使公权力的公职人员进行监督。其有以下特征：

---

① 吴建雄，廖永安. 监察法学. 北京：中国人民大学出版社，2020：1.

1. 监察机关具有独立性

从我国的古代监察制度史来看，秦汉时期的监察和行政不分，监察组织未完全独立，魏晋时期御史台逐步从行政机关脱离，成为独立的监察机关，元朝时已形成全国范围的垂直监察网络，明清时期的监察组织制度更是高度完备。监察机关逐渐取得独立地位，充分反映了监察机关的独立性对监察制度运行及形成国家监察实效的重要性。我国的监察体制改革亦赋予了监察机关独立的宪法地位。2018年3月11日，第十三届全国人民代表大会第一次会议通过的《宪法修正案》，第三章中增加了第七节“监察委员会”，其第一百二十七条第一款规定“监察委员会依照法律规定独立行使监察权，不受行政机关、社会团体和个人的干涉”。同时通过的《监察法》在第四条亦有相同的规定，由此便确立了我国国家监察的独立原则。各级监察委员会是行使国家监察职能的专责机关，上下级之间为领导与被领导的关系，整个监察系统独立且不受干涉，与审判机关、检察机关、执法部门等其他国家机关的关系为相互配合、相互制约。

2. 监察全面覆盖

(1) 监察对象全覆盖。

在监察体制改革之前，党的纪律检查对象仅为党员，不能覆盖其他非党员公职人员；行政监察的对象仅为行政机关的公务员及其任命的其他人员，不能覆盖其他国家机关的公职人员；检察机关的预防腐败和反贪、反渎职能只是针对《中华人民共和国刑法》（以下简称《刑法》）规定的“国家工作人员”。监察体制改革后，监察委员会与党的纪律检查委员会合署办公，通过深化派驻机构改革，赋予派驻机构监察权以及推动国家监察向基层延伸，实现了国家监察对所有行使公权力的公职人员的全面覆盖。

《监察法》第十五条通过列举的方式规定了监察机关的监察对象范围，包括中国共产党机关、人民代表大会及其常务委员会机关、人民政府、监察委员会、人民法院、人民检察院、中国人民政治协商会议各级委员会机关、民主党派机关和工商业联合会机关的公务员，以及参照《中华人民共和国公务员法》（以下简称《公务员法》）管理的人员；法律、法规授权或者受国家机关依法委托管理公共事务的组织中从事公务的人员；国有企业管理人员；公办的教育、科研、文化、医疗卫生、体育等单位中从事管理的人员；基层群众性自治组织中从事管理的人员；其他依法履行公职的人员。该条规定使用公务员、“参公管理”人员、管理人员等提法，全面覆盖了所有行使公权力的公职人员。《中华人民共和国监察法实施条例》（以下简称《监察法实施条例》）对《监察法》第十五条进行了细化规定，进一步明确了监察对象的范围。“监察对象”与《刑法》在职务犯罪部分规定的“国家工作人员”相比，范围更广。除第一类与《刑法》规定一致，其他四类监察对象都超出了《刑法》所规定的职务犯罪主体范围，如第二类中规定的法律、法规授权或者受国家机关依法委托管理公共事务的组织中从事公务的人员，超出了《刑法》中依法或受委托行使国家行政管理职权的准国家机关工作人员的范畴。[①]

（2）监察事项全覆盖。

首先，监察委员会与党的纪律检查委员会合署办公，故要对公职人员中党员违反党内各项纪律的情况进行监督执纪。其次，根据《监察法》和《公职人员政务处分法》的规定，监察委员会依法履行监督、调查、处置三项职责，除了要对涉嫌贪污贿赂、滥用职权、玩忽职守、权力寻租、利益输送、徇私舞弊以及浪费国家资财等职务违法和职务犯罪进行调查和处置外，对于公职人员非职务的违法犯罪行为，也要根据行政处罚和刑事处罚对其作出政务处分决定。同时，监察委员会亦重视事前的监督检查，包括对公职人员的依法履职、秉公用权、廉洁从政从业以及道德操守等各方面的情况进行监督。最后，监察委员会对于履行职责不力、失职失责的领导人员要进行问责，对监察对象所在单位的廉政建设和履行职责方面存在的问题等可提出监察建议。由此可见，监察机关在监察事项上也基本实现了全面覆盖。

3. 监察权的行使具有强制性

区别于社会监督、民主监督、舆论监督等多种监督形式，监察权作为一项新型的国家权力，其行使具有强制性。这种强制力确保了监察工作的顺利开展，并促进反腐实效的实现。

首先，监察权的强制性体现在监察机关的职权行使方式上。根据《监察法》的规定，监察机关在行使调查权时，可以采取讯问、留置、搜查、查封、冻结、扣押、技术调查、通缉、限制出境等强制性措施，且必要时由公安机关协助执行，其他相关单位和个人也必须予以配合。其次，监察权的强制性体现在职权行使效果上。监察机关或对违法的公职人员依法作出政务处分决定，或将涉嫌职务犯罪的公职人员移送检察机关依法审查起诉，追究其刑事责任，强制性的处置结果做到惩治与教育相结合，对未违法犯罪的公职人员亦起到震慑作用，从而达到预防腐败的效果，对推进“不敢腐”的惩戒机制建设具有重要意义。

---

① 马方，任惠华. 监察调查程序与方法. 北京：中国方正出版社，2020：11.

二、监察权与公权力

根据《中华人民共和国宪法》（以下简称《宪法》）和《监察法》，监察权是指监察委员会享有并行使的，依法对所有行使公权力的公职人员进行监督检查，并对涉及职务违法和职务犯罪的公职人员进行调查和处置的权力。公权力在传统意义上是指人类共同体成员赋予共同体组织对内对外作出代表其成员意志和利益的行为的能力和力量，在现代社会主要指国家权力。[①] 有学者认为，根据狄骥的公共服务理论，以及国家监察全面覆盖的制度设计，《监察法》意义上的公权力已超越传统意义上对“公权力”的理解，应包括国家公权力、社会公权力和国际公权力。[②] 监察权与公权力的关系如下：

1. 监察权是一种独立的国家公权力

自古时起，“监察”就是国家权力结构的一部分，并设有专门的监察机构和监察官员，因此监察是一种国家公权力的行使活动，监察权是一种国家公权力。国家监察体制改革前，我国的国家权力体系中并不存在独立的监察权，行政监察权在本质上仍归属于行政权，其行使主体为行政机关内部的专门机构。国家监察体制改革后，《宪法》设置了监察委员会作为行使国家监察权的专责机关，监察权成为一项由监察机关依法独立行使的新型的国家公权力。“一府一委两院”的全新宪制结构，以及《宪法》和《监察法》中监察机关“不受行政机关、社会团体和个人的干涉”“监察机关办理职务违法和职务犯罪案件，应当与审判机关、检察机关、执法部门互相配合，互相制约”等规定，充分表明了监察权是设置于立法权、行政权、司法权之外的另一种独立的国家公权力。

2. 监察权监督和制约公权力

在古代中国，监察权就被皇帝用来制衡和监督其他权力，在国家权力体系中拥有相对独立的地位。如宋代奉行“异论相搅”，即互相牵制的监察思想。其认为官僚体系中最重要的，除了宰执就是台谏，要重视对宰执大臣的监督。台谏官被认为是君主的耳目，要监督宰执以下的文武百官，防范宰相和百官滥用权力。

具有强制力的公权力天然地就有被滥用的可能，监察权在国家公权力体系中拥有独立的地位，其本质上就是一种专门用来监督和制约其他公权力的权力，以防止公权力的滥用和异化。监察机关行使监察权的活动就是通过公权力来制约公

---

① 姜明安. 公法与政治文明. 公法研究，2004（0）：260－273.

② 谭宗泽. 论国家监察对象的识别标准. 政治与法律，2019（2）：66－77.

权力而展开的监察活动，根据《宪法》和法律对其他所有行使公权力的公职人员进行监督。基于此，“公权力”可视为监察对象的识别标准，凡是享有并行使公权力的公职人员，都要接受监察机关的监督。

三、监察与法治国家

《宪法》第五条规定：“中华人民共和国实行依法治国，建设社会主义法治国家。……一切国家机关和武装力量、各政党和各社会团体、各企业事业组织都必须遵守宪法和法律。一切违反宪法和法律的行为，必须予以追究。任何组织或者个人都不得有超越宪法和法律的特权。”1999 年第九届全国人大二次会议通过的《宪法修正案》将“中华人民共和国实行依法治国，建设社会主义法治国家”作为《宪法》的第五条第一款，确立了“依法治国”的方针，标志着我国治国方略的重大转变。党的十八大以来，以习近平同志为核心的党中央提出全面依法治国，并将其纳入“四个全面”战略布局。可见，我国实行依法治国，法治是我国国家治理的基本方略。而权力监督与依法治国是相辅相成的，要建设社会主义法治国家，就必须对参与国家治理的公权力进行监督，使其在法治的轨道上运行；要进行权力监督，又需注重法治思维和法治方式的运用，使权力监督制度体系更加科学和规范。

国家监察体制改革是全面依法治国顶层设计的重要内容，解决了长期以来存在的反腐败资源分散的体制性问题。监察体制改革后的国家监察，即监察法治，不只是一种简单的法律制度，而是作为中国特色社会主义国家治理的新模式，为深入推进国家反腐败工作提供了相应的法治保障。完善监察制度，实现反腐败工作法治化，是新时代推进全面依法治国的重要任务。纪检监察机关也要充分认识全面推进依法治国的重大战略意义，把握党风廉政建设和反腐败工作提出的新要求，担负起强化权力监督的重任，循着监察法治化的轨道行使监察职权，以法治思维和法治方式进入反腐新常态。

课后练习

1. 监察体制改革后的“国家监察”有何特点？
2. 监察权与公权力有何关系？
3. 我国进行监察体制改革的任务是什么？有何重要意义？

第二节 监察法

一、关于监察法的一般定义

监察法的定义有狭义和广义之分。狭义的监察法是指《监察法》这部法律本身。《监察法》在 2018 年 3 月 20 日由第十三届全国人民代表大会第一次会议通过并颁布施行，为我国的监察体系构建起了基本框架，为监察机关行使监察职权提供了基本依据，是确认监察体制改革成果的基本法律。广义上的监察法是调整监察关系的法律规范的总称，包括规范监察机关及其工作人员监察职权行使的各种监察法律、法规等。对于监察法，我们可作以下一般定义：监察法是调整监察关系，由监察机关及其工作人员据以履行监察职能，从而规范、监督公权力的法律规范。

二、监察法是调整监察关系的法

监察关系是指由监察机关依法履行监察职责而与监察对象和其他涉案人员、其他国家机关以及其他与监察工作相关的单位和个人之间产生的权利义务关系，也包括上下级监察机关，以及监察机关与监察人员的关系。监察关系要接受监察法的规范和调整，调整监察关系是监察法的基本功能。

1. 监察法调整监察机关与监察对象和其他涉案人员的关系

监察机关与监察对象的监察与被监察关系是监察法所调整的最核心的监察关系。

对于监察机关来说，监察法规定其有监督、调查、处置三项权能。具体来讲，包括对公职人员依法履职、秉公用权、廉洁从政从业以及道德操守情况的监督检查权，对公职人员职务违法和职务犯罪的调查权，以及对违法和涉嫌职务犯罪等公职人员的处置权。监察机关对监察对象行使监察权要严格按照《监察法》规定的程序进行，并保障监察对象的合法权益，如：《监察法》第四十条第二款规定“严禁以威胁、引诱、欺骗及其他非法方式收集证据，严禁侮辱、打骂、虐待、体罚或者变相体罚被调查人和涉案人员”，第四十四条第二款规定“监察机关应当保障被留置人员的饮食、休息和安全，提供医疗服务。讯问被留置人员应当合理安排讯问时间和时长，讯问笔录由被讯问人阅看后签名”。

对于监察对象来说，其有义务配合监察机关的监督、调查，并接受监察机关对其所作出的处置，但同时监察法也赋予了监察对象保障自身合法权益的救济权利，如《监察法》第四十九条规定了监察对象对监察机关作出的涉及本人的处理决定不服时的复审、复核申请权；第六十条规定了当监察机关及其工作人员有违反法律法规、侵害被调查人合法权益的行为时，被调查人及其近亲属有申诉和申请复查权。

对于非公职人员的其他涉案人员，《监察法》第二十二条在规定监察机关的留置措施时也作了相应的规定——“对涉嫌行贿犯罪或者共同职务犯罪的涉案人员，监察机关可以依照前款规定采取留置措施”，即在监察机关已经掌握被调查人部分违法犯罪事实及证据，仍有重要问题需要进一步调查时，若有涉及案情重大、复杂的，可能逃跑、自杀的，可能串供或者伪造、隐匿、毁灭证据的，可能有其他妨碍调查行为的四种情形之一的，经监察机关依法审批，监察机关可以将其留置在特定场所。虽然，监察机关应当在留置期间保障其合法权益，相关的涉案人员应当配合监察机关的留置和调查工作。

2. 监察法调整监察机关与其他国家机关、单位的关系

第一，监察法规定了监察机关与人民代表大会（以下简称人大）的关系。《监察法》第八条和第九条分别规定了国家监察委员会和地方各级监察委员会由同级人大产生，以及组成人员的产生方式、任期等，并规定了监察机关对人大负责并接受其监督。第五十三条规定了人大对监察机关的监督方式为“各级人民代表大会常务委员会听取和审议本级监察委员会的专项工作报告，组织执法检查。县级以上各级人民代表大会及其常务委员会举行会议时，人民代表大会代表或者常务委员会组成人员可以依照法律规定的程序，就监察工作中的有关问题提出询问或者质询”。

第二，监察法规定了监察机关与审判机关、检察机关、执法部门的关系。《监察法》第四条规定：“监察委员会依照法律规定独立行使监察权，不受行政机关、社会团体和个人的干涉。监察机关办理职务违法和职务犯罪案件，应当与审判机关、检察机关、执法部门互相配合，互相制约。监察机关在工作中需要协助的，有关机关和单位应当根据监察机关的要求依法予以协助。”该条文确定了监察机关的独立地位，并规定了监察机关与审判机关、检察机关、执法部门之间“互相配合，互相制约”的关系。

“互相配合”体现在其他机关对监察机关调查工作的协助上，包括监察法所规定的监察机关在采取搜查、留置、技术调查、限制出境等调查措施时，公安机关等有关机关应当依法协助执行；也体现在监察机关和检察机关对公职人员涉嫌

职务犯罪案件的衔接工作上。另外，《监察法》第三十四条规定："人民法院、人民检察院、公安机关、审计机关等国家机关在工作中发现公职人员涉嫌贪污贿赂、失职渎职等职务违法或者职务犯罪的问题线索，应当移送监察机关，由监察机关依法调查处置。被调查人既涉嫌严重职务违法或者职务犯罪，又涉嫌其他违法犯罪的，一般应当由监察机关为主调查，其他机关予以协助。"也就是说，其他国家机关应当将其发现的监察范围内的问题线索及时移送给监察机关调查处置。

"互相制约"主要体现在公职人员职务犯罪案件进入司法程序后，人民检察院和人民法院对监察机关所产生的制约作用。《监察法》第四十七条规定："人民检察院经审查，认为需要补充核实的，应当退回监察机关补充调查，必要时可以自行补充侦查。对于补充调查的案件，应当在一个月内补充调查完毕。补充调查以二次为限。人民检察院对于有《中华人民共和国刑事诉讼法》规定的不起诉的情形的，经上一级人民检察院批准，依法作出不起诉的决定。监察机关认为不起诉的决定有错误的，可以向上一级人民检察院提请复议。"且在对案件审查起诉之后，人民法院按照《中华人民共和国刑事诉讼法》（以下简称《刑事诉讼法》）的规定，要对案件进行非法证据排除。

第三，监察法规定了监察机关与监察对象所在单位的关系。《监察法》第四十五条规定，监察机关可"对不履行或者不正确履行职责负有责任的领导人员，按照管理权限对其直接作出问责决定，或者向有权作出问责决定的机关提出问责建议"，且"对监察对象所在单位廉政建设和履行职责存在的问题等提出监察建议"。此外，从广义上的监察法来看，《公职人员政务处分法》所规定的"监察机关发现公职人员任免机关、单位应当给予处分而未给予，或者给予的处分违法、不当的，应当及时提出监察建议"，"对公职人员的同一违法行为，监察机关和公职人员任免机关、单位不得重复给予政务处分和处分"以及"公职人员因违法行为获得的职务、职级、衔级、级别、岗位和职员等级、职称、待遇、资格、学历、学位、荣誉、奖励等其他利益，监察机关应当建议有关机关、单位、组织按规定予以纠正"等，亦属于《监察法》所调整的监察关系。

3. 监察法调整监察机关之间及其与监察人员的关系

监察法规定了上下级监察机关之间领导与被领导的关系，国家监察委员会领导地方各级监察委员会的工作，上级监察委员会领导下级监察委员会的工作。《监察法》第十六条和第十七条规定了各级监察委员会的管理权限，监察机关之间对监察事项的管辖产生争议时的管辖权确定，以及上级监察机关的指定管辖和下级监察机关的报请管辖。第六十条规定了上一级监察机关对下级监察机关作出的申诉人所不服的处理决定的复查权。这些规定都体现了上级监察机关对下级监察机关有命令、指导和监督之权力与义务。

监察法是监察机关履行监察职能的基本遵循，而监察职能具体通过监察人员开展监察工作来实现，监察机关依据监察法来管理、监督监察人员的监察活动，并对监察人员本身提出能力和道德上的要求。监察人员要严格按照《监察法》所规定的程序和要求开展监察工作，如《监察法》第二十四条规定搜查女性身体应当由女性工作人员进行，第四十一条规定调查人员在采取调查措施时，应当按照规定出示证件，并由二人以上进行等。《监察法》第七章则重点说明了对监察人员各方面的要求，包括对其监察业务能力和政治素养提出的要求，以及登记备案制度、回避情形和脱密期管理规定。此外，监察机关要受理被调查人及其近亲属对该机关及其工作人员违反法律法规、侵害其合法权益行为的申诉。对于有滥用职权、玩忽职守、徇私舞弊行为的监察机关及工作人员，有权限的监察机关要对负有责任的领导人员和直接责任人员依法给予处理。

4. 监察法调整监察机关与其他监察工作参与者的关系

监察法规定监察机关在调查过程中，可以直接或者指派、聘请具有专门知识、资格的人员在调查人员主持下进行勘验检查；对于案件中的专门性问题，可以指派、聘请有专门知识的人进行鉴定。进行勘验检查的人、鉴定人以及检举人、控告人、证人等就属于其他监察工作参与者。《监察法》第六十四条规定："监察对象对控告人、检举人、证人或者监察人员进行报复陷害的；控告人、检举人、证人捏造事实诬告陷害监察对象的，依法给予处理。"

三、监察法是规范、监督公权力的法

只要是公权力，就有被滥用的可能。一切公权力都应当受到监督和制约，不受监督和制约的权力必然走向腐败，这是历史的经验与教训。新中国成立之前，党就领导人民探索建立能有效制约公权力的监察制度，新中国成立之后监察制度也随着权力监督体制改革的深化而不断向前发展。党的十八大以来，以习近平同志为核心的党中央在党风廉政建设和反腐败斗争方面作出了一系列重大决策部署。其中一个重要内容，就是着眼于更加科学有效地防治腐败，把加强对权力运行的制约和监督摆到更加重要的位置上，从顶层设计上持续加强制度建设。《监察法》第一条规定："为了深化国家监察体制改革，加强对所有行使公权力的公职人员的监督，实现国家监察全面覆盖，深入开展反腐败工作，推进国家治理体系和治理能力现代化，根据宪法，制定本法。”监察法的立法目的就在于规范、监督公权力的运行，实现对所有行使公权力的公职人员的监督全覆盖。

监察法首先规范、监督作为公权力的监察权。《监察法》的直接目的是建立我国的监察体系，推动监察工作顺利开展。《监察法》是监察机关及其工作人员行使监察权的法律依据，规定了监察机关的职能和权限，以及履行职能所要遵循的程序，并在第七章和第八章分别规定了“对监察机关和监察人员的监督”和“法律责任”，目的就在于规范和监督监察权的行使。

监察法亦是监督其他公权力的法，规范、监督监察权的行使就是为了更好地监督其他公权力，这是制定监察法的主要目的。首先，《监察法》第十五条规定的监察对象是对所有行使公权力的公职人员的监察全覆盖，也就是将所有公权力置于监察权的监督之下。其次，监察法赋予监察机关监督、调查、处置三项监察职能，监察事项范围不仅包括所有公职人员的职务违法和职务犯罪，还包括其依法履职、秉公用权、廉洁从政从业及道德操守等。最后，监察机关还可以对监察对象所在单位廉政建设和履行职责方面存在的问题等提出监察建议。由此，监察法规定了监察机关对公权力全覆盖式的监督。

四、我国监察法的形成与发展

我国古代在夏商周时期就产生了《官刑》《九刑》等“建邦之宫刑”与“治朝之法”，并将此作为纠察王室和百官的监察法。① 秦汉时期，古代监察法在规范内容的细致程度和立法技术上都有了较大的发展，从此时起，监察活动真正步入法制化轨道。该时期出现的《监御史九条》是我国古代第一部性质明确、内容简洁的监察法规，其与《刺史六条》共同开创了中国古代监察法之先例，堪称是奠基之作。

严格规范的监察制度是提高监察效能的重要手段。随着古代监察制度的发展，从汉代《刺史六条》到唐代《监察六法》，从明代《宪纲条例》到清代《钦定台规》，监察法规定的内容也日益严密和完善。完善的监察法不仅使监察官在行使监察权时有法可依、有章可循，也对监察官提出了更高的要求，同时监察官也必须接受各种严格的限制和纪律约束。如宋宁宗时期修成的《庆元条法事类》中就有关于监司出巡时发生违法违纪行为的惩治措施，并在实行纵向监察的同时规定了“监司互监”来防止监司“过举故纵”。② 我国古代监察法的形成和发展

① 张晋藩. 中国古代监察制度史. 2版. 北京：中国方正出版社，2019：20.

② 同①212.

对当代监察法律体系的完善和发展具有一定的启示意义。

民国时期的监察制度主要秉承孙中山先生提倡的三民主义和五权宪法，经历了北洋政府和南京国民政府两个时期。① 北洋政府的平政院履行明清以来都察院的弹劾职能，其组织和职权由《平政院编制令》进行规定。南京国民政府的监察院作为“五院”之一，根据1928年的《监察委员保障法》和1929年的《弹劾法》，对有违法失职行为的官员进行监督和弹劾。《中华民国监察院组织法》对监察机构、监察官员以及监察区作出了详细规定，是南京国民政府时期监察院运行和组织的法律依据。②

在新中国成立之前，中国共产党就领导中国人民探索建立能有效制约公权力的监察制度，1949年新中国成立后，监察制度也在不断向前发展。新中国成立初期对于人民政府内部设立“人民监察委员会/人民监察机关”的规定，见于《中华人民共和国中央人民政府组织法》第十八条和《中国人民政治协商会议共同纲领》第十九条。1954年新中国第一部宪法产生之后，全国人大通过了《国务院组织法》、《人民法院组织法》和《人民检察院组织法》，将“人民监察委员会”改为“监察部”。1955年11月，国务院常务会议批准了《监察部组织简则》，这是一部规定了监察部的组织、职权、职权行使程序，及其监察人员组成和内部领导关系的行政法规。1959年，当时的极左思想导致行政监察制度和工作受到干扰和破坏，监察部被撤销。③ 直至1986年12月，第六届全国人民代表大会常务委员会第十八次会议根据国务院的提请，决定为了恢复并确立国家行政监察体制，加强国家监察工作，设立中华人民共和国监察部。1997年5月9日，第八届全国人民代表大会常务委员会第二十五次会议通过《中华人民共和国行政监察法》（以下简称《行政监察法》），规定了行政监察机关的组织、职权、监察程序和法律责任等，作为行政监察机关行使职权的法律依据。

2016年11月，中共中央办公厅印发《关于在北京市、山西省、浙江省开展国家监察体制改革试点方案》，在三省市设立各级监察委员会，从体制机制、制度建设上先行先试、探索实践，为在全国推进监察体制改革积累经验。这次的国家监察体制改革旨在整合反腐败资源，实现对公职人员监察的全面覆盖，推进国家治理体系和治理能力现代化。结合监察体制改革的目的和试点经验，并在承继之前监察方面相关法律制度的基础上，2018年3月20日第十三届全国人民代表

① 马怀德. 监察法学. 北京：人民出版社，2019：23.

② 谭宗泽，张震，褚宸舸. 监察法学. 北京：高等教育出版社，2020：30.

③ 同②32.

大会第一次会议通过《监察法》，其最后一条规定“本法自公布之日起施行。《中华人民共和国行政监察法》同时废止。”自此，《监察法》代替《行政监察法》成为国家监察的法律依据，由监察委员会据以专责履行国家监察职能。

课后练习

1. 如何理解监察关系？
2. 监察法在规范、监督公权力上有何重要地位？
3. 阐述不同历史时期我国监察法的特点。

第三节　监察法学

一、监察法学的研究对象

监察法学是非常重要的一门法学分支学科，是社会科学的一种。狭义上的监察法学仅指以监察法律条文为研究对象的、以法教义学为主要内容的规范科学。而广义上的监察法学是指研究与监察法相关的理论、制度、实践等所有内容的学科。所以监察法学的研究对象主要包括监察法学理论、监察法律制度以及监察法律实践。

（一）监察法学理论

监察法学理论是监察法学的重要研究对象，是监察法学研究的根基。监察法学理论主要阐述监察制度的基本原理和基本规律，指导监察法律规范的制定和实施。我国监察法学的研究应当坚持以习近平新时代中国特色社会主义理论为指导思想，注重运用马克思主义哲学的研究思想。我国监察法的核心在于用监察权来监督和制约公权力，通过开展反腐败工作，把权力关进制度的笼子里，是国家公权力体系进行自我纠察、自我净化的制度。因此，监察法学理论研究亦必须把握国家监察制度的核心内涵和发展定位，由此才能使其指导监察法律规范的完善，并更好地服务于监察法律实践，从而形成反腐实效，推进国家治理体系和治理能力现代化。

（二）监察法律制度

监察法律制度是关于监察制度的所有法律规则的整体，是监察法学最为重点的研究对象。法学首先是研究法律规范的学科，故监察法学首先是研究监察法律规范的学科。因此，监察法学要研究包括《宪法》中关于监察制度的规定、《监察法》、《公职人员政务处分法》和《监察官法》等法律，国家监察委员会制定的《监察法实施条例》等监察法规，以及相关的法律解释等在内的整个广义上的监察法律规范体系的结构和内容，分析其在法律文本层面上的合理性和科学性，研究其适用情况，从而完善和发展监察法律制度。

（三）监察法律实践

监察法律实践是监察法律规范的实际执行情况，具体来说，主要是指监察机关及其工作人员履行监察职能所展开的各种具体活动。法学是实践的学科，法律只有通过实施才能在实践中发挥作用并产生实际效果，从而达到立法目的。监察法学的研究必须通过理论联系实践来开展，通过研究监察法的实际执行情况和最终的实施效果，发现实施中遇到的问题，从而联系监察法学理论为问题的解决提供具有可行性的路径，提高监察法实施成效，从而有利于深入开展反腐败工作，使监察法学的研究具有实际意义。

二、监察法学的主要内容

在我国，监察法学是一门新兴的法学分支学科，也是正处于发展中的学科。对于监察法学的主要内容，有学者将整个学科体系划分为监察法学总论和监察法学分论两个主要部分。监察法学总论集中讨论监察法的基本概念、立法目的、法律渊源、法律关系、基本原则和基本任务六个方面；分论则包括监察组织论、监察职权论、监察程序论、监察措施论、监察证据论、监察救济论、监察监督论和监察合作论八个方面。[①] 根据《监察法》的内容以及上述监察法学的研究对象，我们认为监察法学应包括下列主要内容：

（一）监察法的基本原理

监察法的基本原理主要包括监察法的基本概念、基本原则以及监察法的形成、发展和比较研究等内容。厘清监察法相关的基本概念是为了明确监察法的主要内涵和基本属性，从而明确监察法与其他法律的关联和区别。监察法的基本原则反映了监察制度的运行机制，贯穿并指导和规范监察活动的开展，确保监察机

① 张云霄. 监察法学新论. 北京：中国政法大学出版社，2020：20.

关及其工作人员依法高效履行监察职权，主要包括党的领导原则、集中统一与权威高效原则、监察法治原则、人权保障原则和配合制约原则。了解监察法的形成和发展过程有利于我们明确监察法的立法目的和主要任务，还有利于我们探寻监察法律制度的发展规律。通过与其他国家、地区的监察法进行比较研究，我们可以从不同监察法的基本原理和规律中得到一定的借鉴和启示，从而不断完善和发展我国的监察制度。

（二）监察法的法源

监察法的法源是指监察法律规范的表现形式，可分为制定法源和非制定法源，主要包括宪法、法律、监察法规、法律解释、判例、习惯与惯例、监察法理等。法的渊源是法学的基础性问题，是关乎法学理论和实践的重要研究方面。因此，研究监察法的法源对于认识完整的监察法律体系以及在实践中对法律规范的援引和适用具有重要意义。

（三）监察组织

监察组织是指监察机关及其工作人员，主要包括监察委员会的设置、产生、内部机构，对派驻或者派出监察机构、监察专员的规定以及监察人员的配置、产生，也包括监察系统内部上下级监察机关的关系和管辖权限等内容。

（四）监察行为

监察行为是指监察机关为行使监察权而开展的监察活动，具体指监察机关及其工作人员在履行监督、调查、处置职能时所采取的各种措施、实施的各种行为。如《监察法》在第四章“监察权限”里面规定了监察机关在行使调查权时可采取谈话、讯问、询问、留置、查询、冻结、搜查、调取、查封、扣押、技术调查、通缉、限制出境等措施。

（五）监察程序

监察程序是监察机关的监察行为所要遵循的程序，具体是指监察机关为履行监督、调查、处置职能而采取各种措施时应当遵循的方式、步骤、时限等。《监察法》第三十六条第一款规定：“监察机关应当严格按照程序开展工作，建立问题线索处置、调查、审理各部门相互协调、相互制约的工作机制。”严格按照监察程序开展工作的目的在于促使监察机关及其工作人员依法正确行使监察权，实现国家监察的程序正义。

（六）对监察机关和监察人员的监督

《监察法》第七章规定了对监察机关和监察人员进行外部监督和内部监督的多种形式。其中外部监督包括人大监督、民主监督、社会监督、舆论监督等，内部监督包括在内部设立专门的监督机构、登记备案、回避以及脱密期和从业限制等内容。打铁还需自身硬，对监察机关和监察人员进行监督的目的在于建设忠诚干净担当的监察队伍，防止出现“灯下黑”，以保证监察权的正确、规范行使，保证监察机关有效地开展监察工作。

（七）监察救济

监察救济是指监察对象以及其他相关人员在监察活动中认为自身合法权益受到侵害时，可以行使的救济权利和方式，主要包括监察对象对监察机关作出的涉及本人的处理决定不服时的复审、复核申请权，以及监察机关及其工作人员有违反法律法规、侵害被调查人合法权益的行为时，被调查人及其近亲属的申诉和申请复查权，还有申请国家赔偿等权利。监察救济体现了监察法的人权保障原则，对于保障公民合法权益、促使监察机关依法履职、维护监察制度权威等方面具有重要意义。

（八）监察法律责任

监察法律责任是指监察工作参与者因违反监察法规定而应承担的法律责任。《监察法》第六十一条规定：“对调查工作结束后发现立案依据不充分或者失实，案件处置出现重大失误，监察人员严重违法的，应当追究负有责任的领导人员和直接责任人员的责任。”第八章“法律责任”具体规定了监察机关及其工作人员、监察对象以及其他相关单位和个人应当承担法律责任的情形。关于监察法律责任的规定，一方面可以促使监察机关及其工作人员依法履职，体现了公权力机关“权责一致”的原则；另一方面可以促使监察对象和其他监察工作参与者依法配合、协助监察机关，从而有利于监察工作的顺利开展。

课后练习

1. 监察法学的研究对象是什么？
2. 监察法学具有哪些性质？
3. 监察法学在内容上有哪些特点？

第四节 监察法的基本原则

法的基本原则体现着法的根本价值，“是整个法律活动的指导思想和出发点，构成法律体系或法律部门的神经中枢”①。正是基本原则的存在，使得部门法贯穿着统一性，在纷繁复杂中形成有序的整体。② 监察法的基本原则虽然来源于其他法律法规，但是也具有自身的独特性，自成一套相互配合的基本原则体系。监察法的基本原则，是指反映了中国特色腐败治理体系和治理能力现代化的要求，对于监督、调查以及处置等监察活动具有根本性的指导与协调作用，为监察委员会、其他国家机关以及监察活动参与人所应当共同遵守的基本准则。总体而言，监察法的基本原则包括党的领导原则、集中统一与权威高效原则、监察法治原则、人权保障原则以及配合制约原则。监察法的基本原则具有法律性、专属性、根本性。监察法基本原则的法律性，是指监察法的基本原则由监察法明文规定，制约着监察机关和监察活动参与人的涉监察活动。监察法的基本原则的专属性，是指监察法基本原则的指导与协调作用的发挥限于监察活动领域。监察法基本原则的根本性，是指监察法基本原则在监察法规范的适用中处于最基础的规范地位，适用监察法规范必须从监察法基本原则入手展开制度阐述、规范解释以及规则细化。监察法的基本原则不仅是监察委员会、其他国家机关以及监察活动参与人所应当共同遵守的基本准则，而且符合中国特色腐败治理体系和治理能力现代化的要求，在监察法规范的制定、解释以及完善过程中，具有指导、协调、评价以及补充功能。总之，监察法的基本原则反映了监察权的依据、属性、功能以及行使机制，监察人员通过监察法的基本原则，能够法治化地高效开展监督、调查以及处置活动，为构建不敢腐、不能腐、不想腐的长效机制奠定坚实的基础。

一、坚持党的领导原则

《监察法》第二条规定：“坚持中国共产党对国家监察工作的领导，以马克思列宁主义、毛泽东思想、邓小平理论、‘三个代表’重要思想、科学发展观、习近平新时代中国特色社会主义思想为指导，构建集中统一、权威高效的中国特色国家监察体制。”党的领导原则属于监察法的基本原则之一。深化国家监察体制

① 沈宗灵．法理学．北京：高等教育出版社，1994：40.
② 周佑勇．行政法基本原则研究．2版．北京：法律出版社，2019：106.

改革的重要目的，就是加强党对反腐败工作的统一领导。

党的十九大报告提出，必须坚持党对一切工作的统一领导，坚持以人民为中心，夺取反腐败斗争压倒性胜利。党政军民学，东西南北中，党是领导一切的，任何改革都必须有利于坚持和加强党的领导。党的二十大报告强调，中国特色社会主义最本质的特征是中国共产党领导，中国特色社会主义制度的最大优势是中国共产党领导，党是最高政治领导力量。制定监察法，就是将党的主张变为国家意志，通过法律把党对反腐败工作的统一领导机制固定下来，为推进全面从严治党提供保证。

党的领导原则表现在：监察工作的展开与完善必须以马克思列宁主义、毛泽东思想、邓小平理论、"三个代表"重要思想、科学发展观以及习近平新时代中国特色社会主义思想为指导。中国共产党以马克思主义为指导思想，在其发展的历史过程中，始终坚持将反腐败作为党的重要建设内容。我国在 20 世纪 50 年代就建立了党的纪检监督与国务院的行政监察监督相结合的反腐败体制；改革开放以来，我国确立了党的纪律审查、政府行政监察以及检察机关侦查职务犯罪的反腐败机制。在长期的反腐败斗争中既取得了成功的经验，也存在一些不足之处。习近平新时代中国特色社会主义思想是马克思主义中国化的最新成果，是党和国家的指导思想，继承和发展了马克思主义。党的政治领导具有战略性、宏观性以及组织性，根据腐败治理的现实，确立腐败治理的战略目标和实施策略，以党内率先实施为动力，通过对监察机关领导机构的人事任命、组织管理以及党内监督等方式，将党内反腐意志转化为国家意志。党的十九大报告总结了监察体制改革的试点经验，明确提出要健全党和国家监督体系，确立了监察法的立法原则，加强对权力运行的制约和监督，深化国家监察体制改革，组建国家、省、市、县监察委员会，同党的纪律检查机关合署办公，实现对所有行使公权力的公职人员的监察全覆盖。党的二十大报告强调，要健全党统一领导、全面覆盖、权威高效的监督体系，完善权力监督制约机制，以党内监督为主导，促进各类监督贯通协调，让权力在阳光下运行；要推进政治监督具体化、精准化、常态化，增强对"一把手"和领导班子监督实效。如果监察工作的改革发展没有党的领导，那必然是难以实现的。可见，监察工作的展开与完善必须坚持党的领导原则。

二、集中统一与权威高效原则

集中统一与权威高效原则源于《监察法》第二条"构建集中统一、权威高效的中国特色国家监察体制"的规定，并且这一基本原则在监察法规范的其他条文中也得到了相当明显的体现。所谓集中统一，是指各项反腐败的职权集中并由监察机关统一行使。所谓权威高效，是指监察机关行使监察职权具有权威性，监督调查处置要注重效能，提升反腐败的效果。

一方面，监察委员会的成立实现了反腐败职权的集中统一行使。监察体制改革就是要改变反腐败力量分散的状况，将党的纪检机关、行政监察机关和检察机关的反贪、反渎以及职务犯罪预防部门整合，组成与“一府两院”平行的监察委员会，同党的纪律检查机关合署办公，实行一套工作机制，两个机关名称，履行纪检监察两项职能，对党中央或地方党委全面负责，有利于形成监督合力，提高工作效率。监察委员会的建立标志着集中统一的监察体制的形成。监察委员会成立后，监察机关对公务员、参公人员、授权或委托从事公务的人员、国有企业管理人员、公办单位中从事管理的人员、基层群众性自治组织中从事管理的人员以及其他依法履行公职的人员进行监察，解决了监察范围过窄的问题，填补了监察对象上的空白。

另一方面，构建了权威高效的国家监察机制。首先，实行纪委与监委合署办公，作为党统一领导的反腐败工作机构，就是把反腐败资源集中起来，把执纪和执法贯通起来，形成合力。制定《监察法》，明确“各级监察委员会是行使国家监察职能的专责机关”，与《中国共产党章程》（以下简称《党章》）关于“党的各级纪律检查委员会是党内监督专责机关”相呼应，构建起集中统一权威高效的监察体系。其次，监察委员会的宪法地位确保了监察机关行使监察职能的权威性。我国《宪法》第三条第三款规定：“国家行政机关、监察机关、审判机关、检察机关都由人民代表大会产生，对它负责，受它监督。”可见，监察机关与审判机关、检察机关、行政机关并列，各级监察委员会由本级人大产生，向本级人大及其常委会负责，受其监督。经由《宪法》的确立，监察委员会成为独立的权力机构，依法独立行使监察权。最后，监察机关行使监督、调查处置职权，针对公职人员职务违法以及职务犯罪展开不同的监察活动，由此从制度与实践上保障了监察机关职责履行的高效运转。针对举报线索及其核实、立案调查、留置措施以及处置规则等监察事项，监察法制定了相对明确的规则，由此保障监察机关规范化地开展监察活动。

三、监察法治原则

监察法治原则源于《监察法》第五条的规定：“国家监察工作严格遵照宪法和法律，以事实为根据，以法律为准绳；在适用法律上一律平等，保障当事人的合法权益；权责对等，严格监督；惩戒与教育相结合，宽严相济。”而本条规定的主要目的是保证监察机关以法治思维和法治方式开展工作，严格贯彻“惩前毖后、治病救人”等党的政策和策略。

首先，监察机关的职权由监察法明文规定。我国《监察法》第三条规定，各级监察委员会是行使国家监察职能的专责机关，依照本法对所有行使公权力的公职人员进行监察，调查职务违法和职务犯罪，开展廉政建设和反腐败工作，维护宪法和法律的尊严。可见，监察机关依法负有监督、调查、处置三大职权。对于公权力的制约而言，最大的制约就是权力规定的明确化。比如对于留置措施的使用，监察法明文规定了留置措施的适用条件，唯有调查对象满足规定的要件，监察机关才有权采取留置措施。

其次，监察机关的职权行使程序由监察法明文规定。比如我国《监察法》第三十六条规定：“监察机关应当严格按照程序开展工作，建立问题线索处置、调查、审理各部门相互协调、相互制约的工作机制。监察机关应当加强对调查、处置工作全过程的监督管理，设立相应的工作部门履行线索管理、监督检查、督促办理、统计分析等管理协调职能。”可见，线索管理、监督检查、督促办理以及统计分析等管理协调职能被监察法明文规定，这为监察机关依法按照严格的程序履行职权提供了法律依据。总体而言，监察机关对于问题线索，应当按照实质标准提出处置意见，进而开展分类办理活动，根据问题线索涉及的违纪、职务违法以及职务犯罪问题，进行有针对性的案件办理。此外，监察机关采取强制措施必须严格按照程序开展，而违反法定程序开展的监察活动，属于没有效率且非法的监察活动，[①]比如“以非法方法收集的证据应当依法予以排除，不得作为案件处置的依据”。监察程序的规范化设置保证了监察机关有序行使职权，满足程序正义的要求。

最后，监察机关的组织规则由宪法和监察法明文规定。我国《宪法》第六十二条和第六十三条规定，全国人民代表大会选举和罢免国家监察委员会主任；《宪法》第一百二十三条规定，中华人民共和国各级监察委员会是国家的监察机关；《宪法》第一百二十四条规定，监察委员会的组织和职权由法律规定。此外，宪法规定了监察委员会的产生机制、双重领导体制以及宪法地位。由此一来，监察机关的组织规则就由宪法予以明文规定，从根本上保障了监察机关的正当地位。宪法是国家的根本法，具有最高的法律效力，国家一切工作都必须以宪法为

① 刘艳红. 职务犯罪案件非法证据的审查与排除：以《监察法》与《刑事诉讼法》之衔接为背景. 法学评论，2019，37（1）：172-183.

根本的活动准则，所有国家机关及其工作人员，都负有维护宪法尊严、保证宪法实施的职责。监察机关及其工作人员、监察工作自然也不能例外，无论是制定监察法规、规章，发布监察决定、命令，或者实施监察行为监督、调查、处置，都必须依循和遵守宪法。因为宪法规则一般较为原则，往往需要通过法律、法规具体化，而法律在位阶上高于法规和规章。法律是全国人大及其常委会制定的，代表和体现全国人民的利益和意志，一切法规、规章和规范性文件，包括监察法规、规章和规范性文件，都必须依循和遵守法律，不能违反法律，与法律相抵触。监察机关及其工作人员的一切行为，更必须遵守法律、执行法律，切实做到依法执法、依法监察。

四、人权保障原则

人权保障原则是法治国家的价值根基，没有人权保障原则的确立，就没有法治国家的形成。监察法作为伴有权利限制的法律，规定人权保障原则属于必要的权力制约机制。我国《监察法》第五条规定："国家监察工作严格遵照宪法和法律，以事实为根据，以法律为准绳；在适用法律上一律平等，保障当事人的合法权益；权责对等，严格监督；惩戒与教育相结合，宽严相济。"可见，人权保障原则属于监察法的基本原则。

人权保障原则在监察法中的具体含义，可以从保障当事人的刑事诉讼权利、保障当事人的人身自由权、保障当事人的人格尊严、保障当事人的财产权以及保障当事人的救济权这五个方面来理解。

其一，监察机关应当保障当事人的刑事诉讼权利。刑事诉讼权利是指公民享有的经由宪法确认的在刑事侦查、起诉、审判以及执行过程中所享有的权利。就此而言，虽然监察法不同于刑事诉讼法，但是监察法参照了刑事诉讼法的程序规定，因此监察机关在进行职务违法和职务犯罪调查时，被调查人享有不受刑讯逼供权、知情权、公正调查权等权利。强调监察机关的职权行使符合正当程序，在于其独立于监察委员会的权力配置而承载其权利保障和正义实现的价值追求，只有完善程序才能有效防止权力滥用和保障监察对象的合法权利。①

其二，监察机关应当保障当事人的人身自由权。监察机关为了履行监督、调查、处置职权，有权依法采取强制措施，限制被监察对象的人身自由。但是人权保障原则要求监察机关及其工作人员应当保障当事人的人身自由权，这也符合我

---

① 姜明安. 国家监察法立法应处理的主要法律关系. 环球法律评论，2017，39（2）：117－121.

国《宪法》第三十七条规定的“公民的人身自由不受侵犯”的要求。可见，监察机关在采取限制公民人身自由的措施时，应当不采取没有必要的或者不合理的限制公民人身自由的措施，而监察法制定了一系列的规则，制约监察机关及其工作人员按照上述要求行使职权。比如《监察法》第二十八条规定，对于不需要继续采取技术调查措施的，应当及时解除；《监察法》第三十条规定，对于不需要继续采取限制出境措施的，应当及时解除。同时，监察机关采取技术调查措施或限制出境措施，应当符合严格的实体和程序要件的规定，并非只要是监察对象涉嫌违纪、违法，监察机关及其工作人员就有权采取上述限制人身自由的措施，并且技术调查措施具有期限以及审批要求，而限制出境措施具有权限要求。

其三，监察机关应当保障当事人的人格尊严。人格尊严在我国宪法上属于独立条款，也是公民的一项基本权利，具有具体的法律内容，在宪法解释过程中可作为规范与特定宪法事实相涵摄，证明公民的人格尊严受到了侵犯。[①] 并且人格尊严是基本权利的核心价值，人格尊严具有消极和积极两个方面的功能，并且消极功能处于主导地位。[②] 监察法对于当事人的人格尊严进行了保护，比如：规定监察机关应当保障被留置人员的饮食、休息、安全以及医疗服务，规定严禁监察机关及其工作人员侮辱、打骂、虐待、体罚或者变相体罚被调查人员和涉案人员，规定应当由女性工作人员搜查女性身体。

其四，监察机关应当保障当事人的财产权。财产权是一个具有一定的时代性与地域性的概念。其本身不是某种具有先验结构的固定存在，而会随着一定时代的生产力水平、思想观念等因素以及一定地域的自然面貌等因素的不同而不同，从而满足当时当地的社会发展对于财产认定与保护的需求。[③] 只有财产权受到法规范（尤其是宪法）的保护，才能说明这个国家本身是一个依靠宪法等法规范规范权利义务关系、权力义务关系、权力权利关系的法治国家。监察法对于被调查人的财产权，制定了相对具体的规则予以保护。一方面，监察机关在调查过程中采取调取、查封、扣押措施时，应当符合正当程序的要求，应当收集原物原件，会同持有人或者保管人、见证人，当面逐一拍照、登记、编号，开列清单，由在场人员当场核对、签名，并将清单副本交财物、文件的持有人或者保管人。同时，对于调取、查封、扣押的财物、文件，监察机关应当设立专用账户、专门场所，确定专门人员妥善保管，严格履行交接、调取手续，定期对账核实，不得毁

① 郑贤君. 宪法“人格尊严”条款的规范地位之辩. 中国法学，2012（2）：79-89.

② 刘志刚. 人格尊严的宪法意义. 中国法学，2007（1）：37-44.

③ 冉昊. 财产权的历史变迁. 中外法学，2018，30（2）：379-392.

损或者用于其他目的。对价值不明物品应当及时鉴定，专门封存保管。另一方面，监察机关应当严格依法退还查封、扣押的财物、文件。查封、扣押的财物、文件经查明与案件无关的，应当在查明后三日内解除查封、扣押，予以退还；冻结的财产经查明与案件无关的，应当在查明后三日内解除冻结，予以退还。可见，监察法明确了相对精细的保障财产权的一系列规则。

其五，监察机关应当保障当事人的救济权。如果监察机关及其工作人员违法行使监察职权，导致当事人的合法权利受到侵害，则当事人可以依据监察法的相关规定寻求法律救济，主要包括申请复审权、申请复核权、申诉权以及获得国家赔偿权等救济权。比如《监察法》第四十九条规定，监察对象对监察机关作出的涉及本人的处理决定不服的，可以按照规定申请复审、复核。还比如《监察法》第六十条规定，如果监察机关及其工作人员存在违反法律法规、侵害被调查人合法权益的行为，被调查人及其近亲属就有权向该机关申诉。再比如《监察法》第六十七条规定，监察机关及其工作人员行使职权，侵犯公民、法人和其他组织的合法权益造成损害的，依法给予国家赔偿。

此外，监察机关及其工作人员在坚持人权保障原则时，应当奉行法律面前人人平等原则，平等对待不同身份、不同职务级别、不同民族、性别和不同宗教信仰的监察对象，严格遵守法律规定，以平等保障当事人的合法权利。[①] 法律不是为了某个人或少数人的利益而制定的，而是针对社会整体制定的，每个人必须按照法律的要求实施行为。比如在同样的情况下，对监察对象甲的违法行为规定这样的罚则而对监察对象乙的同样违法行为规定那样的罚则，就违背了法律面前人人平等原则。当然，监察机关在处置时，应当在满足形式合理性要求的前提下，追求实质合理性。比如监察法对监察机关处置某种违法行为赋予了相对广泛的自由裁量权，监察机关应当充分考虑监察对象实施违法行为时的主观心理、行为目的、行为动机危害结果以及实施违法行为后是否具有自首、立功、积极赔偿、积极恢复损失等要素，做出符合宽严相济原则的处置结果。监察委员会的首要职责是监督，监督所有公职人员行使公权力的行为是否正确，确保党和国家的路线方针政策贯彻落实，确保权力不被滥用、权力在阳光下运行，把权力关进制度的笼子里，实现惩前毖后和治病救人的目的，防止党员干部和公职人员要么是“好同志”、要么是“阶下囚”。

---

① 刘艳红.《监察法》与其他规范衔接的基本问题研究. 法学论坛，2019，34（1）：5－15.

五、配合制约原则

我国《宪法》第一百二十七条规定："监察委员会依照法律规定独立行使监察权，不受行政机关、社会团体和个人的干涉。监察机关办理职务违法和职务犯罪案件，应当与审判机关、检察机关、执法部门互相配合，互相制约。"可见，依照宪法的规定，监察机关不仅依法独立行使监察权，并且要与审判机关、检察机关以及执法部门互相配合以及制约。我国《监察法》第四条第二款同样规定："监察机关办理职务违法和职务犯罪案件，应当与审判机关、检察机关、执法部门互相配合，互相制约。"配合制约原则是我国宪法规定的司法机关办理刑事案件适用的基本原则，监察机关同样应当遵守。

监察机关办理职务违法和职务犯罪案件与审判机关、检察机关、执法部门"互相配合，互相制约"这一原则的主要内容包括以下五个方面：

其一，配合制约原则的适用范围限于"监察机关办理职务违法和职务犯罪案件"。而监察机关开展监督活动从形式上而言，不直接适用配合制约原则，比如至少不能适用制约原则，但是对于监督职能的履行具有一定的指导价值。

其二，配合制约原则以监察机关为主导机关，因为监察机关是专门行使监察权的机关，对于职务违法和职务犯罪的调查权由监察机关统一行使，审判机关、检察机关以及执法部门无权行使。例外在于，我国《刑事诉讼法》第十九条规定："刑事案件的侦查由公安机关进行，法律另有规定的除外。人民检察院在对诉讼活动实行法律监督中发现的司法工作人员利用职权实施的非法拘禁、刑讯逼供、非法搜查等侵犯公民权利、损害司法公正的犯罪，可以由人民检察院立案侦查。对于公安机关管辖的国家机关工作人员利用职权实施的重大犯罪案件，需要由人民检察院直接受理的时候，经省级以上人民检察院决定，可以由人民检察院立案侦查。自诉案件，由人民法院直接受理。"可见，刑事诉讼法保留了人民检察院在诉讼活动法律监督中发现司法工作人员利用职权实施侵犯公民权利、损害司法公正的犯罪的侦查权。即使如此，监察机关在行使自身所特有的调查权时，也居于主导地位。但是监察机关的主导地位并不导致检察机关、审判机关以及执法部门不能制约监察机关。如果监察机关违法行使调查权，则上述机关或部门有权依法制约。

其三，配合制约原则中的配合原则，主要是指审判机关、检察机关以及执法部门应当配合监察机关，便于监察机关高效以及规范化地行使职务违法和职务犯罪调查权。而在监察实务中，上述执法部门往往是指公安机关，但是不仅仅限于公安机关，有时还会涉及国家安全机关、工商、海关、税务等执法部门。比如监察机关进行搜查时，可以根据工作需要提请公安机关配合，公安机关应当依法予以协助；比如被调查人逃匿，在通缉一年后不能到案或者死亡的，由监察机关提请人民检察院依照法定程序向人民法院提出没收违法所得的申请，人民检察院和人民法院应当予以协助。此外，监察机关依法行使调查权时，有关单位和个人也应当予以协助。比如监察机关查询、冻结涉案单位和个人的存款、汇款以及股票等财产时，有关金融、证券机构应当予以配合。可见，除执法部门外，有关单位和个人还包括企事业组织、社会团体、基层群众自治组织以及个人等，监察机关在行使职权、履行职责的过程中，有关单位和个人都具有依法提供协助的法定义务。如果违反这项义务，《监察法》第六十二条规定了相应的法律责任："有关单位拒不执行监察机关作出的处理决定，或者无正当理由拒不采纳监察建议的，由其主管部门、上级机关责令改正，对单位给予通报批评；对负有责任的领导人员和直接责任人员依法给予处理。"由此也可见，配合制约原则贯穿监察活动的全过程，根据场景的不同体现出不同的配合或制约倾向。

其四，配合制约原则虽然以监察机关为主导机关，但是必须二者兼顾，既不能仅有制约而没有配合，也不能只有配合而没有制约。配合和制约都是为了全面、正确和有效实现国家设置监察制度的目的，深入推进反腐败和廉政建设，真正把监督对象的权力和监督者本身的权力关进制度的笼子里。

其五，配合制约原则中的制约原则主要表现在审判机关与监察机关的相互制约和检察机关与监察机关的相互制约。具体而言，一方面，监察机关对职务犯罪案件调查终结后，认为犯罪事实清楚，证据确实、充分的，应当将案件移送人民检察院依法审查起诉，人民检察院依法提起公诉后，人民法院对职务犯罪案件进行审理，并且在审理时应当对犯罪事实和证据进行审查，依据我国《刑事诉讼法》第二百条等条文规定作出判决。人民法院如果认为指控的犯罪不能成立或依法宣告无罪，则必然影响监察机关的立案和调查。可见，监察机关与审判机关之间存在相互制约的关系。另一方面，在审查起诉阶段，应当明确检察机关公诉权的独立性，正确认识补充调查的内涵，发挥人民检察院法律监督机关的作用。人民检察院根据《监察法》和《刑事诉讼法》的规定，对证据、事实进行审查，对起诉罪名的准确性、调查活动的合法性一并进行审查。人民检察院经审查，认为犯罪事实已经查清，证据确实、充分，依法应当追究刑事责任的，应当作出起诉决定。人民检察院经审查，认为需要补充核实的，应当退回监察机关补充调查，必要时可以自行补充侦查。对于补充调查的案件，应当在一个月内补充调查完毕。补充调查以二次为限。对于有《刑事诉讼法》规定的不起诉的情形的案件，经上一级人民检察院批准，人民检察院依法作出不起诉的决定。监察机关认为不起诉的决定有错误的，可以向上一级人民检察院提请复议。可见，监察机关与检察机关之间存在相互制约的关系。

课后练习

1. 监察法的基本原则有何功能？
2. 监察法的基本原则有哪些？各自的基本要求是什么？
3. 监察法的基本原则与法治国家的建设有何关联？

第二章　监察机关

第十三届全国人大第一次会议通过的《宪法修正案》专门在“国家机构”一章中增设一节“监察委员会”，国家和地方各级监察委员会设置有了明确的宪法依据。[①] 根据《宪法》，《监察法》专设第二章“监察机关及其职责”，一方面是对《宪法》中有关监察委员会设置的具体化，另一方面，根据职权法定原则的基本要求，从监察委员会的产生、组成以及职权内容和职权边界层面进行规定，以实现对监察委员会实体层面的法定授权。《监察法》第二章是对监察法总则所确定的中国特色监察体制定位的落实，亦为后文有关监察范围和管辖、监察权限等监察权行使层面（行为法层面）的内容夯实了体制基础和保障。[②]

第一节　监察机关的设置

《监察法》第七条规定：“中华人民共和国国家监察委员会是最高监察机关。省、自治区、直辖市、自治州、县、自治县、市、市辖区设立监察委员会。”本条是对国家监察委员会法律地位及各级监察机关机构设置的法定表述。主要分两款：第一款规定了国家监察委员会的地位。《宪法修正案》明确，在我国四级监察机构中，国家监察委员会是中央一级的监察机关，作为最高监察机关，在我国

① 关于《中华人民共和国宪法修正案（草案）》的说明（摘要）. 人民日报，2018-03-07（6）.
② 马怀德. 中华人民共和国监察法理解与适用. 北京：中国法制出版社，2018：26.

监察体系中居于最高地位。第二款规定了地方各级监察委员会的机构设置，根据法律规定，地方设省级监察委员会、市级监察委员会、县级监察委员会，乡镇不设监察委员会，但监察委员会可以在乡镇派驻或派出监察机构、监察专员。[①]

一、国家监察委员会

《监察法》第八条规定："国家监察委员会由全国人民代表大会产生，负责全国监察工作。国家监察委员会由主任、副主任若干人、委员若干人组成，主任由全国人民代表大会选举，副主任、委员由国家监察委员会主任提请全国人民代表大会常务委员会任免。国家监察委员会主任每届任期同全国人民代表大会每届任期相同，连续任职不得超过两届。国家监察委员会对全国人民代表大会及其常务委员会负责，并接受其监督。"本条主要分为四款：一是规定了国家监察委员会的产生和职责，二是规定了国家监察委员会的组成，三是规定了国家监察委员会主任的任职期限，四是规定了国家监察委员会对全国人大及其常委会负责并接受其监督。[②]

（一）国家监察委员会的地位

《宪法》规定，全国人民代表大会是最高国家权力机关，国务院是最高国家行政机关，最高人民法院是最高审判机关，最高人民检察院是最高检察机关。2018年3月宪法第五次修改明确规定，在我国四级监察机构中国家监察委员会是中央一级的监察机关，作为最高监察机关，在我国监察体系中居于最高地位。国家监察委员会的最高地位主要体现在：第一，国家监察委员会的组成人员由全国人民代表大会及其常务委员会选举或者任命产生。其中，国家监察委员会主任由全国人民代表大会选举产生，其他组成人员由主任提名，全国人大常委会任免。第二，国家监察委员会负责全国监察工作，领导地方各级监察委员会的工作。第三，国家监察委员会有权办理各级监察机关管辖范围内的监察事项。[③]

国家设立最高监察机关，是由我国人民代表大会制度的政治体制决定的。我国人民代表大会制度决定了各级监察委员会的组成人员由各级人民代表大会及其常务委员会产生。其中国家监察委员会的组成人员由全国人大及其常务委员会产

---

① 吴建雄. 监督、调查、处置法律规范研究. 北京：人民出版社，2018：48.

② 同①51.

③ 中共中央纪律检查委员会法规室，中华人民共和国国家监察委员会法规室.《中华人民共和国监察法》释义. 北京：中国方正出版社，2018：76－77.

生，地方各级监察委员会的组成人员由地方各级人民代表大会及其常务委员会产生，而全国人大及其常务委员会在国家权力体制中处于最高和核心地位，因而由它产生的国家监察委员会在监察委员会的组织体系中也处于最高地位。①

国家设立最高监察机关，是为满足保障《监察法》统一正确适用的需要。在监察机关组织体系中，各级监察委员会都是《监察法》的具体适用者，从监察活动的运作规律来看，各级监察机关在管辖范围、监察权限、留置措施的采用、案件调查、处置等方面都可能需要上级统一的解答和确定，上级监察机关也需要对下级监察机关进行业务指导，在适用法律上进行内部监督，要保证监察法的统一实施，维护法制的统一，就必须由一个权威的机构行使最高和最后的决定权。这就需要在监察委员会的组织体系中设立最高监察机关，这个最高监察机关就是国家监察委员会。②

（二）国家监察委员会的产生和职责

《宪法》规定，国家行政机关、监察机关、审判机关、检察机关都由人民代表大会产生，对它负责，受它监督。《监察法》第八条第一款和第九条第一款分别规定，国家监察委员会由全国人民代表大会产生，地方各级监察委员会由本级人民代表大会产生。由人民代表大会产生国家监察机关，对人民代表大会及其常务委员会负责、受其监督，贯彻了人民代表大会这一根本政治制度，体现了人民当家作主的要求，有利于强化人大作为国家权力机关的监督职能，拓宽人民监督权力的途径，更好地体现党的领导、人民当家作主和依法治国有机统一。同时，规定国家监察委员会负责全国监察工作，明确了其作为最高监察机关，领导地方各级监察机关工作的地位。

（三）国家监察委员会的组成

国家监察委员会由主任、副主任若干人、委员若干人组成。关于副主任和委员的职数，《监察法》未作具体规定。在产生方式方面，国家监察委员会主任由全国人民代表大会选举产生，副主任、委员由国家监察委员会主任提请全国人民代表大会常务委员会任免，这与最高人民法院、最高人民检察院相关领导人员产生方式相同。

---

① 马怀德. 中华人民共和国监察法理解与适用. 北京：中国法制出版社，2018：33.

② 吴建雄. 监督、调查、处置法律规范研究. 北京：人民出版社，2018：48－49.

（四）国家监察委员会主任的任职期限

国家监察委员会由全国人大选举产生，任期与全国人大每届任期相同。任期届满，要重新经过全国人大选举新的国家监察委员会主任。《监察法》没有规定监察委员会副主任、委员每届任期同全国人大每届任期相同，是为了保证国家监察机关职权行使的连续性。在国家监察委员会每届任期内当选的监察委员会主任，其任期以本届人大剩余的任期为限。《监察法》第八条第三款规定，国家监察委员会主任连续任职不得超过两届，与《宪法》关于最高人民法院院长、最高人民检察院检察长连续任职届数的规定相一致。宪法和法律对最高人民法院副院长，最高人民检察院副检察长；地方各级人民法院院长、副院长，地方各级人民检察院检察长、副检察长连续任职期限，未作规定。为保持一致，《监察法》也未对监察委员会副主任、委员连续任职期限作出规定。

（五）国家监察委员会对全国人大及其常委会负责并接受其监督

这主要体现在三个方面：第一，国家监察委员会的组成人员由全国人大及其常委会选举、任免。第二，全国人大有权罢免国家监察委员会主任。第三，根据《监察法》第五十三条的规定，国家监察委员会向全国人大常委会作专项工作报告，接受执法检查，接受人大代表和常务委员会组成人员就监察工作中的有关问题提出的询问和质询。值得注意的是，明确国家监察委员会由全国人民代表大会产生，是对人民代表大会这一根本政治制度的丰富和完善，有利于强化人大作为国家权力机关的监督职能，拓宽人民监督权力的途径。[①] 国家监察委员会对全国人大及其常务委员会负责，并接受其监督，这是我国人民代表大会制度的体现和必然要求。根据我国政体，除全国人大和地方各级人大由民主选举产生，直接对人民负责和受人民监督外，我国所有国家机关都由人大产生，对人大及其常务委员会负责，并受其监督。监察委员会自然也不可能例外，必然是由全国人大产生，对全国人大及其常务委员会负责，并接受其监督。[②]

二、地方监察委员会

《监察法》第九条规定："地方各级监察委员会由本级人民代表大会产生，负

---

① 中共中央纪律检查委员会法规室，中华人民共和国国家监察委员会法规室.《中华人民共和国监察法》释义. 北京：中国方正出版社，2018：78-81.

② 姜明安. 监察工作理论与实务. 北京：中国法制出版社，2018：23.

责本行政区域内的监察工作。地方各级监察委员会由主任、副主任若干人、委员若干人组成，主任由本级人民代表大会选举，副主任、委员由监察委员会主任提请本级人民代表大会常务委员会任免。地方各级监察委员会主任每届任期同本级人民代表大会每届任期相同。地方各级监察委员会对本级人民代表大会及其常务委员会和上一级监察委员会负责，并接受其监督。”本条分为四款：一是规定了地方各级监察委员会的产生和职责，二是规定了地方各级监察委员会的组成，三是规定了地方各级监察委员会主任的任职期限，四是规定了地方各级监察委员会对本级人大及其常委会和上一级监察委员会负责，并接受其监督。[①]

（一）地方各级监察委员会的机构设置

《监察法》第七条第二款关于地方各级监察委员会机构设置中行政区划的规定，与《宪法》中关于我国行政区域划分的规定一致。《宪法》第三十条规定，全国分为省、自治区、直辖市；省、自治区分为自治州、县、自治县、市；县、自治县分为乡、民族乡、镇。直辖市和较大的市分为区、县。根据法律规定，地方设省级监察委员会、市（地）级监察委员会、县级监察委员会，乡镇不设监察委员会，但监察委员会可以在乡镇派驻或者派出监察机构、监察专员，《监察法》第十二条对此作了规定。[②] 我国疆域辽阔，国情复杂，单一监察机关无法集中统一行使国家监察权，需要将监察权对应分解至各级监察机关，这就涉及各级监察委员会及其职权配置。根据我国行政级别划分，对应其他行政机关、司法机关的层级，我国也分别在中央和地方省、自治区、直辖市，自治州、市，县、自治县、市辖区分别设立监察委员会。从上到下可以分为四个层级，即国家监察委员会和地方省、市、县三级监察委员会。[③]

（二）地方各级监察委员会的产生和职责

在中央层面，国家监察委员会由全国人大产生。相应在地方层面，地方各级监察委员会由本级人大产生。同时，县级以上地方各级监察委员会负责本行政区域内的监察工作，接受国家监察委员会的统一领导，是整个国家监察体系的有机组成部分。

---

① 吴建雄. 监督、调查、处置法律规范研究. 北京：人民出版社，2018：58.

② 中共中央纪律检查委员会法规室，中华人民共和国国家监察委员会法规室.《中华人民共和国监察法》释义. 北京：中国方正出版社，2018：77.

③ 同①50.

（三）地方各级监察委员会的组成

地方各级监察委员会组成和人员产生方式，与国家监察委员会相同，即地方各级监察委员会由主任、副主任若干人、委员若干人组成，主任由本级人大选举，副主任、委员由监察委员会主任提请本级人大常委会任免。

（四）地方各级监察委员会主任的任职期限

地方各级监察委员会主任的任期规定与国家监察委员会主任一致，每届任期与本级人大每届任期相同，随本级人大换届而换届。每届地方各级监察委员会主任行使职权至新的监察委员会主任产生为止。需要注意的是，对地方各级监察委员会组成人员的连选连任没有限制性规定。

（五）地方各级监察委员会对本级人大及其常委会和上一级监察委员会负责，并接受其监督

地方各级监察委员会对本级人大及其常委会负责，国家监察委员会对全国人大及其常委会负责。监察机关和纪检机关合署办公，《监察法》规定地方各级监察委员会对上一级监察委员会负责，与上下级纪委之间的领导和被领导关系是相匹配的。这体现了监察委员会实行双重负责的领导体制，[①] 即：一方面，各级监察委员会要对产生它的国家权力机关负责并报告工作，接受权力机关的监督；另一方面，下一级监察委员会要对上一级监察委员会负责。这就明确了监察机关的上下级领导关系，即县级以上地方各级监察委员会要接受上一级监察委员会的领导和指导，其执法行为接受上一级监察委员会的监督，上一级监察委员会对下一级监察委员会享有监督权，有权改变或者撤销下一级监察委员会的不适当的决定，纠正其错误的执法行为。下一级监察委员会对上一级监察委员会负责，契合强化纪委主业主责，加强上级纪委对下级纪委的领导的大背景，对于监督范围全覆盖、推动正风反腐深入发展具有重要意义。[②]

三、上下级监察委员会的领导体制

《监察法》第十条规定："国家监察委员会领导地方各级监察委员会的工

① 中共中央纪律检查委员会法规室，中华人民共和国国家监察委员会法规室.《中华人民共和国监察法》释义. 北京：中国方正出版社，2018：82－83.

② 吴建雄. 监督、调查、处置法律规范研究. 北京：人民出版社，2018：59.

作，上级监察委员会领导下级监察委员会的工作。”本条是关于监察机关上下级领导关系的规定。本条规定的主要目的是明确监察机关系统内上下级之间的领导关系，用法律形式把这种国家监察体制的组织创新固定下来。《监察法实施条例》第十条进一步细化了监察机关上下级领导关系：“国家监察委员会在党中央领导下开展工作。地方各级监察委员会在同级党委和上级监察委员会双重领导下工作，监督执法调查工作以上级监察委员会领导为主，线索处置和案件查办在向同级党委报告的同时应当一并向上一级监察委员会报告。上级监察委员会应当加强对下级监察委员会的领导。下级监察委员会对上级监察委员会的决定必须执行，认为决定不当的，应当在执行的同时向上级监察委员会反映。上级监察委员会对下级监察委员会作出的错误决定，应当按程序予以纠正，或者要求下级监察委员会予以纠正。”对于上下级监察委员会之间的协调配合，《监察法实施条例》第十一条规定：“上级监察委员会可以依法统一调用所辖各级监察机关的监察人员办理监察事项。调用决定应当以书面形式作出。监察机关办理监察事项应当加强互相协作和配合，对于重要、复杂事项可以提请上级监察机关予以协调。”

监察委员会领导体制是由地方服从中央的宪法体制决定的。根据《宪法》第三条的规定，我国国家机构实行民主集中制的原则。地方必须遵循中央的统一领导，这是集中的一面。我国是单一制的国家，国家只有一部宪法和一个最高立法机关、一个最高监察机关，只有地方监察机关接受最高监察机关的统一领导，才能维护国家的统一和法制统一。从监察机关是政治机关的定位来看，最高监察机关领导下级监察机关有利于实现党中央的统一领导，确保正确的政治方向。这一管理体制充分体现了人民主权国家对集中统一监督权的需要，从制度上保证了国家权力监督的独立性、专门性和权威性。国家监察委员会由全国人大选举的监察委员会主任和由监察委员会主任提请全国人大常委会任命的副主任、委员组成。这就决定了国家监察委员会是国家最高监察机关。这一法律地位决定了地方各级监察委员会要统一服从国家监察委员会的领导和业务指导。

课后练习

1. 我国的监察机关是如何设置的？
2. 什么是“领导体制”？监察机关的领导体制是怎样的？

核心法条

《中华人民共和国监察法》

第七条 中华人民共和国国家监察委员会是最高监察机关。

省、自治区、直辖市、自治州、县、自治县、市、市辖区设立监察委员会。

第八条 国家监察委员会由全国人民代表大会产生，负责全国监察工作。

国家监察委员会由主任、副主任若干人、委员若干人组成，主任由全国人民代表大会选举，副主任、委员由国家监察委员会主任提请全国人民代表大会常务委员会任免。

国家监察委员会主任每届任期同全国人民代表大会每届任期相同，连续任职不得超过两届。

国家监察委员会对全国人民代表大会及其常务委员会负责，并接受其监督。

第九条 地方各级监察委员会由本级人民代表大会产生，负责本行政区域内的监察工作。

地方各级监察委员会由主任、副主任若干人、委员若干人组成，主任由本级人民代表大会选举，副主任、委员由监察委员会主任提请本级人民代表大会常务委员会任免。

地方各级监察委员会主任每届任期同本级人民代表大会每届任期相同。

地方各级监察委员会对本级人民代表大会及其常务委员会和上一级监察委员会负责，并接受其监督。

第十条 国家监察委员会领导地方各级监察委员会的工作，上级监察委员会领导下级监察委员会的工作。

第二节　监察机关的职责

《监察法》第十一条规定“监察委员会依照本法和有关法律规定履行监督、调查、处置职责”：（一）对公职人员开展廉政教育，对其依法履职、秉公用权、廉洁从政从业以及道德操守情况进行监督检查。（二）对涉嫌贪污贿赂、滥用职权、玩忽职守、权力寻租、利益输送、徇私舞弊以及浪费国家资财等职务违法和职务犯罪进行调查。（三）对违法的公职人员依法作出政务处分决定；对履行职责不力、失职失责的领导人员进行问责；对涉嫌职务犯罪的，将调查结果移送人民检察院依法审查、提起公诉；向监察对象所在单位提出监察建议。本条规定了监察委员会监督、调查、处置三项职责，目的是聚焦反腐败职能，将监察委员会负责履行的监督、调查、处置的责任、任务以法律的形式予以明确，将党中央深化国家监察体制改革方案中关于监察委员会职责的改革部署转化为国家意志，使监察委员会履职尽责于法有据。党的十九大修改的党章规定，党的各级纪律检查委员会的职责是监督、执纪、问责。党的二十大修改的党章仍强调这一点。习近平总书记在中央纪委历次全会上的重要讲话，以及其他重要讲话中多次强调，纪委的职责就是监督、执纪、问责。《监察法》对监察委员会职责的规定，与党章规定纪委的监督、执纪、问责职责相一致，确保与纪委合署办公的监委在职责上与纪委相匹配，避免实际工作中的混乱和职责发散等问题。①

一、监督职责

监督是监察委员会的首要职责。②《监察法实施条例》第十四条规定："监察机关依法履行监察监督职责，对公职人员政治品行、行使公权力和道德操守情况进行监督检查，督促有关机关、单位加强对所属公职人员的教育、管理、监督。"监察委员会代表党和国家，依照《宪法》《监察法》和有关法律法规，监督所有公职人员行使公权力的行为是否正确，确保权力不被滥用、确保权力在阳光下运行，把权力关进制度的笼子里。

监察委员会的第一类职责是对公职人员进行监督检查。《监察法实施条例》第十五条规定："监察机关应当坚决维护宪法确立的国家指导思想，加强对公职人员特别是领导人员坚持党的领导、坚持中国特色社会主义制度，贯彻落实党和国家路线方针政策、重大决策部署，履行从严管理监督职责，依法行使公权力等情况的监督。"监督检查的内容包括四项：第一项是依法履职的情况，即监督检查公职人员是否存在不作为或乱作为的情况；第二项是秉公用权的情况，即监督检查公职人员是否存在以权谋私，利用职权为自己及其亲属或其他关系人、朋友等谋利的情况；第三项是廉洁从政从业的情况，即监督检查公职人员是否存在贪污受贿、权钱交易、权色交易的情况；第四项是道德操守情况，即监督检查公职人员是否存在违反从政道德、职业道德和社会公德及私德（包括孝敬父母、夫妻

---

① 中共中央纪律检查委员会法规室，中华人民共和国国家监察委员会法规室.《中华人民共和国监察法》释义. 北京：中国方正出版社，2018：87-88.

② 魏昌东. 监督职能是国家监察委员会的第一职能：理论逻辑与实现路径：兼论中国特色监察监督系统的规范性创建. 法学论坛，2019，34（1）：25-36.

忠诚方面的道德）的情况。

监察委员会的第一类职责还包括“对公职人员开展廉政教育”的内容。《监察法实施条例》第十六条规定：“监察机关应当加强对公职人员理想教育、为人民服务教育、宪法法律法规教育、优秀传统文化教育，弘扬社会主义核心价值观，深入开展警示教育，教育引导公职人员树立正确的权力观、责任观、利益观，保持为民务实清廉本色。”廉政教育可以是理想信念教育和宣传先进模范人物的正面教育，也可以是通过公布“老虎”“苍蝇”等反面典型材料对公职人员进行警示和预防腐败的教育。①

监察本质上就是监督，在我国，有人民代表大会的权力监督、检察机关的法律监督、审计机关的审计监督等，而将监察委员会的职责定位于国家监察，有助于与前述监督形式进行区分，从社会分工和职责的角度来说，监察机关履行的仍然是监督职能。尽管从广义上说，开展调查以及根据调查的结论予以处置的行为都是一种监督，但从《监察法》第十一条第一项的规定来看，监督职责主要体现在监察机关对公职人员开展廉政教育，对其依法履职、秉公用权、廉洁从政从业以及道德操守情况进行监督检查。②

关于履行监督职责的具体方式，《监察法实施条例》第十七条规定：“监察机关应当结合公职人员的职责加强日常监督，通过收集群众反映、座谈走访、查阅资料、召集或者列席会议、听取工作汇报和述责述廉、开展监督检查等方式，促进公职人员依法用权、秉公用权、廉洁用权。”《监察法实施条例》第十八条规定：“监察机关可以与公职人员进行谈心谈话，发现政治品行、行使公权力和道德操守方面有苗头性、倾向性问题的，及时进行教育提醒。”《监察法实施条例》第十九条规定：“监察机关对于发现的系统性、行业性的突出问题，以及群众反映强烈的问题，可以通过专项检查进行深入了解，督促有关机关、单位强化治理，促进公职人员履职尽责。”《监察法实施条例》第二十条规定：“监察机关应当以办案促进整改、以监督促进治理，在查清问题、依法处置的同时，剖析问题发生的原因，发现制度建设、权力配置、监督机制等方面存在的问题，向有关机关、单位提出改进工作的意见或者监察建议，促进完善制度，提高治理效能。”《监察法实施条例》第二十一条规定：“监察机关开展监察监督，应当与纪律监督、派驻监督、巡视监督统筹衔接，与人大监督、民主监督、行政监督、司法监督、审计监督、财会监督、统计监督、群众监督和舆论监督等贯通协调，健全信

---

① 姜明安. 监察工作理论与实务. 北京：中国法制出版社，2018：27-28.

② 吴建雄. 监督、调查、处置法律规范研究. 北京：人民出版社，2018：63.

息、资源、成果共享等机制，形成监督合力。”

在理解监察委员会的监督职能时，要理解党内监督与国家监察是一体两面，它们是相互促进、相得益彰的关系。在我国，大部分公务员和领导干部都是共产党员，党内监督和国家监察既具有高度内在一致性，又具有高度互补性。一方面强化党内监督，坚持纪严于法、纪在法前，用纪律管住党员干部，保持党的先进性、纯洁性；另一方面构建国家监察体系，党内监督达不到的地方，或者对不适用执行党的纪律的公职人员，依法实施监察，真正把公权力关进制度的笼子里。党内监督与国家监察辩证统一，本质上都属于党和国家内部监督范畴。① 党的十八大以来，面对严峻复杂的反腐败斗争形势，以习近平同志为核心的党中央带领全党进行了艰苦的探索。2016 年 10 月，党的十八届六中全会通过了《中国共产党党内监督条例》，明确规定了党内监督的原则、任务、主要内容和重点对象，针对不同主体，明确监督职责，规定具体监督措施，实现党内监督全覆盖。党内监督和国家监察都是中国特色治理体系的重要组成部分，是一体两面的关系，具有高度的内在一致性。国家监察是对公权力最直接最有效的监督，② 监察全覆盖和监督的严肃性、实效性，直接关乎党的执政能力和治国理政科学化水平。③

二、调查职责

监察委员会的第二类职责是对涉嫌贪污受贿、滥用职权、玩忽职守、权力寻租、利益输送、徇私舞弊以及浪费国家资财等职务违法和职务犯罪进行调查。《监察法实施条例》第二十二条规定：监察机关依法履行监察调查职责，依据《监察法》、《公职人员政务处分法》和《刑法》等规定对职务违法和职务犯罪进行调查。

调查可分为两种：一种是对职务违法行为的调查，一种是对职务犯罪行为的调查。关于职务违法，《监察法实施条例》第二十三条规定：“监察机关负责调查的职务违法是指公职人员实施的与其职务相关联，虽不构成犯罪但依法应当承担法律责任的下列违法行为：（一）利用职权实施的违法行为；（二）利用职务上的影响实施的违法行为；（三）履行职责不力、失职失责的违法行为；（四）其他违反与公职人员职务相关的特定义务的违法行为。”关于职务犯罪，

① 深化监察体制改革 推进试点工作之三：完善党和国家的自我监督. https://www.ccdi.gov.cn/special/xsjw/series27/201801/t20180102_160887.html.

② 钟纪轩. 深化国家监察体制改革 健全党和国家监督体系. 求是，2018 (9)：5 - 7.

③ 姚文胜. 国家监察体制改革研究. 北京：中国社会科学出版社，2019：74.

《监察法实施条例》第二十五条规定："监察机关依法对监察法第十一条第二项规定的职务犯罪进行调查。"《监察法实施条例》第二十六条、第二十七条、第二十八条、第二十九条、第三十条、第三十一条具体列举了监察机关调查的职务犯罪罪名。

职务违法和职务犯罪虽然具有性质的区别，但行为的内容可能是相同的。例如，行为的内容可能同样是贪污受贿、滥用职权、玩忽职守，或者权力寻租、利益输送、徇私舞弊以及浪费国家资财，情节轻微即为"职务违法"，情节严重则为"职务犯罪"。在国家监察体制改革前，对职务违法行为的调查属于行政监察机关的职责，对职务犯罪行为的侦查则属于检察机关的职责。根据《监察法》第十一条，调查职务违法和职务犯罪均属于监察委员会的职责。检察机关原负责侦查职务犯罪的人员现在已经转隶到监察委员会，这为监察委员会履行该项职责提供了非常有利的条件。①

调查公职人员涉嫌职务违法和职务犯罪，是监察委员会的一项经常性工作，是监察委员会开展廉政建设和反腐败工作、维护宪法和法律尊严的一项重要措施。对公职人员涉嫌职务违法和职务犯罪的调查，突出地体现了监察委员会作为国家反腐败工作机构的定位，体现了监察工作的特色，这项工作做好了，能有效地强化不敢腐的震慑，减少和遏制腐败行为的发生，维护宪法和法律尊严，保持公权力行使的廉洁性。调查的主要内容包括涉嫌贪污贿赂、滥用职权、玩忽职守、权力寻租、利益输送、徇私舞弊以及浪费国家资财等职务违法和职务犯罪行为，基本涵盖了所有公职人员的腐败行为类型。②

《监察法》第十一条列举了公职人员七类主要的职务违法和职务犯罪行为，这些行为都是党的十八大以来通过执纪审查、巡视等发现的比较突出的职务违法犯罪行为。③ 这里列举的"贪污贿赂、滥用职权、玩忽职守、权力寻租、利益输送、徇私舞弊以及浪费国家资财"是反腐工作中常见的职务违法和职务犯罪行为，但何种行为构成何种违法和犯罪，应当依据法律的规定来确定。因此，要根据其他法律和罪刑法定的原则，特别是《刑法》的规定来理解这里列举的现象是否构成犯罪行为。④

---

① 姜明安. 监察工作理论与实务. 北京：中国法制出版社，2018：28-29.

② 姚文胜. 国家监察体制改革研究. 北京：中国社会科学出版社，2019：74.

③ 中共中央纪律检查委员会法规室，中华人民共和国国家监察委员会法规室.《中华人民共和国监察法》释义. 北京：中国方正出版社，2018：91-93.

④ 秦前红. 监察法学教程. 北京：法律出版社，2019：195.

三、处置职责

监察委员会第三类职责是对违法的公职人员依法作出处置。这项职责主要包括以下四个方面内容：

其一，对违法的公职人员依法作出政务处分决定。监察委员会根据监督、调查结果，对违法的公职人员依照法定程序作出警告、记过、记大过、降级、撤职、开除等政务处分决定。《监察法实施条例》第三十三条规定："监察机关对违法的公职人员，依据监察法、政务处分法等规定作出政务处分决定。"

其二，对履行职责不力、失职失责的领导人员进行问责。这里所谓的"问责"，是指监察委员会根据问责的有关规定，对不履行或者不正确履行职责的，按照管理权限对负有管理责任的领导人员作出问责决定，或者向有权作出问责决定的机关提出问责建议。《监察法实施条例》第三十四条规定："监察机关在追究违法的公职人员直接责任的同时，依法对履行职责不力、失职失责，造成严重后果或者恶劣影响的领导人员予以问责。监察机关应当组成调查组依法开展问责调查。调查结束后经集体讨论形成调查报告，需要进行问责的按照管理权限作出问责决定，或者向有权作出问责决定的机关、单位书面提出问责建议。"

其三，对涉嫌职务犯罪的，将调查结果移送人民检察院依法审查、提起公诉。对被调查人涉嫌职务犯罪的，监察机关经调查认为犯罪事实清楚，证据确实、充分的，制作起诉意见书，连同案卷材料、证据一并移送检察机关依法审查、提起公诉。《监察法实施条例》第三十五条规定："监察机关对涉嫌职务犯罪的人员，经调查认为犯罪事实清楚，证据确实、充分，需要追究刑事责任的，依法移送人民检察院审查起诉。"

其四，向监察对象所在单位提出监察建议。监察建议是监察委员会依照法定职权，根据监督、调查结果，对监察对象所在单位廉政建设和履行职责存在的问题等提出的。监察建议不同于一般的工作建议，它具有法律效力，被提出建议的有关单位无正当理由必须履行监察建议要求其履行的义务，否则，就要承担相应的法律责任。[①]《监察法实施条例》第三十六条规定："监察机关根据监督、调查结果，发现监察对象所在单位在廉政建设、权力制约、监督管理、制度执行以及履行职责等方面存在问题需要整改纠正的，依法提出监察建议。监察机关应当跟踪了解监察建议的采纳情况，指导、督促有关单位限期整改，推动监察建议落实

① 姚文胜. 国家监察体制改革研究. 北京：中国社会科学出版社，2019：74-75.

到位。”

处置职责是对调查的违法问题依据相应的法律法规予以审查定性并决定给予何种处分和处理。从监察委员会处分手段来看，根据违法问题严重性的程度不同，处理手段依次包括政务处分（如警告、记过、记大过、降级、撤职、开除等）、问责、移送司法机关追究刑事责任、监察建议四个层次。一方面，要严格依据法律法规，对违规违法问题进行定性和给予处分；另一方面，对调查终结移送检察机关审查起诉的案件进行预审，决定是否移送起诉。处分权是监督制约调查活动的程序性设置，具有证据审查把关、保证办案质量、保障被调查人合法权益、维护公正执法的功能。①

此外，根据《监察法》第四十五条的规定，监察机关根据监督、调查结果，还可以对有职务违法行为但情节较轻的公职人员，按照管理权限，直接或者委托有关机关、人员，进行谈话提醒、批评教育、责令检查，或者予以诫勉。这些处置主要是依据当前党纪监督处理中“四种形态”的“第一种形态”，也是一种处置结果，即“红红脸、出出汗”。所谓“红红脸、出出汗”，是指根据党内监督必须把纪律挺在前面，运用监督执纪“四种形态”不断净化政治生态的精神，对有职务违法行为但情节较轻的公职人员，可以免予处分，而是代之以谈话提醒、批评教育、责令检查，或者予以诫勉等相对较轻的处理。与《监察法》第十九条规定的预防性质的提醒谈话措施相比，这里的提醒谈话属于调查之后的处理结果。对这种方式，有管辖权的监察机关可以直接作出上述处理，也可以委托公职人员所在单位、上级主管部门或者上述单位负责人代为作出。对谈话提醒、批评教育、责令检查、予以诫勉四种处理方式，监察机关应当结合公职人员的一贯表现、职务违法行为性质和情节轻重，经综合判断后作出决定。②

课后练习

1. 监察机关有哪些职责？这些职责间有何关系？
2. 如何理解监察机关的调查权区别于公安机关、检察机关等的侦查权？
3. 监察处置的主要方式和措施有哪些？

---

① 吴建雄. 监督、调查、处置法律规范研究. 北京：人民出版社，2018：64.

② 中共中央纪律检查委员会法规室，中华人民共和国国家监察委员会法规室.《中华人民共和国监察法》释义. 北京：中国方正出版社，2018：205-208.

核心法条

《中华人民共和国监察法》

第十一条 监察委员会依照本法和有关法律规定履行监督、调查、处置职责：

（一）对公职人员开展廉政教育，对其依法履职、秉公用权、廉洁从政从业以及道德操守情况进行监督检查；

（二）对涉嫌贪污贿赂、滥用职权、玩忽职守、权力寻租、利益输送、徇私舞弊以及浪费国家资财等职务违法和职务犯罪进行调查；

（三）对违法的公职人员依法作出政务处分决定；对履行职责不力、失职失责的领导人员进行问责；对涉嫌职务犯罪的，将调查结果移送人民检察院依法审查、提起公诉；向监察对象所在单位提出监察建议。

第三节　监察机关的定位

《宪法》第一百二十三条规定："中华人民共和国各级监察委员会是国家的监察机关。"《监察法》第三条规定"各级监察委员会是行使国家监察职能的专责机关"。我国监察机关的定位包含如下四个方面的内容：

一、监察机关是实现党和国家自我监督的政治机关

监察委员会和党的纪律检查委员会合署办公后，监察委员会不设党组（党委）、不决定人事事项，因此其本质上是党的工作机构，是政治机关。监察委员会在工作中，必须始终坚持讲政治，坚持党管干部原则和党对监察工作的集中统一领导。

将监察委员会定性为政治机关，也要求其在履行职责过程中不仅要加强日常监督、查清职务违法犯罪事实，进行相应处置，还要开展严肃的思想政治工作，进行理想信念宗旨教育，做到"惩前毖后、治病救人"，努力取得良好的政治效果、法纪效果和社会效果。①

① 马怀德. 监察法学. 北京：人民出版社，2019：129-130.

二、监察机关是平行于“一府两院”的新型国家机关

国家监察体制改革之前，在当时人民代表大会之下的“一府两院”体制中，监察权属于行政权，监察机关隶属于政府的行政机关，是政府的职能部门。这种制度安排导致监察机关的法律地位偏低、监察对象过窄，并且与党内监督难以全面对接。为纠正这种弊端，国家监察体制改革的核心任务之一，就是要改变监察机关的地位和性质，将监察机关从行政系统中分离出来，使监察机关成为在权力机关之下，与行政机关和司法机关平行的一类国家机关，并构成一个新的权力单元和系统[①]，从而形成了人民代表大会之下的“一府一委两院”（人民政府、监察委员会、人民法院和人民检察院）体制[②]。

我国的国家机构是由各个国家机关按照民主集中制组织起来的有机整体，各类国家机关尽管职责不同、分工不同，但目标是一致的，都是为了反映和实现人民的根本利益和意志，共同建设中国特色社会主义强国。人民代表大会制度是我国的根本政治制度和政权组织形式，是坚持党的领导、人民当家作主、依法治国三者有机统一的根本政治制度安排。[③] 人民代表大会是国家的权力机关，通过制定法律、法规和作出决议、决定等，统一行使国家权力；在这一前提下合理划分国家的行政权、监察权、审判权、检察权，既避免权力过分集中又避免不必要的牵扯，使各个国家机关既专司其职又互相配合、协调一致地开展工作。[④] 我国《宪法》第三条规定：“国家行政机关、监察机关、审判机关、检察机关都由人民代表大会产生，对它负责，受它监督。”《监察法》第五十三条规定：“各级监察委员会应当接受本级人民代表大会及其常务委员会的监督。”将行使国家监察职能的专责机关纳入国家机构体系，明确监察委员会由同级人大产生，对它负责，受它监督，拓宽了人民监督权力的途径，提高了社会主义民主政治制度化、规范化、法治化水平，丰富和发展了人民代表大会制度的内涵，推动了人民代表大会制度与时俱进，这对推进国家治理体系和治理能力现代化具有深远意义。[⑤]

---

① 秦前红. 我国监察机关的宪法定位 以国家机关相互间的关系为中心. 中外法学，2018，30（3）：555－569.

② 马怀德. 监察法学. 北京：人民出版社，2019：124.

③ 王晨. 坚持和完善人民代表大会制度这一根本政治制度（深入学习贯彻党的十九届四中全会精神）. 人民日报，2019－11－19（6）.

④ 杨振武. 深入学习贯彻党的十九届四中全会精神 坚持和完善人民代表大会制度这一根本政治制度. 中国人大，2019（23）：20－25.

⑤ 李建国. 关于《中华人民共和国监察法（草案）》的说明：2018 年 3 月 13 日在第十三届全国人民代表大会第一次会议上. 中华人民共和国全国人民代表大会常务委员会公报，2018（2）：155－161.

三、监察机关是行使国家监察职能的专责机关

监察机关行使的是国家监察权，各级监察委员会是行使国家监察职能的专责机关。《宪法》第一百二十七条和《监察法》第四条均规定，监察委员会依法独立行使监察权，不受行政机关、社会团体和个人的干涉。监察委员会依法独立行使的监察权，不是对以前分散行使的行政监察、反贪反渎、预防腐败等职能的简单叠加，而是一项具有内在联系的相对独立的国家权力，监察权是在党的直接领导下，代表党和国家对所有行使公权力的公职人员进行监督。[①]

根据《监察法》的规定，监察委员会是行使国家监察职能的“专责机关”。专责机关，意味着监察委员会是我国专门行使国家监察职能的国家机关，其他国家机关不拥有国家监察职能。专责机关的定位，也要求国家监察机关依法履行法定的监察职责，聚焦主责主业，做到精力专一、职责专注、业务专业，而不应四处出击，承担大量不属于监察职责范围的事务。“专责机关”相比于“专门机关”，更加突出了监察机关的责任，强调行使监察权不仅是监察机关的职权，更是监察机关的职责和使命担当。由于监察委员会与党的纪律检查委员会合署办公，实际实行“一套工作机构、两个机关名称”，强调监察委员会是行使国家监察职能的“专责机关”，与纪委作为党内监督的专责机关相对应。[②]

四、监察机关是国家反腐败工作机构

监察委员会作为专责行使国家监察职能的国家机关，同时也是党统一领导下的反腐败工作机构。国家监察体制改革是事关全局的重大政治体制改革，目的是加强党对反腐败工作的集中统一领导。[③] 以零容忍态度惩治腐败是中国共产党鲜明的政治立场，是党心民心所向。国家监察体制改革之前，党的纪律检查机关依照党章党规对党员的违法违纪行为进行审查，行政监察机关依照行政监察法对行政机关工作人员的违纪违法行为进行监察，检察机关依照刑事诉讼法对国家工作人员职务犯罪行为进行查处，反腐败职能既分散行使，又交叉重叠，没有形成监督合力。[④]

---

① 中共中央纪律检查委员会法规室，中华人民共和国国家监察委员会法规室.《中华人民共和国监察法》释义. 北京：中国方正出版社，2018：62.

② 马怀德. 监察法学. 北京：人民出版社，2019：128.

③ 袁曙宏. 深化国家监察体制改革的四重意义. 中国纪检监察，2018（5）：14－17.

④ 李建国. 关于《中华人民共和国监察法（草案）》的说明：2018年3月13日在第十三届全国人民代表大会第一次会议上. 中华人民共和国全国人民代表大会常务委员会公报，2018（2）：155－161.

深化国家监察体制改革，制定作为我国第一部反腐败国家立法的《监察法》，组建国家监察委员会这一党统一领导的反腐败工作机构，就是将行政监察部门、预防腐败机构和检察机关查处贪污贿赂、失职渎职以及预防职务犯罪等部门的工作力量整合起来，把反腐败资源集中起来，把执纪和执法贯通起来，攥指成拳，形成合力，为反腐败工作开创新局面，为夺取反腐败斗争压倒性胜利提供坚强法治保障。①

课后练习

1. 如何理解监察委员会是实现党和国家自我监督的政治机关？

2. 我国的监察机关有何特性？

核心法条

《中华人民共和国监察法》

第三条 各级监察委员会是行使国家监察职能的专责机关，依照本法对所有行使公权力的公职人员（以下称公职人员）进行监察，调查职务违法和职务犯罪，开展廉政建设和反腐败工作，维护宪法和法律的尊严。

第四条 监察委员会依照法律规定独立行使监察权，不受行政机关、社会团体和个人的干涉。

监察机关办理职务违法和职务犯罪案件，应当与审判机关、检察机关、执法部门互相配合，互相制约。

监察机关在工作中需要协助的，有关机关和单位应当根据监察机关的要求依法予以协助。

第四节 监察官

《监察法》第十四条规定："国家实行监察官制度，依法确定监察官的等级设置、任免、考评和晋升等制度。"本条规定的主要目的是为建立中国特色监察官

① 马怀德. 监察法学. 北京：人民出版社，2019：129.

制度提供法律依据和制度框架。加强纪检监察干部队伍建设、探索建立监察官制度，是党中央在改革大局中明确的一项政治任务，是构建具有中国特色的国家监察体系的重要举措。2021 年 8 月 20 日，第十三届全国人大常委会通过了《监察官法》，自 2022 年 1 月 1 日起施行。《监察官法》落实深化国家监察体制改革的重大决策部署，以《宪法》和《监察法》为依据，坚持党管干部原则，坚持“责任法”的定位，秉持全心全意为人民服务的宗旨，坚持以人民为中心的发展思想，构建中国特色监察官制度，是不敢腐、不能腐、不想腐一体推进的又一重要制度性成果，进一步丰富了国家反腐败立法。①

一、制定《监察官法》的重要意义②

（一）坚持和加强党对监察工作领导的必然要求

中国共产党的领导是中国特色社会主义的最本质特征，是中国特色社会主义制度的最大优势。推进各方面制度建设、推动各项事业发展、加强和改进各方面工作，都必须坚持党的领导，自觉贯彻党总揽全局、协调各方的根本要求。反腐败斗争是严肃的政治任务，必须在党中央集中统一领导下进行。监察机关作为反腐败工作机构，坚持和加强党的领导，不仅体现在履行监督、调查、处置等职责中，也要落实到监察队伍建设上。制定《监察官法》，强调监察官的管理和监督坚持党的领导，坚持党管干部原则，将党的领导融入监察官职责履行、选用任免、管理监督等各方面，有利于推动监察官增强“四个意识”、坚定“四个自信”、做到“两个维护”，牢固树立责任意识，建设忠诚干净担当的监察官队伍。

（二）深化国家监察体制改革的重要举措

党的十八大以来，党中央谋划、部署、推进纪检监察体制改革。党的十九大站在新的历史起点上，对深化国家监察体制改革作出进一步部署。经过一段时间努力，改革已经显示出多方面成效，加强了党对反腐败工作的集中统一领导，实现了对所有行使公权力的公职人员监察全覆盖，保持和强化了惩治腐败高压态势，进一步健全了党和国家监督体系。实践充分证明，党中央决策部署是完全正确的。习近平总书记要求，在新起点上持续推进改革，配套法规要跟上，要制定同监察法配套的法律法规，将《监察法》中原则性、概括性的规定具体化，形成系统完备、科学规范、运行有效的法规体系。制定《监察官法》，从队伍建设上

①② 邹开红. 学习贯彻监察官法 促进规范化、法治化、正规化. 中国纪检监察，2021（17）：20-23.

总结提炼监察体制改革成果，推进监察官职责法定，强化对履职全过程的监督，有利于促进纪检监察工作高质量发展。

（三）促进监察官依法履行职责的重要保障

党的十八大以来，习近平总书记多次谈到“谁来监督纪委监委”的问题，强调广大纪检监察干部要做到忠诚坚定、担当尽责、遵纪守法、清正廉洁，确保党和人民赋予的权力不被滥用、惩恶扬善的利剑永不蒙尘；强调纪检监察机关不是天然的保险箱，监察权也要关进制度的笼子里，严格依规依纪依法行使权力；强调监督别人的人首先要监管好自己，打铁必须自身硬，要做遵纪守法的标杆，要以更高的标准、更严的纪律要求纪检监察干部。《监察官法》坚决贯彻落实党中央要求，完整规范监察官的责任和法定义务，强调贯彻人民至上的理念，要求纪检监察干部对党忠诚、对人民负责，将监察官履职要求具体化、制度化、法律化，把严格监督作为重中之重，明确权力边界、严格内控机制，强化自我约束、加强外部监督，把制度的笼子扎得更紧更牢，有利于促进监察官依法履行职责、正确行使监察权。

（四）建设高素质专业化监察官队伍的现实需要

实现新时代纪检监察工作高质量发展，关键是建设高素质专业化的纪检监察干部队伍。党的十八大以来，以习近平同志为核心的党中央高度重视纪检监察干部队伍建设，要求纪检监察干部加强思想淬炼、政治历练、实践锻炼、专业训练，增强法治意识、程序意识、证据意识，做到政治过硬、本领高强。《监察官法》全面贯彻落实党中央要求，以法律形式明确监察官的职责义务，强调严格准入、择优选用，要求强化对监察官的培训、提高其专业化能力，有利于为建设高素质专业化监察官队伍提供更充分的法律保障。

二、《监察官法》的主要内容[①]

《监察官法》共九章六十八条，可以分为三个板块。第一板块为第一章总则，主要规定了立法目的和依据、指导思想、监察官的范围，以及对监察官的总体要求；第二板块为第二章至第八章，是主体部分，明确了监察官的职责、义务和权利，监察官的条件和选用，监察官的任免，监察官的管理，监察官的考核和奖

---

① 邹开红．学习贯彻监察官法 促进规范化、法治化、正规化．中国纪检监察，2021（17）：20－23．

励，监察官的监督和惩戒，监察官的职业保障等内容；第三板块为第九章附则，规定了衔接条款及施行日期等。

（一）坚持责任法定位，促进监察官履职尽责

权力就是责任，责任就要担当。监察官依法行使国家监察权，肩负党和人民的重托，承担着庄严神圣的使命，就必须具有责任担当和使命情怀。《监察官法》坚持责任法定位，着重规范监察官依法履职。一是在总则部分对监察官履职提出原则要求。强调监察官应当忠诚坚定、担当尽责、清正廉洁；以事实为根据，以法律为准绳，客观公正地履行职责，保障当事人的合法权益；严格按照规定的权限和程序履行职责，坚持民主集中制，重大事项集体研究。二是对监察官的法定职责作出明确规定。将《监察法》规定的监察机关职责予以细化具体化，并强调监察官在职权范围内对所办理的监察事项负责，确保监察机关的各项职责落实落地。三是对监察官应当履行的义务作出针对性规定。立足纪委监委合署办公的实际，将"严格执行中国共产党和国家的路线方针政策、重大决策部署""勇于担当、敢于监督，坚决同腐败现象作斗争""忠于职守，勤勉尽责，努力提高工作质量和效率"等明确为监察官的法定义务。义务就是责任，《监察官法》突出强调了实现权力、责任、义务、担当相统一。四是对严格责任追究作出规定，具体列明了应当追究监察官责任的情形，规定了暂停履职、终身追责问责等制度。

（二）突出政治过硬、本领高强，打造高素质专业化监察官队伍

《监察官法》全面落实政治过硬、本领高强要求，对监察官的条件、选用、考核、培训等作出规定，为建设高素质专业化监察官队伍提供了法律保障。一是高标准设置监察官条件。在任职条件和选用标准上，坚持德才兼备、以德为先，突出政治标准；在能力素养上，要求熟悉法律、法规、政策，具备相应的专业知识和能力，具备高等学校本科以上学历等；在选用方式上，拓宽选拔人才的渠道，力求好中选优、优中选强；在任职限制上，设定更为严格的底线，如规定曾经受到党纪、政务重处分的不得担任监察官，确保队伍过硬。二是严格对监察官的考核。要求按照全面、客观、公正的标准，采取平时考核、专项考核和年度考核相结合的方式，重点考核政治素质、工作实绩和廉洁自律情况。三是注重发挥教育培训基础作用。《监察官法》着眼形势任务需要，立足打基础、利长远，规定了职前培训制度，并要求对监察官有计划地进行政治、理论和业务培训，明确培训机构，突出培训重点，落实培训责任。四是鼓励加强监察学科建设。监察工

作的高质量发展离不开理论的支撑与指导。《监察官法》第三十二条规定："国家加强监察学科建设，鼓励具备条件的普通高等学校设置监察专业或者开设监察课程，培养德才兼备的高素质监察官后备人才，提高监察官的专业能力。"加强监察学科建设，能够有效推动高校的研究资源与监察工作实际相结合，开展更加系统务实的研究，强化理论提升和规律总结，更好指导监察实践，提升监察工作质量水平。

（三）立足监察工作实际，设定监察官范围

《监察官法》是深化国家监察体制改革的重要制度成果。设定监察官的范围，必须依据法律规定，坚持实事求是、勇于创新，总结吸收监察体制改革、党和国家机构改革后纪检监察干部队伍建设的新经验新成果，充分考虑监察工作的特点，有利于监察工作的有效开展。从决策机制看，监察工作坚持党的领导，实行民主集中制，对重大事项集体决策、严格审批，监察处置要经过监察机关领导人员集体审议、履行请示报告程序。从法定职责看，监察机关依法履行监督调查处置职责，其中监督是第一职责、首要职责。案件调查是监察工作的重要内容，但并不是全部内容。监察机关开展经常性廉政教育、作出维护和执行法律的决定、推进廉洁文化建设，通过加强教育、日常监督、专项整治、督办整改等多种方式实施监督检查，对涉嫌职务违法和职务犯罪问题进行调查处理，开展监察问责，提出监察建议等，都是行使监察权、履行监察职责。

监察工作的特点是团队协作、集体作战，日常工作和专项工作相结合，监察人员依据职责分工和组织安排开展工作。监察人员不论在哪个岗位，只要承担具体监察职责，就应当依法接受管理和监督。因此，《监察官法》对监察官没有实行员额制管理，而是在第三条中以列举的方式规定监察官包括下列人员：（一）各级监察委员会的主任、副主任、委员；（二）各级监察委员会机关中的监察人员；（三）各级监察委员会派驻或者派出到中国共产党机关、国家机关、法律法规授权或者委托管理公共事务的组织和单位以及所管辖的行政区域等的监察机构中的监察人员、监察专员；（四）其他依法行使监察权的监察机构中的监察人员。同时，考虑到各级监察委员会派驻到国有企业的监察机构工作人员、监察专员，以及国有企业中其他依法行使监察权的监察机构工作人员为企业人员身份，《监察官法》规定对这些人员履行职责和监督管理等参照本法有关规定执行，以一体贯彻落实党中央对强化纪检监察干部队伍建设的统一要求。

（四）体现监察工作特色，建立监察官等级制度

设立监察官等级制度是监察法的明确要求。《监察官法》参考借鉴相关法规制度，把握推进全面依法治国、加强队伍建设的共性要求，同时体现监察工作和监察人员管理特点，在第二十五条至第二十八条中规定了监察官的等级、称谓以及等级的确定和晋升等内容，建立起科学合理的监察官等级制度架构。一是关于监察官等级的性质。设置监察官等级，并不是要对监察官实行单独职务序列管理，纪检监察干部依然沿用现有干部管理序列。监察官等级是在职务职级之外增加的一个职业称号，目的是加强监察官队伍的正规化、专业化建设，增强监察官的使命感、责任感、荣誉感。同时，监察官制度意味着责任担当，等级越高、要求越高、责任越大，规范设置监察官等级也为压实监察官责任、强化监察官监督和管理提供了有力抓手。二是关于监察官的等级设置和称谓。《监察官法》借鉴各种衔级等级划分和称谓的规定，将监察官等级设置为十三级。这一制度设计既与现行公务员职务职级基本对应，又考虑了与事业单位人员岗位等级的对应衔接，体现精简、高效的队伍建设要求，并将资源适当向基层倾斜，为基层监察官拓展成长空间。三是关于监察官等级的确定和晋升。第二十七条明确了监察官等级确定的依据，包括职务职级、德才表现、业务水平、工作实绩和工作年限等方面，实行按期晋升和择优选升相结合的方式，并对提前选升作出规定。同时，考虑到监察官等级的确定和晋升工作专业性较强，参考其他等级衔级制度的通行做法，第二十八条规定监察官的等级设置、确定和晋升的具体办法，由国家另行规定。

（五）严之又严强化监督，坚决防止“灯下黑”

打铁必须自身硬。防止“灯下黑”、提高自身免疫力，是纪检监察干部队伍建设的重大课题。强化对监察官的严格监督是《监察官法》的重中之重。《监察官法》充分总结提炼现行有关党内法规、国家法律中对纪检监察干部的监督要求，吸收纪检监察体制改革成功经验，通篇强调对监察官的严格监督。一是坚持中国共产党的领导、管理和监督。在对监察官的所有监督中，第一位的是党组织的监督。《监察官法》第二条规定，监察官的管理和监督坚持中国共产党领导、坚持党管干部原则。党的领导、党管干部，本身就包含着监督。监察官必须在党的领导下开展工作，自觉接受党组织的管理和监督，按照规定请示报告重大事项，确保工作的正确方向。二是在总则中强调监察官应当严格自我约束、接受各

方面监督。把加强对监察官的管理和监督明确为重要立法目的，要求监察官做严格自律、作风优良、拒腐防变的表率，自觉接受组织监督和民主监督、社会监督、舆论监督。三是在义务、条件和选用、任免、考核等各章中，将自觉接受监督作为监察官的法定义务，严格任职条件和选用标准，明确依法免职的具体情形，规定实行地域回避、任职回避，强化对监察官的考核等，这些都鲜明体现了强化监督的理念。四是专章规定“监察官的监督和惩戒”。这是《监察官法》的一个特点，强调监察机关应当规范工作流程，加强内部监督制约机制建设，依法处理对监察官的检举、控告，及时调查处理审判机关、检察机关、执法部门等移送的监察官违纪违法履行职责的问题线索，充分发挥特约监察员的监督作用；规定了打听案情、过问案件、说情干预登记备案和工作回避、保密、离任回避、规范亲属从业等具体监督措施；具体规定了监察官违纪违法应当承担的法律责任。通过这些制度规定，从法律上构筑起对监察官的监督制约体系，促进监察官提高自身免疫力，习惯在受监督约束的环境中工作生活。

课后练习

1. 是否应当吸纳非中共党员担任监察官和监察机关领导人员？
2. 是否应当将监察人员分为监察官、监察官助理和监察行政人员？
3. 监察官是否应当实行员额制？
4. 阐述我国的监察官制度。

核心法条

《中华人民共和国监察法》

第十四条 国家实行监察官制度，依法确定监察官的等级设置、任免、考评和晋升等制度。

第五节 派驻或者派出监察机构、监察专员

《监察法》第十二条规定：“各级监察委员会可以向本级中国共产党机关、国家机关、法律法规授权或者委托管理公共事务的组织和单位以及所管辖的行政区

域、国有企业等派驻或者派出监察机构、监察专员。监察机构、监察专员对派驻或者派出它的监察委员会负责。”本条规定的目的是满足监察工作需要，保证监察委员会能够经常、及时、准确地了解分散在不同机关、组织和单位等的监察对象的情况，使监察机关对于所监察的公职人员真正实现“看得见、管得着”，近距离常态化地实施监察。

派驻监督是党的自上而下组织监督的重要形式。党的十九大修改的党章规定，党的中央和地方纪律检查委员会向同级党和国家机关全面派驻党的纪律检查组。《中国共产党党内监督条例》总结党的十八大以来派驻纪检机构改革实践经验，把派驻监督纳入党内监督的制度框架，明确了纪委派驻纪检组与派出机关的工作关系、派驻纪检组的职责任务、派出机关的领导方式，为强化党内监督、推进全面从严治党提供了制度保障。

一、派驻或派出范围

《监察法》原则上规定了监察委员会往哪里派、怎么派，给监察派驻制度留下了较大的制度空间，对派驻或者派出范围、组织形式等的具体设置，留待日后逐步细化、完善。《监察法》第十二条第一款列举了一些派驻或者派出的范围，具体包括本级中国共产党机关、国家机关、法律法规授权或者委托管理公共事务的组织和单位以及所管辖的行政区域、国有企业等。《监察法实施条例》第十二条进一步细化规定：“各级监察委员会依法向本级中国共产党机关、国家机关、法律法规授权或者受委托管理公共事务的组织和单位以及所管辖的国有企业事业单位等派驻或者派出监察机构、监察专员。省级和设区的市级监察委员会依法向地区、盟、开发区等不设置人民代表大会的区域派出监察机构或者监察专员。县级监察委员会和直辖市所辖区（县）监察委员会可以向街道、乡镇等区域派出监察机构或者监察专员。监察机构、监察专员开展监察工作，受派出机关领导。”

根据《中国共产党工作机关条例（试行）》第二条规定，党的工作机关是党实施政治、思想和组织领导的政治机关，是落实党中央和地方各级党委决策部署，实施党的领导、加强党的建设、推进党的事业的执行机关，主要包括办公厅（室）、职能部门、办事机构和派出机关。[1] 国家机关主要是指行使国家权力、管理国家事务的机关，包括国家权力机关、国家行政机关、审判机关、检察机关等。县级监察委员会向所管辖的街道、乡镇派出监察机构、监察专员，可以每个

---

① 江国华. 中国监察法学. 北京：中国政法大学出版社，2018：63.

街道、乡镇单独派出，也可以几个街道、乡镇归口派出，推动国家监察向基层延伸，就近解决群众身边的腐败问题。《监察法》第十五条所规定的监察对象基本能够涵盖在上述派驻或派出范围之内，而通过具体列举式的模式呈现将该范围明确化、具体化，有利于推动国家监察向基层延伸，实现监察权对公职人员的全面化、有针对性的覆盖。①

二、派驻或派出形式

派驻或者派出的组织形式，具体包括监察机构或者监察专员。监察委员会是设置派驻、派出监察机构还是监察专员，应遵循实际需要，根据监察对象的多少、任务轻重而定。一般来说，监察对象数量少、任务量小、监察工作较为容易的案件，可采取派驻或派出监察专员的形式。反之，如若需要面对较为庞杂与繁重的监察工作，则应采取派驻或派出监察机构的形式。例如，地区、盟等地方的监察机构，可以采取派出监察机构的形式；对于街道、乡镇，可以采取派出监察专员的形式；而中国共产党机关、国家机关等的监察机构，可以采取派驻监察机构的形式。按需进行派驻、派出的原则，能够最大程度保障监察机构与人员的运作处于高效状态，同时，既可以节省监察资源，又可以防止监察资源分配不均情况的出现。

三、派驻或派出监察机构、监察专员领导体制

监察机构、监察专员对派驻或者派出它的监察机关负责，不受驻在部门的领导，具有开展工作的独立地位。《监察法》第十二条规定的监察机构、监察专员对派驻或者派出它的监察委员会负责，意味着派驻、派出的监察机构、监察专员相对于驻在部门而言，在人事、编制、经费、物资等方面具有独立性，即将监察机关从行政机关中剥离出来，实现由内部监督转向外部监督。因此，派驻或派出的监察机构、监察专员不受驻在部门的领导及制约，仅对其派出机关负责，以保障最大限度地独立行使监察权，可以经常、及时、准确地了解分散在不同机关、组织和单位等的监察对象情况。例如，派驻或派出的监察机构、监察专员应当及时了解驻在部门的实际情况和具体问题，定期向派出机关汇报工作，以确保监察机关时刻、准确掌握派驻或者派出监察机构、监察专员驻地的情况，整体提升监察的效率与质量。需要注意的是，各级监察委员会与本级党的纪律检查委员会合

① 江国华. 中国监察法学. 北京：中国政法大学出版社，2018：64.

署办公，监察委员会派驻或者派出的监察机构、监察专员，与本级纪委派驻或者派出到该单位以及行政区域、国有企业的纪检组，也应当合署办公。①

四、派驻、派出监察机构监察专员的职权

派驻或派出的监察机构、监察专员职能的履行，以《监察法》第十一条规定的“监督、调查、处置”三项职责为基准，以法律授权范围为依据，通过充分发挥“派驻”“派出”的优势，在派驻与派出部门切实履行监察职责。《监察法》第十三条规定：“派驻或者派出的监察机构、监察专员根据授权，按照管理权限依法对公职人员进行监督，提出监察建议，依法对公职人员进行调查、处置。”本条规定的主要目的，既是明确派驻或者派出监察机构、监察专员的法定职责，使其开展工作具有明确的依据，也是明确其责任和义务，对不履行或者没有履行好法定职责的派驻或者派出监察机构、监察专员，要依法追究其失职责任。定位准才能责任清，责任清才能敢担当。党的十八大以来，派驻机构按照中央纪委要求，聚焦中心任务，转职能、转方式、转作风，不断强化监督、执纪、问责。派驻纪检监察机构合署办公，派驻或者派出监察机构、监察专员职责与纪委派驻机构职责相匹配，要充分发挥“派”的权威和“驻”的优势，聚焦监督、调查、处置，使驻在单位和区域的党风廉政建设和反腐败工作得到切实加强，为全面从严治党提供有力支撑。

《监察法实施条例》第十三条规定：“监察机构、监察专员可以按规定与地方监察委员会联合调查严重职务违法、职务犯罪，或者移交地方监察委员会调查。未被授予职务犯罪调查权的监察机构、监察专员发现监察对象涉嫌职务犯罪线索的，应当及时向派出机关报告，由派出机关调查或者依法移交有关地方监察委员会调查。”

根据《监察法》和《监察法实施条例》的规定，派驻或者派出的监察机构、监察专员具有两个方面的职责：一是根据授权进行监督，提出监察建议；二是根据授权依法进行调查、处置。

派驻或者派出的监察机构、监察专员的设置、具体职责和可以行使的权限，包括监督对象有哪些人员、具体履行什么样的监督职责等，由相关法律文件作出明确授权，其根据授权开展相关工作。从党的十八大以来的实践情况看，派驻或者派出的监察机构、监察专员的监督对象是其驻在的中国共产党机关、国家机

① 中共中央纪律检查委员会法规室，中华人民共和国国家监察委员会法规室.《中华人民共和国监察法》释义.北京：中国方正出版社，2018：96-98.

关、法律法规授权或者委托管理公共事务的组织和单位以及行政区域、国有企业内的所有公职人员，其中重点对象是领导人员。比如，国家监察委员会派驻的监察机构，其监督的重点对象是驻在机关和部门领导班子、中管干部和司局级干部。监督的内容，主要是公职人员依法履职、秉公用权、廉洁从政从业以及道德操守情况。随着《监察法》施行后国家监察体制改革的不断深化，派驻或者派出的监察机构、监察专员以后到底重点监督什么，还需要根据实践的发展不断总结提炼、规范完善。派驻监察机构、监察专员根据监督结果，对驻在单位廉政建设和履行职责存在的问题等提出监察建议。

派驻或者派出监察机构、监察专员在调查、处置职能的履行方面，仍然应当根据《监察法》对监察委员会职权的规定进行。从党的十八大以来的实践情况看，派驻或者派出的监察机构、监察专员可以根据授权，对有关公职人员涉嫌贪污贿赂、滥用职权、玩忽职守、权力寻租、利益输送、徇私舞弊以及浪费国家资财等职务违法进行调查，根据调查结果，对违法的公职人员依照法定程序作出警告、记过、记大过、降级、撤职、开除等政务处分决定。是否能够对涉嫌职务犯罪进行调查处置，则需要根据派出它的监督机关的授权来确定。2018 年 10 月，《关于深化中央纪委国家监委派驻机关改革的意见》印发，明确赋予派驻机构监察权，对公职人员涉嫌职务违法和职务犯罪行为均可进行调查、处置但其调查、处置对象，不包括派驻或者派出它的监察委员会直接负责调查、处置的公职人员。比如，国家监察委员会派驻的监察机构，可以依法调查、处置驻在机关、部门的司局级及以下干部，但是对于驻在机关、部门的中管干部，则要由国家监察委员会来进行调查、处置。随着《监察法》施行后国家监察体制改革的不断深化，派驻或者派出的监察机构、监察专员到底有哪些调查、处置职权，也需要根据实践的发展不断总结提炼、规范完善。①

课后练习

1. 监察委员会在决定是设置派驻、派出监察机构还是监察专员时，要考虑哪些内容?

2. 派驻或者派出监察机构、监察专员领导体制有何优势?

3. 派出或派驻的监察机构的职责权限有何区别?

---

① 中共中央纪律检查委员会法规室，中华人民共和国国家监察委员会法规室.《中华人民共和国监察法》释义. 北京：中国方正出版社，2018：99－102.

核心法条

《中华人民共和国监察法》

第十二条 各级监察委员会可以向本级中国共产党机关、国家机关、法律法规授权或者委托管理公共事务的组织和单位以及所管辖的行政区域、国有企业等派驻或者派出监察机构、监察专员。

监察机构、监察专员对派驻或者派出它的监察委员会负责。

《中华人民共和国监察法实施条例》

第十二条 各级监察委员会依法向本级中国共产党机关、国家机关、法律法规授权或者受委托管理公共事务的组织和单位以及所管辖的国有企业事业单位等派驻或者派出监察机构、监察专员。

省级和设区的市级监察委员会依法向地区、盟、开发区等不设置人民代表大会的区域派出监察机构或者监察专员。县级监察委员会和直辖市所辖区（县）监察委员会可以向街道、乡镇等区域派出监察机构或者监察专员。

监察机构、监察专员开展监察工作，受派出机关领导。

第十三条 派驻或者派出的监察机构、监察专员根据派出机关授权，按照管理权限依法对派驻或者派出监督单位、区域等的公职人员开展监督，对职务违法和职务犯罪进行调查、处置。监察机构、监察专员可以按规定与地方监察委员会联合调查严重职务违法、职务犯罪，或者移交地方监察委员会调查。

未被授予职务犯罪调查权的监察机构、监察专员发现监察对象涉嫌职务犯罪线索的，应当及时向派出机关报告，由派出机关调查或者依法移交有关地方监察委员会调查。

第三章　监察对象

深化国家监察体制改革的目标是整合反腐败资源力量，加强党对反腐败工作的集中统一领导，构建集中统一、权威高效的中国特色国家监察体制，实现对所有行使公权力的公职人员的监察全覆盖。国家监察体制改革之前，党内监督已经实现全覆盖，而依照《行政监察法》的规定，行政监察对象主要是行政机关及其工作人员，还没有做到对所有行使公权力的公职人员全覆盖，存在党内监督和国家监察不同步、部分行使公权力的人员处于监督之外的问题，[①] 未能实现依规治党与依法治国、党内监督与国家监察的有机统一，这种情形亟待改变[②]。

《监察法》第十五条以法律的形式将国家监察对象的范围明确下来，为国家监察工作实现对所有行使公权力的公职人员的监督全覆盖提供明确的法律依据，使纪检监察机关依法对有关人员开展具体监察工作时有法可依，使广大行使公权力的公职人员确切地明白其要接受监察机关监督的法定义务，使其适应在接受监督的情况下行使公权力的法治环境。

第一节　监察对象的识别标准

一、国家监察对象的全面覆盖

监察对象范围的界定是国家监察工作的起点，是监察权行使的基础，涉及监

① 本刊编辑部. 深化国家监察体制改革的科学指引. 求是，2019（5）.

② 马怀德. 中华人民共和国监察法理解与适用. 北京：中国法制出版社，2018：55.

察机关的管辖权。只有明确监察对象的范围，清晰监察对象界定的标准，才能充分发挥国家监察的效能，规范和约束公权力。[①]无论是深化国家监察体制改革，还是制定出台《监察法》，一个很重要的目的就是要将以前监督“狭义政府”转变为监督“广义政府”，将所有行使公权力的公职人员全部纳入监察范围，填补监督对象上的空白。

《监察法》规定的各类监察对象，分别都行使着重要的公权力。比如，公务员承担着管理国家和社会事务的重要职责，法律法规授权或者受国家机关依法委托管理公共事务的组织中从事公务的人员，在相应的领域责任重大，国有企业管理人员行使国有资产保值增值的重要公权力，公办教科文卫体等单位和基层群众自治组织中从事管理的人员行使的公权力与广大人民群众的利益息息相关。《监察法》的制定出台，以法律的形式全面填补了国家监督的空白，实现了对所有行使公权力的公职人员的监督全覆盖，这为纪检监察机关依法履职、尽职工作、加强监督提供了充分的法律依据。[②]

由监察机关按照管理权限对所有行使公权力的公职人员进行监察，符合党中央关于深化国家监察体制改革决策部署的精神，在党的治国理政历史上第一次实现了对公权力的全面监督。各级纪检监察机关应当深刻认识《监察法》的重要意义，认真学习好贯彻好落实好《监察法》，科学合理地依据《监察法》开展工作，切实加强对所有党员和行使公权力的公职人员的监督，以实际行动推动党风廉政建设和反腐败斗争向纵深发展，推动全面从严治党向纵深发展，为党的建设和国家发展提供坚强政治保障。[③]

实践中，实现国家监察全面覆盖要准确把握三点。[④] 一是盯住“关键少数”。重点是县处级以上领导干部，特别是各级一把手，还有处于关键领域、关键岗位的领导干部。依据《中国共产党党内监督条例》，重点监督他们“遵守党章党规”“维护党中央集中统一领导”“坚持民主集中制”“落实全面从严治党责任”“落实中央八项规定精神”“坚持党的干部标准”“廉洁自律、秉公用权”“完成党组织部署的任务”等八个方面情况，严明《中国共产党纪律处分条例》规定的政治纪律、组织纪律、廉洁纪律、群众纪律、工作纪律、生活纪律等六项纪律。依据《监察法》规定，对他们“依法履职、秉公用权、廉洁从政从业以及道德操守情

① 姚文胜. 国家监察体制改革研究. 北京：中国社会科学出版社，2019：90.

② 马怀德. 这是事关全局的重大政治改革：深刻认识国家监察体制改革的意义. 北京日报，2017-01-23 (13).

③ 本书编写组.《中华人民共和国监察法》案例解读. 北京：中国方正出版社，2018：3-5.

④ 宗婷婷. 如何理解“监察全覆盖”内涵. 学习时报，2019-12-04 (2).

况进行监督检查”“对涉嫌贪污贿赂、滥用职权、玩忽职守、权力寻租、利益输送、徇私舞弊以及浪费国家资财等职务违法和职务犯罪进行调查”，并提出处置意见。二是管住“绝大多数”。既认真履行纪检监察机关的监督职责，又充分发挥组织优势，督促各级党组织落实主体责任，共同管理好、监督好全体党员和所有行使公权力的公职人员。三是向基层延伸。监察法把“基层群众性自治组织中从事管理的人员”“其他依法履行公职的人员”规定为监察对象，所以要积极探索监察职能向基层、村居延伸的有效途径，强化对基层组织中行使公权力人员的监督，消除监督空白和死角，确保所有公权力的行使都在严密监督之下，确保党和人民赋予的权力不被滥用。

二、行使公权力的公职人员

需要注意的是，在监察实践中也要避免对“所有行使公权力的公职人员”进行无限扩大解释。比如，有的人认为凡是“吃公家饭”的人都是监察对象，所以医生、教师也应全部纳入监察范围，这种认识是不对的。《监察法》第十五条关于“监察范围”的规定共六项，其中第三项、第四项、第五项都有一个关键词——“管理人员”或“从事管理的人员”，因此《监察法》规定的监察对象本质上强调的是行使公权力的人员。[①] 判断是否属于监察对象，要紧紧抓住“行使公权力”这个核心要义、坚持动态识别，要将“人”和“事”两个标准结合起来进行判断。[②] 比如，普通教师、普通医生如果不行使公权力就不属于监察对象，但如果从事与行使公权力相关的管理事务，包括招生、采购、基建等事宜，则属于监察对象。所以，对监察对象的认定，一定要精准把握“行使公权力”的内涵和外延，既要以实际行动加强对所有行使公权力的公职人员的监督，又不能无限扩大监察对象的范围，要真正将《监察法》的内容和主旨、指导思想学懂弄通做实，不断提高政策水平和工作能力，真正做到依规依纪依法履职，依规依纪依法监督，在法治的框架内充分发挥好监督的实效作用。[③]

党的十八届四中全会通过的《中共中央关于全面推进依法治国若干重大问题的决定》提出，必须以规范和约束公权力为重点，加大监督力度。《宪法》规定，中华人民共和国的一切权力属于人民。公权力是国家权力或公共权力的总称，是

---

① 宗婷婷，王敬波．国家监察对象的认定标准：核心要素、理论架构与适用场域．中共中央党校（国家行政学院）学报，2019，23（4）：98－106.

② 谭宗泽．论国家监察对象的识别标准．政治与法律，2019（2）：66－77.

③ 本书编写组．《中华人民共和国监察法》案例解读．北京：中国方正出版社，2018：5－6.

法律法规规定的特定主体基于维护公共利益的目的对公共事务管理行使的强制性支配力量。习近平总书记指出："国家之权乃是'神器'，是个神圣的东西。公权力姓公，也必须为公。只要公权力存在，就必须有制约和监督。不关进笼子，公权力就会被滥用。"① 马克思、恩格斯指出，一切公职人员必须"在公众监督之下进行工作"，这样"能可靠地防止人们去追求升官发财"和"追求自己的特殊利益"②。列宁在《国家与革命》中指出："对一切公职人员毫无例外地实行全面选举制并可以随时撤换，把他们的薪金减低到普通'工人工资'的水平"。③ 马克思主义经典作家都强调，公职人员手中的权力不是私有物，而是人民给予的职责，要利用手中的权力为人民服务，当人民的勤务员，都是"人民公仆"。监察对象的范围，是所有行使公权力的公职人员。公职人员在国家的经济、政治和社会生活中行使公共职权、履行公共职责等。判断一个人是不是公职人员，关键是看他是不是行使公权力、履行公务，而不是看他是否有公职。

三、确定监察范围的意义

监察范围是指监察委员会依法监督的监察对象之范围。监察范围主要解决的是哪些主体能够纳入监察关系当中成为监察对象的权限问题。监察范围反映的是国家监察机关与监察对象的关系，决定着监察权行使的范围界限。监察对象是否被纳入监察范围取决于监察对象是否具备行使公权力的特征。

（一）实现对所有行使公权力的公职人员的监察全覆盖

我国公务员制度明确了依法履行公职的主体，除中国共产党机关、人大机关、"一府两院"、民主党派和工商联机关、政协机关外，还包括行政类事业单位和参照《公务员法》管理的人员，还有其他相关人员。《监察法》第十五条明确了六类监察对象，从原来的党组织、党员、行政监察对象扩大到六类行使公权力的公职人员和有关人员。监察委员会既调查职务违法又调查职务犯罪，从而在党内监督实现对党组织和党员干部全覆盖的同时，实现由监督"狭义政府"公职人员到监督"广义政府"公职人员的转变，实现国家监察对所有行使公权力的公职人员的全覆盖。

---

① 习近平．在新的起点上深化国家监察体制改革．求是，2019（5）．

② 马克思，恩格斯．马克思恩格斯选集：第3卷．3版．北京：人民出版社，2012：141，55，54．

③ 列宁．列宁选集：第3卷．2版．北京：人民出版社，1972：208．

（二）弥补行政监察制度在监察对象方面的不足

依照原来的《行政监察法》，行政监察对象主要是国家行政机关及其公务员和国家行政机关任命的其他人员，监督的是“狭义政府”，还没有做到对所有行使公权力的公职人员的全覆盖。同时，纪律和法律中间还存在一片管辖的“空白地带”，对行使公权力的公职人员监督没有跟上，存在犯罪有人管、违法无人问的突出现象。《监察法》中有关监察范围的划定，将行使公权力的公职人员全部纳入监察范围，消除了国家监察工作领域的盲区，弥补了行政监察范围过窄以及纪法中间违法无人管的“两个缺陷”，同时还解决了反腐败力量分散的问题。

（三）促进反腐败工作的制度化、法治化

反腐败是一项系统工程，必须通过立法的方式，以法治思维和法治方式治理腐败，实现标本兼治。监察范围以列举式立法的形式出现，明确监察对象范围，使国家在反腐败斗争中有了明确的立法依据，特别是在监察范围的确定上，避免了在实践中确定监察范围的模糊化和随意性，有利于精准确定监察对象，依法开展调查取证工作，实现反腐败工作的制度化和法治化。[①]

课后练习

1. 按照《监察法》第十五条的规定，监察对象的识别标准有哪些？
2. 我国当代的监察范围是如何发展变化的？变化的原因是什么？

核心法条

《中华人民共和国监察法》

第十五条　监察机关对下列公职人员和有关人员进行监察：

（一）中国共产党机关、人民代表大会及其常务委员会机关、人民政府、监察委员会、人民法院、人民检察院、中国人民政治协商会议各级委员会机关、民主党派机关和工商业联合会机关的公务员，以及参照《中华人民共和国公务员法》管理的人员；

---

① 谢尚果，申君贵．监察法教程．北京：法律出版社，2019：80－82.

（二）法律、法规授权或者受国家机关依法委托管理公共事务的组织中从事公务的人员；

（三）国有企业管理人员；

（四）公办的教育、科研、文化、医疗卫生、体育等单位中从事管理的人员；

（五）基层群众性自治组织中从事管理的人员；

（六）其他依法履行公职的人员。

《中华人民共和国监察法实施条例》

第三十七条 监察机关依法对所有行使公权力的公职人员进行监察，实现国家监察全面覆盖。

第二节 监察对象的基本分类

国家监察全面覆盖解决的是“监察谁”的问题。具体来说，监察法以公权力的行使作为识别标准，将监察对象限定在《监察法》第十五条规定的“公职人员”和“有关人员”之中。从监察法条文来看，这种划分主要是以人员所在单位作为主体进行的，然而，虽然单位作为公权力行使的主体并无异议，但单位内部包括处在不同岗位、履行不同职责的工作人员。因此，对这些工作在不同单位的人员，还需要进一步分类明确，以理顺监察对象范围的内部逻辑。①

一、公务员及参公管理人员

《监察法》第十五条第一项规定的公务员和参公管理人员，是监察对象中的关键和重点。《监察法实施条例》第三十八条规定：“监察法第十五条第一项所称公务员范围，依据《中华人民共和国公务员法》（以下简称公务员法）确定。监察法第十五条第一项所称参照公务员法管理的人员，是指有关单位中经批准参照公务员法进行管理的工作人员。”根据《公务员法》的规定，公务员是指依法履行公职、纳入国家行政编制、由国家财政负担工资福利的工作人员。公务员身份的确定，有一套严格的法定程序，只有经过有关机关审核、审批及备案等程序，登记、录用或者调任为公务员后，方可确定为公务员。目前，根据《〈中华人民共和国公务员法〉实施方案》，我国《公务员法》的实施范围涵盖党政机关、人

① 马怀德. 监察法学. 北京：人民出版社，2019：144.

大机关、政协机关、审判机关、检察机关以及各民主党派和工商联中各级机关的公务员，[①] 可划分为以下八类：

（一）中国共产党机关公务员

中国共产党各级机关中列入公务员范围的人员包括：（1）中央和地方各级党委、纪律检查委员会的领导人员；（2）中央和地方各级党委工作部门、办事机构和派出机构的工作人员；（3）中央和地方各级纪律检查委员会机关和派出机构的工作人员；（4）街道、乡、镇党委机关的工作人员。虽然有学者认为党的机关工作人员不宜作为公务员："政党和社会团体不是由人大产生、向人大负责、接受人大监督的机关，也不是法律、法规授权的组织，其工作人员不能直接行使国家公职。"[②] 但是在我们国家，共产党是执政党、领导党，行使执政权、领导权，本质上行使的也是公权力。因此，党的机关工作人员也是行使公权力的公职人员，属于监察委员会的监察对象。[③] 并且由于我国长期以来实施党政一体的制度模式，各级党委实际履行了大量的公共治理职能，党的机关工作人员的公务员身份已经被确立，出于监察全覆盖的考虑，应当将其作为监察对象予以监督。

（二）人民代表大会及其常务委员会机关公务员[④]

各级人民代表大会及其常务委员会机关中列入公务员范围的人员包括：（1）县级以上各级人民代表大会常务委员会领导人员，乡、镇人民代表大会主席、副主席；（2）县级以上各级人民代表大会常务委员会工作机构和办事机构的工作人员；（3）各级人民代表大会专门委员会办事机构的工作人员。"公务员法关于公务员管理原则、条件、义务和权利、职务与级别等的一系列规定，对人大机关干部有很强的针对性和实用性。"[⑤] 在实践中，有部分基层人民代表大会常务委员会的工资、编制关系不在人大机关，其人大机关的工作属于兼职性质，这些人员在性质上不宜完全纳入公务员体系，但在其履行人大职权时，会参照《公务员法》进行管理，因此这部分人员也属于监察对象。人大代表有时具有多重身份，但无论具有何种身份，在其担任人大代表期间，与代表职务相关的行为，应视为行使公权力的行为。监察机关可对其履职行为进行监察。但监察机关的监察对象应是人员而

① 马怀德. 监察法学. 北京：人民出版社，2019：145.

② 姜明安. 重视制度设计，保障《公务员法》立法目的的实现. 华东政法学院学报，2005（2）：7－10.

③ 马怀德. 国家监察体制改革的重要意义和主要任务. 国家行政学院学报，2016（6）：15－21，125.

④ 黄建达. 双重属性视角下监察委员会与人民代表大会的关系. 北京社会科学，2019（2）：120－128.

⑤ 许安标. 人大机关干部是公务员队伍的有机组成部分. 中国人大，2005（24）：36－37.

非机构，这是由监察委员会与人民代表大会二者的宪法地位决定的。[①]

(三) 行政机关公务员

各级行政机关中列入公务员范围的人员包括：(1) 各级人民政府的领导人员；(2) 县级以上各级人民政府工作部门和派出机构的工作人员；(3) 乡、镇人民政府机关的工作人员。行政系统拥有最为庞大的公务员队伍。各级行政机关公务员是公权力的行使者，原本就属于行政监察的对象，现在自然也属于国家监察的对象。

(四) 监察委员会公务员

各级监察委员会中列入公务员范围的人员包括：(1) 各级监察委员会的组成人员；(2) 各级监察委员会内设机构和派出监察机构的工作人员，以及派出的监察专员等。各级监察委员会是监察体制改革后新成立的国家监察机关，其工作人员是行使国家监察职能的人，依法属于公务员序列。因此，将监察机关工作人员纳入监察对象范围是"监察全覆盖"的必然要求，仍属于体制内部的监督制约机制，即国家和政府自己发现问题、缺点、错误，自我解决问题、纠正缺点错误的自我查弊和纠错机制。[②]

(五) 人民法院、人民检察院公务员

各级审判机关和检察机关中列入公务员范围的人员包括：(1) 最高人民法院和地方各级人民法院的法官、审判辅助人员；(2) 最高人民法院和地方各级人民法院的司法行政人员；(3) 最高人民检察院和地方各级人民检察院的检察官、检察辅助人员；(4) 最高人民检察院和地方各级人民检察院的司法行政人员。司法公正是社会良性发展的必要保障，司法的腐败是对"水源"的污染，所以全面预防和惩治司法腐败是监察委员会的重要职责之一。但监察委员会对法官、检察官的监察应恪守司法独立的基本原则，仅能对法官、检察官个人的行为失范进行监察，不得介入司法权运行的"核心领域"。[③] 因为监察机关与司法机关是一种监

① 郭文涛. 监察委员会监察人大代表的理解与论证. 西南政法大学学报，2018，20 (4)：80-88.

② 侯志山. 国家监察：中国特色监督的创举. 中国党政干部论坛，2018 (4)：56-59.

③ 秦前红，刘怡达. 监察全面覆盖的可能与限度：兼论监察体制改革的宪法边界. 甘肃政法学院学报，2017 (2)：17-26.

察与被监察关系、互相配合的协作关系和互相制约的监督关系。[①] 监察工作是对行使公权力的人员的监督而非直接对工作的监督，更不能直接介入正常的司法工作。

(六) 中国人民政治协商会议各级委员会机关公务员

中国人民政治协商会议各级委员会机关中列入公务员范围的人员包括：(1) 中国人民政治协商会议各级委员会的领导人员；(2) 中国人民政治协商会议各级委员会工作机构的工作人员。尽管人民政协并非典型的国家公权力机关，但在我国的政治架构之下，人民政协机关工作人员实际上具体行使着一部分国家公权力，因此也属于监察对象。[②]

(七) 民主党派机关和工商业联合会机关公务员

各民主党派和工商联的各级机关中列入公务员范围的人员包括：(1) 中国国民党革命委员会中央和地方各级委员会的领导人员，工作机构的工作人员；(2) 中国民主同盟中央和地方各级委员会的领导人员，工作机构的工作人员；(3) 中国民主建国会中央和地方各级委员会的领导人员，工作机构的工作人员；(4) 中国民主促进会中央和地方各级委员会的领导人员，工作机构的工作人员；(5) 中国农工民主党中央和地方各级委员会的领导人员，工作机构的工作人员；(6) 中国致公党中央和地方各级委员会的领导人员，工作机构的工作人员；(7) 九三学社中央和地方各级委员会的领导人员，工作机构的工作人员；(8) 台湾民主自治同盟中央和地方各级委员会的领导人员，工作机构的工作人员；(9) 中华全国工商业联合会和地方各级工商联的领导人员，工作机构的工作人员。《公务员法》把中国共产党及民主党派机关工作人员均规定为公务员，赋予其平等的法律地位，一再表明法律一直关注构建中国共产党与各民主党派之间的民主、平等关系。[③] 在实践中，各民主党派工作人员承担了一部分公共职能，也可能出现腐败问题。在监察体制改革以前，纪检监察的范围过小，民主党派各级机关成为监督盲区。在国家监察的大背景下，将各民主党派各级机关工作人员纳入监察对象范围，符合“监察全覆盖”的本质要求。[④]

---

① 江国华，何盼盼. 中国特色监察法治体系论纲. 新疆师范大学学报（哲学社会科学版），2018，39（5）：54-70.

② 蔡乐渭. 国家监察机关的监察对象. 环球法律评论，2017（2）：136-140.

③ 董正奇. 公务员法视阈下构建和谐党际、党政、党群关系的思考. 理论研究，2007（2）：10-12.

④ 马怀德. 国家监察体制改革的重要意义和主要任务. 国家行政学院学报，2016（6）：15-21，125.

在我国，党的机关、人大机关、行政机关、政协机关、监察机关、审判机关、检察机关等，都是在党中央的集中统一领导和各级党委的领导下行使公权力的，为人民用权、对人民负责、受人民监督。党政军民学，东西南北中，党是领导一切的。在党的领导下，只有党政分工，没有党政分开。人民群众对“政府”含义的理解，向来都是“广义政府”。在党的集中统一领导下，所有行使公权力的机关及其有关工作人员，都属于“广义政府”的范畴，其行使权力的过程都要受到监督。进行监督，就需要构建严密的监督体系，实现监督的全覆盖。在我国监督体系中，党内监督和国家监察一直发挥着十分重要的作用。

（八）参公管理人员

参照《公务员法》管理的人员，是指根据《公务员法》的规定，法律、法规授权的具有公共事务管理职能的事业单位中除工勤人员以外的工作人员，经批准参照《公务员法》进行管理的人员。列入参照《公务员法》管理范围，应当严格按照规定的条件、程序和权限进行审批。参公人员属于在一类特殊的事业单位中履行职责的公职人员。目前，在中央层面，主要有部分党中央和国务院直属的事业单位、若干人民团体和群众团体，以及包括中华全国总工会在内的21个人民团体和群众团体参照《公务员法》管理。而在地方层面，参公事业单位既包括对接中央层面参公事业单位的下级机构，也包括各地自行审批设立的参公事业单位。[①] 对于参公事业单位人员和公务员来说，虽然二者在编制管理上不同，但是实行相同的公务员管理制度。换言之，参公人员的编制属于事业编制序列，但要按照公务员的有关法律法规进行管理。[②]

二、法律、法规授权或者受国家机关依法委托管理公共事务的组织中从事公务的人员

《监察法》第十五条第二项规定的法律、法规授权或者受国家机关依法委托管理公共事务的组织中从事公务的人员，主要是指除参公管理以外的其他管理公共事务的事业单位的工作人员。《监察法实施条例》第三十九条规定：“监察法第十五条第二项所称法律、法规授权或者受国家机关依法委托管理公共事务的组织中从事公务的人员，是指在上述组织中，除参照公务员法管理的人员外，对公共

① 刘太刚，邓婷婷. 参照公务员法管理事业单位将何去何从：对参公事业单位产生的原因及改革趋势分析. 北京行政学院学报，2013（2）：12－15.

② 马怀德. 监察法学. 北京：人民出版社，2019：146.

事务履行组织、领导、管理、监督等职责的人员，包括具有公共事务管理职能的行业协会等组织中从事公务的人员，以及法定检验检测、检疫等机构中从事公务的人员。”在我国，事业单位数量多，分布广，由于历史和国情等原因，在一些地方和领域，法律、法规授权或者受国家机关依法委托管理公共事务的事业单位工作人员，其数量甚至大于公务员数量。由于这些人员也行使公权力，为实现国家监察全覆盖，有必要将其纳入监察对象范围，由监察机关对其进行监督、调查、处置。①

需要注意的是，对于法律法规授权或者受国家机关依法委托管理公共事务的组织中从事公务的人员，在实践中需要牢牢把握两方面的内容：一是有明确的法律法规授权，或者有国家机关依法委托，方可管理公共事务；二是该类组织必须具有公共事务管理的职能，即对某一领域或者某一方面的公共事务具有组织、管理、监督的职责。在分析研判此类监察对象时，既不能无限扩大监察对象认定范围，也不能将本应属于监察对象的人员排除在外，要紧紧抓住“行使公权力”这一本质特征来进行研判，确保监察对象的范围界定科学、合理、合法、准确。②

三、国有企业管理人员

《监察法》第十五条第三项规定的是国有企业管理人员。《监察法实施条例》第四十条规定：“监察法第十五条第三项所称国有企业管理人员，是指国家出资企业中的下列人员：（一）在国有独资、全资公司、企业中履行组织、领导、管理、监督等职责的人员；（二）经党组织或者国家机关，国有独资、全资公司、企业，事业单位提名、推荐、任命、批准等，在国有控股、参股公司及其分支机构中履行组织、领导、管理、监督等职责的人员；（三）经国家出资企业中负有管理、监督国有资产职责的组织批准或者研究决定，代表其在国有控股、参股公司及其分支机构中从事组织、领导、管理、监督等工作的人员。”

根据有关规定和实践需要，作为监察对象的国有企业管理人员，主要是国有独资企业、国有控股企业（含国有独资金融企业和国有控股金融企业）及其分支机构的领导班子成员，包括设董事会的企业中由国有股权代表出任的董事长、副董事长、董事，总经理、副总经理，党委书记、副书记、纪委书记，工会主席等；未设董事会的企业的总经理（总裁）、副总经理（副总裁），党委书记、副书

---

① 中共中央纪律检查委员会法规室，中华人民共和国国家监察委员会法规室.《中华人民共和国监察法》释义. 北京：中国方正出版社，2018：111.

② 本书编写组.《中华人民共和国监察法》案例解读. 北京：中国方正出版社，2018：126.

记、纪委书记，工会主席等。此外，对国有资产负有经营管理责任的国有企业中层和基层管理人员，包括部门经理、部门副经理、总监、副总监、车间负责人等；在管理、监督国有财产等重要岗位上工作的人员，包括会计、出纳人员等；国有企业所属事业单位领导人员，国有资本参股企业和金融机构中对国有资产负有经营管理责任的人员，也应当理解为国有企业管理人员的范畴，涉嫌职务违法和职务犯罪的，监察机关可以依法调查。[①]

国有企业是国民经济的命脉，其作为一种生产经营组织形式，同时具有商业性和公益性的特点，其商业性体现为追求国有资产的保值增值，其公益性体现为国有企业的设立通常是为了实现国家调节经济的目标，起着调和国民经济各个方面发展的作用。因此，国有企业也同样承担了一定的公共服务职能和行政属性。国有企业腐败在给国家造成巨大经济损失的同时，还破坏国有企业的廉洁性，损害国有企业的声誉，威胁国有企业的经营、管理、改革、发展，严重破坏正常的市场经济秩序，侵蚀和动摇国民经济的坚强柱石，甚至与党政权力相互缠绕、相互交织，破坏政治生态和经济生态。[②] 综上，虽然国有企业的监察工作要在企业经营中心任务的前提下进行，要平衡经营与反腐两项工作的资源分配，但其作为国家公权力的行使者，无疑应被纳入国家监察的对象范围中。[③]

在我国，国有企业是全面建成社会主义现代化强国的重要力量，是中国特色社会主义的重要经济支柱，是公有制为主体的经济基础的重要体现。加强和坚持党对反腐败工作的集中统一领导，实现国家监察工作的全面覆盖，国有企业当然也不能例外，决不能因为国有企业是市场主体、是上市公司，就只片面强调国有企业的经济属性、市场属性，而把党的领导放在一边，忘记了党性原则和政治立场，忘记了企业资产归谁所有和企业公共性质。虽然不同企业的行业和领域有差异，但依法履职、秉公用权、廉洁从业不能有特殊。国有企业管理人员是企业的管理者，掌握着国有资产的经营管理权，担负着国有资产保值增值的重大责任，而这些权力和职责都是人民授予的，都是党和国家代表人民授予的，因此国有企业的管理人员必须始终对人民负责，始终对党和国家负责，始终认识到自己是在行使公权力，必须依法受到党和国家监督。而纪检监察机关的监督，就是代表党和国家依法行使监督权的重要内容。监察法将国有企业管理人员明确纳入监察对象范围，既是对国有企业管理人员依法履职、秉公用权、廉洁从业等内容进行监

---

① 中共中央纪律检查委员会法规室，中华人民共和国国家监察委员会法规室.《中华人民共和国监察法》释义. 北京：中国方正出版社，2018：111－112.

② 本书编写组. 国有企业反腐警示录. 北京：中国方正出版社，2017：1.

③ 江国华. 中国监察法学. 北京：中国政法大学出版社，2018：75－76.

督，也体现了对国有企业管理人员的严管厚爱，是为了通过将其纳入监督范围，使这些人员在出现苗头性问题、出现轻微错误时，就有人管、有人治、有人纠正、有人督促，确保这些人员不至于由小错酿成大错，由一般违法违纪逐渐演变成严重违法违纪，最后走向严重犯罪的深渊而追悔莫及。[①]

四、公办教科文卫体等单位中从事管理的人员

《监察法》第十五条第四项规定的是公办教科文卫体单位管理人员。《监察法实施条例》第四十一条规定："监察法第十五条第四项所称公办的教育、科研、文化、医疗卫生、体育等单位中从事管理的人员，是指国家为了社会公益目的，由国家机关举办或者其他组织利用国有资产举办的教育、科研、文化、医疗卫生、体育等事业单位中，从事组织、领导、管理、监督等工作的人员。"

作为监察对象的公办的教育、科研、文化、医疗卫生、体育等单位中从事管理的人员，主要是该单位及其分支机构的领导班子成员，以及该单位及其分支机构中的国家工作人员。比如，公办学校的校长、副校长，科研院所的院长、所长，公立医院的院长、副院长等。需要注意的是，公办的教育、科研、文化、医疗卫生、体育等单位中具体哪些人员属于从事管理的人员，需要随着实践的发展，不断完善。

公办教育、科研、文化、医疗卫生、体育等单位及其分支机构中层和基层管理人员，包括管理岗六级以上职员，从事与职权相联系的管理事务的其他职员；在管理、监督国有财产等重要岗位上工作的人员，包括会计、出纳人员，采购、基建部门人员涉嫌职务违法和职务犯罪，监察机关可以依法调查。此外，临时从事与职权相联系的管理事务，包括依法组建的评标委员会、竞争性谈判采购中谈判小组、询价采购中询价小组的组成人员，在招标、政府采购等事项的评标或者采购活动中，利用职权实施的职务违法和职务犯罪行为，监察机关也可以依法调查。[②]

将公办的教育、科研、文化、医疗卫生、体育等单位中从事管理的人员纳入监察对象范畴，是我们党和国家始终坚持党的全面领导、坚持全面从严治党、坚持以零容忍态度惩治腐败的现实需要。教育、科研、文化、医疗卫生、体育等领域，既是社会管理的重要方面，也涉及广大人民群众切身利益。如果教育、科

---

① 本书编写组.《中华人民共和国监察法》案例解读. 北京：中国方正出版社，2018：128－129.

② 中共中央纪律检查委员会法规室，中华人民共和国国家监察委员会法规室.《中华人民共和国监察法》释义. 北京：中国方正出版社，2018：112－113.

研、文化、医疗卫生、体育等领域出了问题，会直接影响人民群众的获得感，影响人民群众对党和国家政府的认可，从根本上讲是影响我们党的执政基础的问题。所以加强对教育、科研、文化、医疗卫生、体育等领域中从事管理人员的监督，就显得尤为重要。必须通过加强监督，及时发现问题、纠正偏差、惩处极少数、教育大多数，确保相关领域始终在党的集中统一领导下发挥作用，确保相关领域管理人员始终履职尽责、秉公用权、廉洁从业、积极作为，要通过这些领域有关人员的积极作为，为广大人民群众提供现实、可靠、合理、长久的社会服务和发展支撑，努力使人民群众对美好生活的向往逐步实现。这是各级纪检监察机关依法履行的监督责任，也是一份政治责任。①

五、基层群众性自治组织中从事管理的人员

《监察法》第十五条第五项规定的是基层群众性自治组织中从事管理的人员。《监察法实施条例》第四十二条规定："监察法第十五条第五项所称基层群众性自治组织中从事管理的人员，是指该组织中的下列人员：（一）从事集体事务和公益事业管理的人员；（二）从事集体资金、资产、资源管理的人员；（三）协助人民政府从事行政管理工作的人员，包括从事救灾、防疫、抢险、防汛、优抚、帮扶、移民、救济款物的管理，社会捐助公益事业款物的管理，国有土地的经营和管理，土地征收、征用补偿费用的管理，代征、代缴税款，有关计划生育、户籍、征兵工作，协助人民政府等国家机关在基层群众性自治组织中从事的其他管理工作。"

作为监察对象的基层群众性自治组织中从事管理的人员，包括村民委员会、居民委员会的主任、副主任和委员，以及其他受委托从事管理的人员。根据有关法律和立法解释，这里的"从事管理"，主要是指：（1）救灾、抢险、防汛、优抚、扶贫、移民、救济款物的管理；（2）社会捐助公益事业款物的管理；（3）国有土地的经营和管理；（4）土地征用补偿费用的管理；（5）代征、代缴税款；（6）有关计划生育、户籍、征兵工作；（7）协助人民政府等国家机关在基层群众性自治组织中从事的其他管理工作。②

基层群众性自治组织是根据我国宪法及有关法律规定而成立、存在并发挥职能作用的社会组织。其虽然不是一级政府，不具备行使行政职权的资格与能力，

① 本书编写组.《中华人民共和国监察法》案例解读. 北京：中国方正出版社，2018：134.

② 中共中央纪律检查委员会法规室，中华人民共和国国家监察委员会法规室.《中华人民共和国监察法》释义. 北京：中国方正出版社，2018：113－114.

但其具备的基层性、群众性及自治性特征却能在群众工作中发挥出不可替代的作用，并通过对基层政府工作的支持和配合，而使攸关群众的许多问题得到有效解决。[①] 基层自治组织的管理人员是政府与基层群众之间的重要纽带，其协助政府进行基层事务管理的行为属于行使公权力的重要方式之一。基层自治组织管理人员是公权力行使的末端环节，其一旦出现腐败问题会严重动摇社会治理的根基。所以，有必要将其纳入国家监察的对象范围。[②]

《监察法》以法律形式明确将基层群众性自治组织中从事管理的人员纳入监察对象的范围，这是由我国的现实国情决定的。主要考虑到，这类人员虽然不属于公职人员，但其在基层从事有关管理事务，手中实质上行使和掌握着一定的公权力，而且处于和基层群众打交道的第一线，他们是否秉公用权、廉洁履职，不仅仅是个人行为是否端正与否的问题，还直接关系到基层群众的获得感，直接影响到基层群众对党和政府的判断，直接关系到党和政府在基层群众中的公信力、领导力、凝聚力。所以，将“基层群众性自治组织中从事管理的人员”明确以法律形式纳入监察对象范围，不仅仅是业务问题、技术问题，更是政治问题、关系到人心向背的问题。[③]

六、其他依法履行公职的人员

《监察法》第十五条第六项是兜底条款。为了防止出现对监察对象列举不全的情况，避免挂一漏万，《监察法》设定了这一兜底条款。但是对于“其他依法履行公职的人员”不能无限制地扩大解释，判断一个“履行公职的人员”是否属于监察对象的标准，主要是其是否行使公权力，所涉嫌的职务违法或者职务犯罪是否损害了公权力的廉洁性。《监察法实施条例》第四十三条规定：“下列人员属于监察法第十五条第六项所称其他依法履行公职的人员：（一）履行人民代表大会职责的各级人民代表大会代表，履行公职的中国人民政治协商会议各级委员会委员、人民陪审员、人民监督员；（二）虽未列入党政机关人员编制，但在党政机关中从事公务的人员；（三）在集体经济组织等单位、组织中，由党组织或者国家机关，国有独资、全资公司、企业，国家出资企业中负有管理监督国有和集体资产职责的组织，事业单位提名、推荐、任命、批准等，从事组织、领导、管理、监督等工作的人员；（四）在依法组建的评标、谈判、询价等组织中代表国

---

① 卫学莉. 基层群众性自治组织职能定位与优化. 人民论坛，2015（26）：47-49.

② 江国华. 中国监察法学. 北京：中国政法大学出版社，2018：77.

③ 本书编写组.《中华人民共和国监察法》案例解读. 北京：中国方正出版社，2018：137.

家机关，国有独资、全资公司、企业，事业单位，人民团体临时履行公共事务组织、领导、管理、监督等职责的人员；（五）其他依法行使公权力的人员。”

对监察对象的精确厘定是监察法解释的重要任务之一，在立法和法律解释层面不能无限制地把不应该属于监察对象的人员也纳入监察范围，即监察全覆盖必须有所限度。[①] 必须从党中央作出深化国家监察体制改革决策的初心出发，聚焦行使公权力这个根本，科学正确地对监察对象范围加以理解。《监察法》关于监察对象范围的规定符合中国特色政治体制和文化特征，有利于深入推进党风廉政建设和反腐败斗争。《监察法》把党中央关于对公权力监督全覆盖的要求具体化，便于各级监察机关明确其监督、调查、处置对象的具体范围，有利于深化标本兼治，体现了制度的针对性、可操作性。[②]

课后练习

1. 为何将参公事业单位人员纳入监察对象的范围？

2. 如何界定公办教科文卫体等单位中从事管理的人员？其判定标准与国企中管理人员的认定有何相似之处？

核心法条

《中华人民共和国监察法实施条例》

第三十八条 监察法第十五条第一项所称公务员范围，依据《中华人民共和国公务员法》（以下简称公务员法）确定。

监察法第十五条第一项所称参照公务员法管理的人员，是指有关单位中经批准参照公务员法进行管理的工作人员。

第三十九条 监察法第十五条第二项所称法律、法规授权或者受国家机关依法委托管理公共事务的组织中从事公务的人员，是指在上述组织中，除参照公务员法管理的人员外，对公共事务履行组织、领导、管理、监督等职责的人员，包括具有公共事务管理职能的行业协会等组织中从事公务的人员，以及法定检验检测、检疫等机构中从事公务的人员。

第四十条 监察法第十五条第三项所称国有企业管理人员，是指国家出资企

① 秦前红，叶海波，等. 国家监察制度改革研究. 北京：法律出版社，2018：140.

② 江国华. 中国监察法学. 北京：中国政法大学出版社，2018：78.

业中的下列人员：

（一）在国有独资、全资公司、企业中履行组织、领导、管理、监督等职责的人员；

（二）经党组织或者国家机关，国有独资、全资公司、企业，事业单位提名、推荐、任命、批准等，在国有控股、参股公司及其分支机构中履行组织、领导、管理、监督等职责的人员；

（三）经国家出资企业中负有管理、监督国有资产职责的组织批准或者研究决定，代表其在国有控股、参股公司及其分支机构中从事组织、领导、管理、监督等工作的人员。

第四十一条 监察法第十五条第四项所称公办的教育、科研、文化、医疗卫生、体育等单位中从事管理的人员，是指国家为了社会公益目的，由国家机关举办或者其他组织利用国有资产举办的教育、科研、文化、医疗卫生、体育等事业单位中，从事组织、领导、管理、监督等工作的人员。

第四十二条 监察法第十五条第五项所称基层群众性自治组织中从事管理的人员，是指该组织中的下列人员：

（一）从事集体事务和公益事业管理的人员；

（二）从事集体资金、资产、资源管理的人员；

（三）协助人民政府从事行政管理工作的人员，包括从事救灾、防疫、抢险、防汛、优抚、帮扶、移民、救济款物的管理，社会捐助公益事业款物的管理，国有土地的经营和管理，土地征收、征用补偿费用的管理，代征、代缴税款，有关计划生育、户籍、征兵工作，协助人民政府等国家机关在基层群众性自治组织中从事的其他管理工作。

第四十三条 下列人员属于监察法第十五条第六项所称其他依法履行公职的人员：

（一）履行人民代表大会职责的各级人民代表大会代表，履行公职的中国人民政治协商会议各级委员会委员、人民陪审员、人民监督员；

（二）虽未列入党政机关人员编制，但在党政机关中从事公务的人员；

（三）在集体经济组织等单位、组织中，由党组织或者国家机关，国有独资、全资公司、企业，国家出资企业中负有管理监督国有和集体资产职责的组织，事业单位提名、推荐、任命、批准等，从事组织、领导、管理、监督等工作的人员；

（四）在依法组建的评标、谈判、询价等组织中代表国家机关，国有独资、全资公司、企业，事业单位，人民团体临时履行公共事务组织、领导、管理、监督等职责的人员；

（五）其他依法行使公权力的人员。

第三节　对“公职人员”和“有关人员”的概念辨析

监察机关对“公职人员”和“有关人员”进行监察，将“公职人员”和“有关人员”纳入监察范围，体现了在新的国家监察制度下，监察机关对所有行使公权力的公职人员均实施监察，实现监察对象的全覆盖。我们可以从以下两个方面把握“公职人员”和“有关人员”的概念。

一、“公职人员”的含义和特点

由于世界各国历史、传统、政治、经济等因素的不同，对公职人员的定义、称呼与范围的确定也不同。目前对公职人员的称呼，有“文官”“公务员”“公务人员”“公共职员”“公共雇员”等；[①] 文官主要在行政组织的专著、译介中使用，意识形态色彩淡化，体现公共官僚含义；公务员的定义与范畴，其实质包含公共职员或公共雇员，但是按照职业、职务分类的不同，其调整的法律规定也不相同。公职人员是具体行使公共权力的人员，与“公职”紧密相连，是与作为公权力的机关发生法律联系的人员的统称。[②] 因此，所谓公职人员，就是指从事公共性事务、提供公共性服务、履行公共性职能的人员。例如，记者为履行社会舆论监督职能，行使对国家公共事务的管理监督权力，属于国有事业单位中从事公务的人员。而律师、税务咨询代理人员，属于为社会提供中介服务的人员，这类人从事的代理咨询等活动，“是一种服务性质的劳务活动而非公务”[③]。

显然，公职人员在性质上具有权力性或公务性和管理性，与一定的权力职务紧密相连，是一种行使国家权力或公共权力的人员，表现为领导、组织、监管、主管等管理性质活动。其核心或者本质特征是从事公务。所谓从事公务，是指代表国家对公共事务所进行的领导、组织、管理和监督等活动。对于从事公务的理解，《全国法院审理经济犯罪案件工作座谈会纪要》指出：“从事公务，是指代表

---

① 罗森布鲁姆，奥利里. 公共管理与法律：第2版. 广州：中山大学出版社，2007.

② 姜明安. 行政法与行政诉讼法. 5版. 北京：北京大学出版社，2011：129.

③ 陈洪兵. “国家工作人员”司法认定的困境与出路. 东方法学，2015（2）：111-120.

国家机关、国有公司、企业、事业单位、人民团体等履行组织、领导、监督、管理等职责。公务主要表现为与职权相联系的公共事务以及监督、管理国有财产的职务活动。如国家机关工作人员依法履行职责，国有公司的董事、经理、监事、会计、出纳人员等管理、监督国有财产等活动，属于从事公务。那些不具备职权内容的劳务活动、技术服务工作，如售货员、售票员等所从事的工作，一般不认为是公务。”

公职人员具有以下特征：一是代表性，即从事公共事务的管理不是代表个人，而是代表国家在行使管理职权。从事公务在具体形式上是代表国家机关、国有企事业单位、人民团体等，是以国家机关、国有企事业单位、人民团体等国有单位的名义从事的活动。从事公务的本质，是国家利益或者社会公共利益的体现。二是公务性。公务性是公职人员的主要特征。公职人员的具体行为是对国家或公共事务的组织、领导、监督、管理的公务行为。它与劳务存在区别。劳务是“直接从事物质生产或社会服务性的活动”，主要依靠主体提供体力劳动或者技术服务实现劳动力的价值。劳务是职业责任的一种履行行为，并不属于一种权力行为。劳务不具有组织、领导、监督、管理等管理性特征，不具有公务性的管理内容。而公职人员的公务管理活动，具体表现为在国家机关、国有企事业单位、公共组织、科研单位、基层群众性自治组织等国家和社会组织中，从事组织、领导、监督、管理的行为。三是法定性。公职人员履职具有法定性。国家机关工作人员、国有企业管理人员既可以是法律规定或者法律授权，也可以是由国家机关依法依规委派委托，其公职人员的身份仅限于在职期间。因此，已经离职或者离退休或者被开除公职的人员，不再具有公职人员身份。但是上述人员利用担任公职形成的职务影响或者担任公职人员期间实施的职务违法或者职务犯罪行为的，应当视为公职人员。[①]

二、“有关人员”的范围界定

为了实现国家监察全覆盖，监察法首次将“有关人员”纳入监察范围。“有关人员”是指，按照国家法律或者国家机关委托在公共组织、集体事务组织中从事管理公共事务、集体事务的人员，或者具有执法权力的国家机关、事业单位聘任从事公务的人员，这些人员虽然不具有国家公职人员身份，但根据其履行职责的情况，应当纳入监察范围。具体包括：一是《监察法》第十五条第二项、第五

---

① 吴建雄. 监督、调查、处置法律规范研究. 北京：人民出版社，2018：92.

项、第六项中规定的人员，即：法律、法规授权或者受国家机关依法委托管理公共事务的组织中从事公务的人员，基层群众性自治组织中从事管理的人员，其他依法履行公职的人员。二是具有执法权力的国家机关、事业单位聘任从事公务的人员。根据立法和司法解释以及司法实践，下列人员也属于“有关人员”：（1）正在履行代表职务的各级人民代表大会代表和各级政协委员。（2）协助人民政府从事抢险、救灾、救济、移民、优抚、扶贫、防汛款物管理工作的人员；从事社会捐助公益事业款物管理工作的人员；从事国有土地的经营和管理，土地征用补偿费用的管理，代征、代缴税款工作的人员；从事计划生育、户籍、征兵工作和从事其他行政管理工作的基层组织人员。（3）在人民法院依法履行审判职责的人民陪审员；公安机关委托履行监管职责的人员和委派承担监管职责的狱医。（4）国家机关委托从事行政执法活动的事业编制人员，国家机关和企事业单位返聘从事公职或者管理的人员。（5）依法履行职责的红十字会工作人员。[①]

课后练习

1. 监察对象中“有关人员”的具体范围是什么？
2. “有关人员”与“涉案人员”有何关系？
3. “有关人员”是否属于“公职人员”？

核心法条

《中华人民共和国监察法》

第十五条　监察机关对下列公职人员和有关人员进行监察：

（一）中国共产党机关、人民代表大会及其常务委员会机关、人民政府、监察委员会、人民法院、人民检察院、中国人民政治协商会议各级委员会机关、民主党派机关和工商业联合会机关的公务员，以及参照《中华人民共和国公务员法》管理的人员；

（二）法律、法规授权或者受国家机关依法委托管理公共事务的组织中从事公务的人员；

（三）国有企业管理人员；

---

① 吴建雄．监督、调查、处置法律规范研究．北京：人民出版社，2018：92－93.

（四）公办的教育、科研、文化、医疗卫生、体育等单位中从事管理的人员；

（五）基层群众性自治组织中从事管理的人员；

（六）其他依法履行公职的人员。

第四章 监察管辖

监察管辖是指各级监察机关之间以及各地区监察机关之间在办理监察事项上的职权分工。[①] 管辖权是监察机关依法独立行使监察权的前提和基础，正当行使管辖权是监察机关调查职务违法和职务犯罪，开展廉政建设和反腐败斗争的重要途径。管辖权如何确定，不仅具有开启监察程序的程序意义，更重要的是具有保障监察公正处理的实体价值。监察管辖所解决的是职权应当如何分配的问题。这种职权分工带来两方面的效果：一方面，对于监察机关来说，它确定了同级监察委员会之间受理监察案件的具体分工，明确了上下级监察委员会之间受理监察案件的权限；另一方面，对于被调查人来说，则是被纳入监察对象后到哪一级监察委员会接受调查的问题。[②] 监察机关各司其职、各尽其责的前提是责任清晰。对监察机关的管辖范围作出明确规定，既可以有效避免争执和推诿，又有利于有关单位和个人按照监察机关的管辖范围提供问题线索，发挥人民群众反腐败的积极性。[③]

第一节 监察管辖的原则

《监察法》第十六条规定：“各级监察机关按照管理权限管辖本辖区内本法第

① 吴建雄，廖永安. 监察法学. 北京：中国人民大学出版社，2020：116.

② 谢尚果，申君贵. 监察法教程. 北京：法律出版社，2019：85.

③ 中共中央纪律检查委员会法规室，中华人民共和国国家监察委员会法规室.《中华人民共和国监察法》释义. 北京：中国方正出版社，2018：115.

十五条规定的人员所涉监察事项。上级监察机关可以办理下一级监察机关管辖范围内的监察事项，必要时也可以办理所辖各级监察机关管辖范围内的监察事项。监察机关之间对监察事项的管辖有争议的，由其共同的上级监察机关确定。”本条是关于监察机关管辖原则的规定，本条规定的主要目的是明确各级监察机关办理监察事项的职权分工。监察管辖的原则包括以下三种：

一、一般管辖

《监察法》第十六条第一款规定：“各级监察机关按照管理权限管辖本辖区内本法第十五条规定的人员所涉监察事项。”该条款规定的是监察机关对监察事项的一般管辖原则。《监察法实施条例》第四十五条规定：“监察机关开展监督、调查、处置，按照管理权限与属地管辖相结合的原则，实行分级负责制。”监察委员会实行的是级别管辖与地域管辖相结合的原则，各级监察委员会按照干部管理权限对本辖区内的监察对象依法进行监察。“按照管理权限”指的是按照干部管理权限，比如，国家监察委员会管辖中管干部所涉监察事项，省级监委管辖本省省管干部所涉监察事项等。对于《监察法》第十五条第五项规定的“基层群众性自治组织中从事管理的人员”，其所涉监察事项由其所在的县级监察委员会管辖，县级监察委员会向其所在街道、乡镇派出监察机构、监察专员的，派出的监察机构、监察专员可以直接管辖。《监察法实施条例》第四十六条规定：“设区的市级以上监察委员会按照管理权限，依法管辖同级党委管理的公职人员涉嫌职务违法和职务犯罪案件。县级监察委员会和直辖市所辖区（县）监察委员会按照管理权限，依法管辖本辖区内公职人员涉嫌职务违法和职务犯罪案件。地方各级监察委员会按照本条例第十三条、第四十九条规定，可以依法管辖工作单位在本辖区内的有关公职人员涉嫌职务违法和职务犯罪案件。监察机关调查公职人员涉嫌职务犯罪案件，可以依法对涉嫌行贿犯罪、介绍贿赂犯罪或者共同职务犯罪的涉案人员中的非公职人员一并管辖。非公职人员涉嫌利用影响力受贿罪的，按照其所利用的公职人员的管理权限确定管辖。”

二、提级管辖

《监察法》第十六条第二款规定：“上级监察机关可以办理下一级监察机关管辖范围内的监察事项，必要时也可以办理所辖各级监察机关管辖范围内的监察事项。”该条款规定的是提级管辖。《监察法实施条例》第四十七条前两款规定：“上级监察机关对于下一级监察机关管辖范围内的职务违法和职务犯罪案件，具有下列情形之一的，可以依法提级管辖：（一）在本辖区有重大影响的；（二）涉及多个下级监察机关管辖的监察对象，调查难度大的；（三）其他需要提级管辖的重大、复杂案件。上级监察机关对于所辖各级监察机关管辖范围内有重大影响的案件，必要时可以依法直接调查或者组织、指挥、参与调查。”

提级管辖是对分级管辖制度的必要补充，便于处理一些难度较大的监察事项。上级监察机关首先要按照一般管辖的分工，管好自己管辖范围内的监察事项，如果按规定应由下级监察机关管辖的事项，上级监察机关也都去办理，管得过多，不仅管不过来，也不可能管好，不利于发挥下级监察机关工作的主动性和积极性，影响监察工作有序、正常开展。上级监察机关办理下级监察机关管辖范围内的监察事项，从实践来看主要限于以下几种情况：(1) 上级监察机关认为在其所辖地区有重大影响的监察事项；(2) 上级监察机关认为下级监察机关不便办理的重要复杂的监察事项，以及下级监察机关办理可能会影响公正处理的监察事项；(3) 领导机关指定由上级监察机关直接办理的监察事项。

三、管辖争议的解决方式

《监察法》第十六条第三款规定：“监察机关之间对监察事项的管辖有争议的，由其共同的上级监察机关确定。”该条款规定了管辖争议的解决方式。“管辖争议”，是指对于同一监察事项，有两个或者两个以上监察机关都认为自己具有或者不具有管辖权而发生的争议。两个或者两个以上监察机关发生管辖争议之后，应报请它们的共同上级监察机关，由该上级监察机关确定由哪一个监察机关管辖。“共同的上级监察机关”，是指同发生管辖争议的两个或者两个以上监察机关均有领导与被领导关系的上级监察机关。这一规定的基础是隶属关系，比如，同一省的两个地市监察委员会的共同上级监察机关，是该省监察委员会；两个县级监察委员会，如分属同一省内的两个不同地市，其共同的上级监察机关还是该省监察委员会。

需要注意的是，监察机关在工作实践中，既不能越权办理不属于自己管辖的监察事项，也不能放弃职守把自己管辖的监察事项推出不管。如果不能依法确定某个监察事项是否属于自己的管辖范围，要及时请示上级监察机关予以明确。[①]

---

① 中共中央纪律检查委员会法规室，中华人民共和国国家监察委员会法规室.《中华人民共和国监察法》释义. 北京：中国方正出版社，2018：115－118.

课后练习

1. 提级管辖的具体情形有哪些？

2. 管辖争议的解决方式是什么？

核心法条

《中华人民共和国监察法》

第十六条 各级监察机关按照管理权限管辖本辖区内本法第十五条规定的人员所涉监察事项。

上级监察机关可以办理下一级监察机关管辖范围内的监察事项，必要时也可以办理所辖各级监察机关管辖范围内的监察事项。

监察机关之间对监察事项的管辖有争议的，由其共同的上级监察机关确定。

《中华人民共和国监察法实施条例》

第四十七条 上级监察机关对于下一级监察机关管辖范围内的职务违法和职务犯罪案件，具有下列情形之一的，可以依法提级管辖：

（一）在本辖区有重大影响的；

（二）涉及多个下级监察机关管辖的监察对象，调查难度大的；

（三）其他需要提级管辖的重大、复杂案件。

上级监察机关对于所辖各级监察机关管辖范围内有重大影响的案件，必要时可以依法直接调查或者组织、指挥、参与调查。

地方各级监察机关所管辖的职务违法和职务犯罪案件，具有第一款规定情形的，可以依法报请上一级监察机关管辖。

第二节 指定管辖和报请提级管辖

一、指定管辖

《监察法》第十七条第一款规定："上级监察机关可以将其所管辖的监察事项指定下级监察机关管辖，也可以将下级监察机关有管辖权的监察事项指定给其他监察机关管辖。"该条款规定的是指定管辖原则，是指根据上级监察机关的指定而确定监察事项的管辖机关。《监察法实施条例》第四十八条规定："上级监察机关可以依法将其所管辖的案件指定下级监察机关管辖。设区的市级监察委员会将同级党委管理的公职人员涉嫌职务违法或者职务犯罪案件指定下级监察委员会管辖的，应当报省级监察委员会批准；省级监察委员会将同级党委管理的公职人员涉嫌职务违法或者职务犯罪案件指定下级监察委员会管辖的，应当报国家监察委员会相关监督检查部门备案。上级监察机关对于下级监察机关管辖的职务违法和职务犯罪案件，具有下列情形之一，认为由其他下级监察机关管辖更为适宜的，可以依法指定给其他下级监察机关管辖：（一）管辖有争议的；（二）指定管辖有利于案件公正处理的；（三）下级监察机关报请指定管辖的；（四）其他有必要指定管辖的。被指定的下级监察机关未经指定管辖的监察机关批准，不得将案件再行指定管辖。发现新的职务违法或者职务犯罪线索，以及其他重要情况、重大问题，应当及时向指定管辖的监察机关请示报告。”

一方面，对于原本属于自己所管辖的监察事项，上级监察机关可以将其指定给所辖的下级监察机关管辖。比如，省级监察委员会可以将自己管辖的监察事项指定本省内的某个市级监察委员会管辖。规定指定管辖，体现了上级监察机关对下级监察机关的领导，同时也能够增强工作灵活性。进行指定管辖的主要原因是根据工作需要，在指定时上级监察机关要予以通盘考虑。比如，上级监察机关的工作任务比较饱满，而下级监察机关的人员和能力又足以承担移交给其办理的监察事项，为尽快保质保量完成工作任务，上级监察机关可以将其所管辖的监察事项指定下级监察机关管辖。另一方面，上级监察机关可以将下级监察机关有管辖权的监察事项指定给自己所辖的其他监察机关管辖。一般适用于以下情况：（1）地域管辖不明的监察事项。比如，涉嫌职务违法或者职务犯罪行为由分属两个或者两个以上行政区域的监察对象共同所为，可以由上级监察机关指定其中一个下级监察机关将有管辖权的监察对象的涉嫌职务违法或职务犯罪行为交由另一个下级监察机关管辖。（2）由于各种原因，原来有管辖权的监察机关不适宜或者不能办理某监察事项。比如，为了排除干扰，上级监察机关可以指定该监察机关将该监察事项交由其他监察机关办理，以保证监察事项能够得到正确、及时处理。

需要注意的是，上级监察机关进行指定管辖，要根据办理监察事项的实际需要和下级监察机关的办理能力等因素确定，不能把自己管辖的监察事项一概指定下级监察机关管辖，当“甩手掌柜”；也不能不顾实际情况进行指定，造成下级监察机关工作上的混乱，影响监察实效。

二、报请提级管辖

《监察法》第十七条第二款规定：“监察机关认为所管辖的监察事项重大、复杂，需要由上级监察机关管辖的，可以报请上级监察机关管辖。”该条款规定的是报请提级管辖原则，是指监察机关因法定事由可以报请上级监察机关管辖原本属于自己管辖的监察事项。《监察法实施条例》第四十七条第三款规定“地方各级监察机关所管辖的职务违法和职务犯罪案件，具有第一款规定情形的，可以依法报请上一级监察机关管辖”，即“在本辖区有重大影响的”“涉及多个下级监察机关管辖的监察对象，调查难度大的”“其他需要提及管辖的重大、复杂案件”。

监察机关应当按照一般管辖的分工，尽全力管好自己管辖范围内的监察事项。但是，当监察机关考虑到所在地方的实际情况，以及本机关的地位、能力，认为所管辖的监察事项实属重大、复杂，而尽自己力量不能或者不适宜管辖的，可以报请上级监察机关管辖。从实践来看主要包括以下几种情况：（1）监察机关认为有重大影响、由上级监察机关办理更为适宜的监察事项；（2）监察机关不便办理的重大、复杂监察事项，以及自己办理可能会影响公正处理的监察事项；（3）因其他原因需要由上级监察机关管辖的重大、复杂监察事项。①

课后练习

1. 指定管辖的具体情形有哪些？
2. 报请提级管辖的具体情形有哪些？

核心法条

《中华人民共和国监察法》

第十七条 上级监察机关可以将其所管辖的监察事项指定下级监察机关管辖，也可以将下级监察机关有管辖权的监察事项指定给其他监察机关管辖。

监察机关认为所管辖的监察事项重大、复杂，需要由上级监察机关管辖的，可以报请上级监察机关管辖。

《中华人民共和国监察法实施条例》

第四十七条 上级监察机关对于下一级监察机关管辖范围内的职务违法和职务犯罪案件，具有下列情形之一的，可以依法提级管辖：

（一）在本辖区有重大影响的；

（二）涉及多个下级监察机关管辖的监察对象，调查难度大的；

---

① 中共中央纪律检查委员会法规室，中华人民共和国国家监察委员会法规室．《中华人民共和国监察法》释义．北京：中国方正出版社，2018：118－121．

（三）其他需要提级管辖的重大、复杂案件。

上级监察机关对于所辖各级监察机关管辖范围内有重大影响的案件，必要时可以依法直接调查或者组织、指挥、参与调查。

地方各级监察机关所管辖的职务违法和职务犯罪案件，具有第一款规定情形的，可以依法报请上一级监察机关管辖。

第四十八条 上级监察机关可以依法将其所管辖的案件指定下级监察机关管辖。

设区的市级监察委员会将同级党委管理的公职人员涉嫌职务违法或者职务犯罪案件指定下级监察委员会管辖的，应当报省级监察委员会批准；省级监察委员会将同级党委管理的公职人员涉嫌职务违法或者职务犯罪案件指定下级监察委员会管辖的，应当报国家监察委员会相关监督检查部门备案。

上级监察机关对于下级监察机关管辖的职务违法和职务犯罪案件，具有下列情形之一，认为由其他下级监察机关管辖更为适宜的，可以依法指定给其他下级监察机关管辖：

（一）管辖有争议的；

（二）指定管辖有利于案件公正处理的；

（三）下级监察机关报请指定管辖的；

（四）其他有必要指定管辖的。

被指定的下级监察机关未经指定管辖的监察机关批准，不得将案件再行指定管辖。发现新的职务违法或者职务犯罪线索，以及其他重要情况、重大问题，应当及时向指定管辖的监察机关请示报告。

第三节 对“双管”公职人员的管辖

“双管”公职人员是指工作单位在地方、管理权限在系统的公职人员。地方监察委员会基于属地管辖对此类公职人员具有管辖权，驻在主管部门、有管辖权的监察机构、监察专员基于管理权限对其也有管辖权。《监察法实施条例》第四十九条规定：“工作单位在地方、管理权限在主管部门的公职人员涉嫌职务违法和职务犯罪，一般由驻在主管部门、有管辖权的监察机构、监察专员管辖；经协商，监察机构、监察专员可以按规定移交公职人员工作单位所在地的地方监察委员会调查，或者与地方监察委员会联合调查。地方监察委员会在工作中发现上述公职人员有关问题线索，应当向驻在主管部门、有管辖权的监察机构、监察专员通报，并协商确定管辖。前款规定单位的其他公职人员涉嫌职务违法和职务犯罪，可以由地方监察委员会管辖；驻在主管部门的监察机构、监察专员自行立案调查的，应当及时通报地方监察委员会。地方监察委员会调查前两款规定案件，应当将立案、留置、移送审查起诉、撤销案件等重要情况向驻在主管部门的监察机构、监察专员通报。”该条对“双管”公职人员涉嫌职务违法和职务犯罪的管辖规则进行了明确规定，进一步构建派驻机构与地方监委协作机制，推动有形覆盖迈向有效覆盖。①

一、协商管辖制度

一般来说，协商管辖是“谁先受理（发现）谁启动协商”，经协商后确定管辖或联合调查。比如，中国银行保险监督管理委员会（以下简称银保监会）某省监管局局长A某涉嫌严重职务违法职务犯罪，A某干部管理权限在主管部门银保监会，驻在其主管部门、有管辖权的监察机构为中央纪委国家监委驻银保监会纪检监察组。对于A某案件的协商管辖，有两种启动模式。第一种模式是由驻银保监会纪检监察组启动协商。根据相关规定，纪检监察组需依立案调查审批权限报批后，出具《移交案件函》，移交A某工作单位所在地的地方监委或者双方联合调查。地方监委不限于“双管”公职人员工作地，若驻银保监会纪检监察组认为由公职人员工作地点（党组织关系）所在地以外的地方监委调查更为适宜的，需要报请共同上一级监察机关即国家监委指定管辖。该案的第二种模式是由某省监委启动协商。若某省监委在工作中掌握了A某涉嫌职务违法、职务犯罪问题线索，则应当向驻银保监会纪检监察组通报并协商案件管辖。

另外，还有一种情况可以不通过协商获得管辖，由地方监委直接管辖，即对于“前款规定单位的其他公职人员涉嫌职务违法和职务犯罪”，不需要通过协商获得管辖。这里的“其他公职人员”主要指主管部门党组（党委）管理的公职人员以外的其他公职人员。比如前述某省监管局中，除了领导班子成员以外的公职人员，属于该局党委（党组）管理的公职人员，对于此类人员，某省监委不需要通过协商即可获得管辖权。②

---

①② 陈秀敏，许展. 如何理解和把握监察法实施条例中对“双管”公职人员的管辖规定 着眼效果确定管辖 协作配合构建合力. 中国纪检监察，2022 (7).

二、联合调查制度

实践中，对于监察对象仅涉嫌一般职务违法的，监察机构、监察专员应当充分履行职责，自行开展调查，涉嫌严重职务违法职务犯罪的可以联合调查。采取联合调查模式，可以发挥二者所长，有管辖权的监察机构、监察专员凭借派驻的优势，在重要证据调取方面做好联系协调工作，为案件取证节省大量时间，地方监委则可以发挥其在讯问、留置等调查措施上的业务优势，推进案件调查进程。联合调查过程中，要严格依规依纪依法，按规定的程序手续调取证据，规范使用委托收集证据、协助采取措施等文书，采取留置措施的，更要严格按程序批准。联合调查中发现应当由其他纪检监察机关（机构）处置的问题线索，一般按照“谁发现谁移送”的原则，由最初发现线索的一方移送相关纪检监察机关（机构），经协商也可以由另一方移送。①

三、情况通报制度

驻在主管部门的监察机构、监察专员自行立案调查的，应当及时通报地方监委。地方监委调查相关案件，也应当将立案、留置、移送审查起诉、撤销案件等重要情况向驻在主管部门的监察机构、监察专员通报。情况通报制度有利于推动地方监委与派驻纪检监察组加强协作配合、贯通协同，通过双向联动互通信息，及时掌握相关情况，将制度优势不断转化为治理效能。

实践中，“双管”公职人员的案件查办工作需要注意以下几个问题。一是要严格落实请示报告制度。根据《监察法实施条例》《监察机关监督执法工作规定》等规定，地方监委要及时向上级监委进行有关备案，并视情况向同级党委主要负责人报告。驻在主管部门、有管辖权的监察机构、监察专员应当在作出处理以前将意见报派出机关。根据相关规定，未被授予职务犯罪调查权的监察机构、监察专员发现监察对象涉嫌职务犯罪线索的，应当及时向派出机关报告，由派出机关调查或者依法移交有关地方监委调查。二是对涉案人员中有非党员非监察对象的，一般随主案确定管辖。对涉嫌行贿犯罪或者共同职务犯罪的涉案人员立案调查的，一般应当由管辖主案的监察机关管辖。如果涉案人员系管理权限在其他纪检监察机关（机构）

---

① 陈秀敏，许展．如何理解和把握监察法实施条例中对“双管”公职人员的管辖规定 着眼效果确定管辖 协作配合构建合力．中国纪检监察，2022（7）．

监察对象的，应当报有权决定的上级纪检监察机关办理指定管辖手续。[①]

课后练习

1. “双管”公职人员的内涵是什么？该类公职人员的监察管辖规则有哪些？
2. 为何要对“双管”公职人员采取联合调查手段？
3. 实践中，“双管”公职人员的案件查办工作需要注意哪些问题？

核心法条

《中华人民共和国监察法实施条例》

第四十九条 工作单位在地方、管理权限在主管部门的公职人员涉嫌职务违法和职务犯罪，一般由驻在主管部门、有管辖权的监察机构、监察专员管辖；经协商，监察机构、监察专员可以按规定移交公职人员工作单位所在地的地方监察委员会调查，或者与地方监察委员会联合调查。地方监察委员会在工作中发现上述公职人员有关问题线索，应当向驻在主管部门、有管辖权的监察机构、监察专员通报，并协商确定管辖。

前款规定单位的其他公职人员涉嫌职务违法和职务犯罪，可以由地方监察委员会管辖；驻在主管部门的监察机构、监察专员自行立案调查的，应当及时通报地方监察委员会。

地方监察委员会调查前两款规定案件，应当将立案、留置、移送审查起诉、撤销案件等重要情况向驻在主管部门的监察机构、监察专员通报。

---

① 陈秀敏，许展. 如何理解和把握监察法实施条例中对“双管”公职人员的管辖规定 着眼效果确定管辖 协作配合构建合力. 中国纪检监察，2022 (7).

第五章　监察权限与措施

监察权限是指根据《监察法》的规定赋予监察机关为完成国家监察任务而享有的权力与承担的责任，具体包括监督、调查、处置职责。《监察法》所赋予监察机关的调查权是在总结借鉴党的纪律检查部门的执纪审查权、行政监察部门的行政调查权以及检察机关职务犯罪案件侦查权的基础上形成的，其中调查措施包括：谈话，讯问，询问，留置，查询与冻结，搜查，调取、查封与扣押，勘验检查，鉴定，技术调查，通缉，限制出境。《监察法》赋予监察委员会必要的权限和调查措施，目的是保证监察工作的顺利进行，保障各级监察机关履行好监督、调查、处置职责。总体来看，目前规定的这些权限基本与监察机关承担的职责任务相匹配，措施更加明确具体，有利于监察工作规范化、法治化。①

第一节　监察权限概述

一、监察权限的基本内容

监察权限是指根据《监察法》的规定赋予监察机关为完成国家监察任务而享有的权力与承担的责任。《监察法》第十一条规定，“监察委员会依照本法和有关法律规定履行监督、调查、处置职责”。

---

① 赋予监委必要权限和调查措施. https://www.ccdi.gov.cn/special/sdjjs/dt_sdjxs/201803/t20180313_166199.html.

（一）监督是监察机关的首要职责

监督是国家监察委员会的首要职责，主要是指监察机关对公职人员的权力行使情况进行日常监督。“制定监察法，就是整合反腐败资源力量，加强党对反腐败工作的集中统一领导，构建党统一指挥、全面覆盖、权威高效的监督体系，实现对所有行使公权力的公职人员监察全覆盖。”[①] 因此，从广义上讲，监察机关就是国家反腐败的监督机关，监察机关代表党和国家，依照《宪法》、《监察法》和有关法律法规，监督所有公职人员行使公权力的行为是否正确，确保权力不被滥用，确保权力在阳光下运行，把权力关进制度的笼子里。[②] 而这里的监督是狭义的监督，是指监察机关三大职能中与调查、处置并列的职能，是监察机关开展日常性监督的职能。之所以强调监督是首要职责，在于其前置性和基础性。只有把监督放在前面，才能管理大多数，防止干部由小错酿成大错，最大限度地保护干部。

（二）调查是监察机关的核心职能

调查是监察机关的核心职责，主要是指监察机关依法对涉嫌职务违法与职务犯罪行为进行调查的职权与职责。监察机关行使调查职能的本质是一个查清事实、收集证据的过程。调查职能是监察机关履行处置职能的前提，在监察机关的三大职能中起着承前启后的关键作用，是监察机关的核心职能。调查行为包括采取谈话或要求说明情况、要求作出陈述、讯问、询问、留置、查询、冻结、搜查、调取、查封、扣押、勘验检查、鉴定，以及要求公安机关协助进行技术调查、通缉、限制出境等措施。调查职责突出地体现了监察机关作为国家反腐败工作机构的地位体现了监察工作的特色，这项工作做好了，能有效强化不敢腐的震慑，减少和遏制腐败行为的发生，保持公权力的廉洁性。

（三）处置是监察机关的保障职能

处置是监察机关的保障职能，主要是指监察机关针对监督、调查的结果依法作出相应决定的处理职责，包含：对有职务违法行为但情节较轻的公职人员进行批评教育等；对违法的公职人员依法作出政务处分决定；对履行职责不力、失职

---

① 李建国. 关于《中华人民共和国监察法（草案）》的说明：2018年3月13日在第十三届全国人民代表大会第一次会议上. https://www.gov.cn/xinwen/2018-03/14/content_5273855.htm.

② 中共中央纪律检查委员会法规室，中华人民共和国国家监察委员会法规室.《中华人民共和国监察法》释义. 北京：中国方正出版社，2018：88.

失责的领导人员进行问责；对涉嫌职务犯罪的，将调查结果移送人民检察院依法审查、提起公诉；向监察对象所在单位提出监察建议。监察机关通过前述处置职能的发挥以保障有效履职与威慑作用。

二、监督调查处置与监督执纪问责的关系

从“四种形态”来看，违纪、违法、犯罪是一个连续不断的状态，这要求纪律与法律应当协同起来，做到无缝衔接。首先，从机构设置来看，党的纪律检查委员会与国家监察委员会合署办公。根据党章第四十六条的规定，“党的各级纪律检查委员会的职责是监督、执纪、问责”。因而纪委的“监督、执纪、问责”职责与监察机关的“监督、调查、处置”职能密切相关。制定监察法，明确监察委员会的性质、地位，明确“各级监察委员会是行使国家监察职能的专责机关”，从而与党章关于“党的各级纪律检查委员会是党内监督专责机关”相呼应，通过国家立法把党对反腐败工作集中统一领导的体制机制固定下来。[①]因此，监督执纪与监察执法的职责具有一致性和连贯性，在实际工作中“要把执纪和执法贯通起来，监督执纪和监察执法一体推进，统筹运用纪法‘两把尺子’，贯通运用监督执纪‘四种形态’，既坚持执纪必严，又坚持纪法协同，实事求是、精准科学，进一步推进反腐败工作法治化、规范化。”[②] 其次，从性质来看，监督执纪与监察执法是一体两面。党的纪律检查机关的监督、执纪、问责职责与国家监察机关的监督、调查与处置职责是对应的，违纪行为与职务违法、犯罪行为可能同时存在，但违纪行为的外延大于职务违法与职务犯罪行为，二者既有区别也有重合。纪律检查机关与监察机关实行合署办公，既要办理违纪案件，又要办理职务违法与职务犯罪案件，两个机关的职责既可能并行，也可能存在前后衔接关系。因此在监督执纪与监察执法过程中，要把执纪和执法贯通起来，做到纪严于法，纪法协同。最后，纪检机关的监督和监察机关的监督在指导思想、基本原则上是高度一致的，都是为了“惩前毖后、治病救人”，抓早抓小，防微杜渐，这是纪检监督与监察监督能够一以贯之协同起来的根本保证。

从违纪、职务违法到职务犯罪，“四种形态”要求各级党组织不仅要对违纪

① 李建国. 关于《中华人民共和国监察法（草案）》的说明：2018 年 3 月 13 日在第十三届全国人民代表大会第一次会议上. https://www.gov.cn/xinwen/2018-03/14/content_5273855.htm.

② 中共中央办公厅印发《中国共产党纪律检查机关监督执纪工作规则》. http://politics.people.com.cn/n1/2019/0106/c1001-30506330.html.

行为进行常态化监督，对严重违纪涉嫌违法的行为也必须立案审查。运用“四种形态”要坚持实事求是，该用哪种形态就用哪种形态，不能随意混淆与转化。同时，《中国共产党党内监督条例》第三十七条规定，各级党委应当支持和保证同级人大、政府、监察机关、司法机关等对国家机关及公职人员依法进行监督。党的纪律监督与国家监察监督的区别也是显而易见的，在监督主体、监督对象、监督内容、监督方式等方面皆有不同，因此也需要强调执法分开。

一是监督的主体不同。党的纪律检查委员会与国家监察机关分属不同的机构序列。党章第四十六条规定：“党的各级纪律检查委员会是党内监督专责机关”。《宪法》第一百二十三条规定，“中华人民共和国各级监察委员会是国家的监察机关。”《监察法》第三条规定：“各级监察委员会是行使国家监察职能的专责机关，依照本法对所有行使公权力的公职人员（以下称公职人员）进行监察，调查职务违法和职务犯罪，开展廉政建设和反腐败工作，维护宪法和法律的尊严。”《监察法》第八条规定：“国家监察委员会由全国人民代表大会产生，负责全国监察工作。”因此，国家监察机关由人大产生，对其负责，受其监督，与行政机关、司法机关分工合作，形成“一府一委两院”的组织结构。因此，从机构属性来看，党的纪律检查机关属于党内机构，监察委员会属于国家机关。

二是监督的对象不同。纪检监督的对象是党组织和党员领导干部，其中党内监督的重点对象是党的领导机关和领导干部特别是主要领导干部。[①] 根据《监察法》第十五条列举的属于国家监察对象的六类公职人员，将所有行使公权、履行公职的人员皆纳入了监察范围。不属于党员的国家公职人员，虽然不属于党内监督的范畴，却是国家监察的对象。

三是监督的主要内容不同。根据党章第四十六条的规定，党的各级纪律检查委员会要经常对党员进行遵守纪律的教育，作出关于维护党纪的决定；对党的组织和党员领导干部履行职责、行使权力进行监督。根据《中国共产党党内监督条例》第二十六条的规定，纪检监督主要是对党组织和党员领导干部遵守党章党规

---

① 《中国共产党党内监督条例》第六条：党内监督的重点对象是党的领导机关和领导干部特别是主要领导干部。第二十六条：党的各级纪律检查委员会是党内监督的专责机关，履行监督执纪问责职责，加强对所辖范围内党组织和领导干部遵守党章党规党纪、贯彻执行党的路线方针政策情况的监督检查，承担下列具体任务：（一）加强对同级党委特别是常委会委员、党的工作部门和直接领导的党组织、党的领导干部履行职责、行使权力情况的监督；（二）落实纪律检查工作双重领导体制，执纪审查工作以上级纪委领导为主，线索处置和执纪审查情况在向同级党委报告的同时向上级纪委报告，各级纪委书记、副书记的提名和考察以上级纪委会同组织部门为主；（三）强化上级纪委对下级纪委的领导，纪委发现同级党委主要领导干部的问题，可以直接向上级纪委报告；下级纪委至少每半年向上级纪委报告 1 次工作，每年向上级纪委进行述职。

党纪、贯彻执行党的路线方针政策的情况进行监督检查。按照《监察法》第十一条的规定，监察委员会对公职人员开展廉政教育，对其依法履职、秉公用权、廉洁从政从业以及道德操守情况进行监督检查；对涉嫌贪污贿赂、滥用职权、玩忽职守、权力寻租、利益输送、徇私舞弊以及浪费国家资财等职务违法和职务犯罪进行调查；等等。因此，纪检监督的主要内容是纪律教育、党规党纪监督等，而监察机关的监督侧重于法律监督。

课后练习

1. 监察机关具有几种职责，分别是什么？
2. 监督调查处置和监督执纪问责二者之间的关系是什么？

核心法条

《中华人民共和国监察法》

第三条　各级监察委员会是行使国家监察职能的专责机关，依照本法对所有行使公权力的公职人员（以下称公职人员）进行监察，调查职务违法和职务犯罪，开展廉政建设和反腐败工作，维护宪法和法律的尊严。

第十一条　监察委员会依照本法和有关法律规定履行监督、调查、处置职责：

（一）对公职人员开展廉政教育，对其依法履职、秉公用权、廉洁从政从业以及道德操守情况进行监督检查；

（二）对涉嫌贪污贿赂、滥用职权、玩忽职守、权力寻租、利益输送、徇私舞弊以及浪费国家资财等职务违法和职务犯罪进行调查；

（三）对违法的公职人员依法作出政务处分决定；对履行职责不力、失职失责的领导人员进行问责；对涉嫌职务犯罪的，将调查结果移送人民检察院依法审查、提起公诉；向监察对象所在单位提出监察建议。

《中华人民共和国监察法实施条例》

第四条　监察机关应当依法履行监督、调查、处置职责，坚持实事求是，坚持惩前毖后、治病救人，坚持惩戒与教育相结合，实现政治效果、法律效果和社会效果相统一。

第二节 监察监督

一、监察监督的含义

监察监督作为监察机关的首要职能，具有非常重要的作用。监察机关做的大量工作，应该是日常咬耳扯袖、提醒警示的工作，是监督的工作，是防止公职人员由小错误变大错误的工作。因此，若能切实发挥监察监督职能，在公职人员出现苗头性、倾向性问题时及时进行谈话提醒、约谈函询等，则能够做到防患于未然，防止腐败发生或防止违纪违法行为向违法犯罪行为转变。

二、监察监督的内容

（一）公权力行使的合法性

依法履职，是对公权力行使的合法性的要求。在现代法治社会，国家权力与公民权利的来源与运行有着明显的区别。对于公民而言是“法不禁止皆自由”，对国家机关而言则是“法无授权皆禁止”。依法履职则要求监督公职人员是否在法定权限内、按照法定的要求和程序行使权力。具体而言，一是要在法定权限范围内行使权力。国家机关的职责权限主要来源于宪法、组织法的规定；同时现有的行为法或程序法也有关于国家机关职责权限的规定，如各类诉讼法；另外，《法官法》、《中华人民共和国检察官法》（以下简称《检察官法》）、《公务员法》、《监察官法》等特定法律规范也对具体公职人员履行职责进行执业规范；公职人员履行职责必须要在前述法律法规规定或授权委托的范围内行使职权。二是权力行使的程序要合法。现代法律制度中，程序具有重要的价值，是否有正当程序制度被称作是“人治与法治的分水岭”，因此，公职人员要按照法定的方式、步骤、顺序和时限等履行职责，充分保障公民、法人或其他组织的参与权。

（二）公权力行使的公正性

秉公用权，是对公权力行使的合理性的要求。秉公用权要求公职人员在履行职责过程中要公正合理地行使权力、履行职责，不徇私枉法、不徇情枉法。秉公用权是在公权力行使合法性的基础上对公职人员履职提出的更高的要求，即公权力的行使不仅要合法，还要做到公正、合理、正当，平等对待职务行为中的相关当事人，不偏私不歧视，考虑与职务行为相关的因素，不考虑不相关的因素。如果存在可能影响职权行使公正的情况，如职务行为的对象或利害关系人是公职人员的近亲属等，要严格执行回避等制度。

（三）公权力行使的廉洁性

廉洁的反义词是腐败，腐败的本质就是公权力的异化或私有化。公职人员作为国家机器上的螺丝钉，不应将私人的意志掺杂于公务执行过程中。因此，以权谋私就会产生腐败，将公权力的行使用于私人的目的则会出现廉政风险。因此，作为公职人员，要做到清正廉洁的表率，保持为民务实清廉的本色，坚决预防和反对腐败。对此，《公务员法》第一条就明确了对公务员的要求，即建设一批“信念坚定、为民服务、勤政务实、敢于担当、清正廉洁的高素质专业化公务员队伍”。《中国共产党廉洁自律准则》也明确要求党员及党员领导干部要“廉洁从政，自觉保持人民公仆本色”，“廉洁用权，自觉维护人民根本利益”。因此，公权力行使是否廉洁是监察监督的重点。

（四）公职人员的道德操守等情况

为了确保监督执纪与监察执法职能的协同推进，避免党的纪律检查部门与监察部门职责分散，监察机关除了监督公职人员公权力行使的合法性、合理性、廉洁性之外，还要对公职人员的道德操守等情况进行监督。根据《中国共产党纪律检查机关监督执纪工作规则》第十五条的规定：“纪检监察机关应当结合被监督对象的职责，加强对行使权力情况的日常监督，通过多种方式了解被监督对象的思想、工作、作风、生活情况，发现苗头性、倾向性问题或者轻微违纪问题，应当及时约谈提醒、批评教育、责令检查、诫勉谈话，提高监督的针对性和实效性。”

三、监察监督的方式

根据《监察法》《监察法实施条例》等规定，监察机关的日常监督方式主要有开展廉政教育、谈话以及责令检查等。

（一）廉政教育

治理腐败不能仅仅依靠事中事后惩治，事前预防亦很重要。廉政教育即是通过对公职人员进行理想信念教育，使其树立正确的人生观与价值观，树立廉洁的职业伦理观与职业道德，从而降低产生腐败的动机和意愿。党的十八届四中全会对于治理腐败正式提出“形成不敢腐、不能腐、不想腐的有效机制”，其中“不敢腐”主要依靠法律责任与后果进行震慑；“不能腐”主要依靠反腐的制度建设，减少腐败的制度空间；“不想腐”则是从心理与意识出发，形成不愿意腐败的自觉。较之于“不敢腐”“不能腐”，“不想腐”是治理腐败的源头性工作，也是最难实现的工作。廉政教育从腐败动机着手，通过纪法教育、警示教育等方式，致力于形成公职人员不想腐的自觉，从而起到治理腐败“治本”的作用。

（二）监督检查

监察机关履行监督职能，要通过多种方式了解被监督对象的思想、工作、作风、生活情况，重点检查公职人员遵守、执行党章党规党纪和宪法法律法规的情况。在开展日常监督工作时，监督检查是重要的工作方式之一。“要想检查工作发挥效用，必须做到无定式、无定法，根据实际情况灵活使用各种手段”①，包括听取专门工作汇报，列席相关会议，查阅文件资料、财务账目及其他有关材料，向群众调查访问，实地察看等方式。监督检查工作中发现的涉及公职人员依法履职、秉公用权、廉洁从政从业以及恪守社会道德规范等情况或问题，要及时分类处置、督促整改。

（三）分类处置

监察机关发现公职人员的苗头性、倾向性问题或者轻微违纪问题，应当及时采取约谈提醒、批评教育、责令检查、诫勉谈话等措施，提高监督的针对性和实效性。谈话是党的纪律检查部门在长期执纪审查过程中逐步形成的灵活有效的监督措施，并在监察体制改革后得以延续。谈话的类型多样，包括日常谈话、谈话提醒、诫勉谈话、约谈函询等类型，其适用条件和功能各不相同。其中，日常谈话主要是监察机关为了掌握公职人员思想状态而进行的常规谈话；谈话提醒主要是针对公职人员出现的一些苗头性、倾向性问题，监察机关通过谈话的方式咬耳扯袖、提个醒，防患于未然；诫勉谈话主要针对一些不构成违纪的问题，或者轻微的违纪问题，通过诫勉谈话，引导其认识错误并及时纠正。

课后练习

1. 监察监督的含义和内容是什么？

---

① 马怀德. 监察法学. 北京：人民出版社，2019：59.

2. 监察机关的日常监督方式有哪些？

3. 监督职责中谈话的具体类型有哪些？分别针对什么类型的问题？

核心法条

《中华人民共和国监察法》

第十八条 监察机关行使监督、调查职权，有权依法向有关单位和个人了解情况，收集、调取证据。有关单位和个人应当如实提供。

监察机关及其工作人员对监督、调查过程中知悉的国家秘密、商业秘密、个人隐私，应当保密。

任何单位和个人不得伪造、隐匿或者毁灭证据。

第十九条 对可能发生职务违法的监察对象，监察机关按照管理权限，可以直接或者委托有关机关、人员进行谈话或者要求说明情况。

第三节 监察调查

一、监察调查

（一）概念

监察调查是监察机关的核心职能与关键职能，监察机关在监督检查中或通过其他方式发现了公职人员涉嫌职务违法或职务犯罪的线索，需要追究法律责任的，监察机关应当进行立案调查，进入调查程序。在案件调查过程中收集的证据、固定的事实以及形成的案件调查报告，则是监察机关履行处置职能的前提。

（二）特征

1. 调查权具有独立性

监察机关的调查权既不是行政调查权，也不是刑事侦查权，而是专属于监察机关的调查权，具有独立性。2018年修正的《刑事诉讼法》重新界定了“侦查”的定义。将“‘侦查’是指公安机关、人民检察院在办理案件过程中，依照法律进行的专门调查工作和有关的强制性措施”修改为“‘侦查’是指公安机关、人民检察院对于刑事案件，依照法律进行的收集证据、查明案情的工作和有关的强制性措施”。由此可见，公安机关、人民检察院查明事实、收集证据的活动叫侦查，监察机关查明事实、收集证据的活动叫调查。

2. 调查权具有强制性

监察机关采取的12项调查措施能够对被调查人员或涉案人员的人身权、财产权产生诸多约束和限制，留置措施还能够在一定时期内限制被调查人员或涉案人员的人身自由。为了能够让调查权顺利行使，增强反腐败力度，必须赋予监察机关足够的调查措施与强制手段，其他公民、法人或其他组织应当配合调查。

二、监察调查的一般规定

（一）监察调查的依据

监督执纪与监察执法是一体推进的过程，监察调查活动除了要依据《监察法》的规定外，还要依据相关法规进行，其中最主要的依据是《监察机关监督执法工作规定》。如《监察法》第十九条规定：“对可能发生职务违法的监察对象，监察机关按照管理权限，可以直接或者委托有关机关、人员进行谈话或者要求说明情况。”《中国共产党纪律检查机关监督执纪工作规则》第二十七条规定：“纪检监察机关采取谈话函询方式处置问题线索，应当起草谈话函询报批请示，拟订谈话方案和相关工作预案，按程序报批。需要谈话函询下一级党委（党组）主要负责人的，应当报纪检监察机关主要负责人批准，必要时向同级党委主要负责人报告。”因此，对于谈话措施的进行，《中国共产党纪律检查机关监督执纪工作规则》对《监察法》的规定进行了细化，要同时适用。

根据《监察法》的规定，监察机关“对违法的公职人员依法作出政务处分决定”。2020年6月20日，第十三届全国人民代表大会常务委员会第十九次会议通过的《公职人员政务处分法》，对公职人员的违法行为以及相应的政务处分予以明确，因此对于职务违法行为的认定以及违法程度的掌握等，要依据《公职人员政务处分法》的规定。同时《监察法》规定，“对涉嫌职务犯罪的，监察机关经调查认为犯罪事实清楚，证据确实、充分的，制作起诉意见书，连同案卷材料、证据一并移送人民检察院依法审查、提起公诉”。因此，对于涉及职务犯罪的行为，监察机关将涉嫌职务犯罪的案件移送给检察院之后案件转入刑事司法程序，监察程序成为职务犯罪中调查、公诉与审判相分离的机制之一。因此，监察调查除了要依据《监察法》的规定外，还要依据《刑法》《刑事诉讼法》等法律的规定，由此可见，监察调查的依据具有广泛性，是一个纪法贯通、法法衔接的过程。

（二）监察调查的内容

监察调查的内容是贪污贿赂、滥用职权、玩忽职守、权力寻租、利益输送、徇私舞弊以及浪费国家资财等职务违法和职务犯罪行为。贪污贿赂主要是指公职人员贪污、挪用、私分公共财物，以及有行贿受贿等破坏公权力行使廉洁性的行为。贪污是指国家公职人员利用职务上的便利，侵吞、窃取、骗取或者以其他手段非法占有公共财物的行为；受贿是指公职人员利用本人职权或者地位形成的便利条件，通过其他国家工作人员职务上的行为，为请托人谋取不正当利益，索取请托人财物或者收受请托人财物的行为；挪用公共财物是指公职人员利用职务上的便利，挪用公款或公共财物归个人使用，或进行非法活动、营利活动等行为；私分公共财物是指违反国家规定，以单位名义将公共财物、罚没财物集体私分给个人的行为。滥用职权，此处的滥用职权比行政法学中滥用职权的外延更宽，倾向于刑法中滥用职权的范畴，既包括超越职权，即违反法律的规定决定或处理其无权决定或处理的事项，也包括没有正当目的行使职权，即行使职权不符合法律规定的目的，违反法律规定处理公务，致使公共财产、国家和人民利益遭受损失的行为。玩忽职守是指公职人员严重不负责任，不履行或者不认真履行职责的行为，主要针对公职人员不作为或不积极作为而贻误工作的情形。权力寻租主要是指公职人员利用手中的公权力，违反或规避法律法规，谋取或者维护私利的行为，如利用职权或职务上的影响为本人或者他人谋取私利，纵容、默许特定关系人利用公职人员职权或职务上的影响谋取私利的。利益输送主要是指公职人员利用职权或者职务影响，以违反或者规避法律法规的手段，将公共财产等利益不正当授受给有关组织、个人的行为。徇私舞弊主要是指为了私利而用欺骗、包庇等方式从事违法的行为。浪费国家资财主要是指公职人员违反规定，挥霍公款，铺张浪费的行为。[①]

以上七类职务违法与职务犯罪类型是对党的十八大以来实践中常见的比较突出的腐败类型进行的归纳总结，基本涵盖了公职人员职务违法与职务犯罪的形态。但是，以上七类腐败形态并非独立存在或并列关系，各形态之间会存在交叉或重叠关系，如贪污贿赂的同时也常会出现利益输送的情形。因此，对于职务违法与职务犯罪的行为的认定，除了按照以上七类腐败行为的形态认定之外，主要根据《公职人员政务处分法》《公务员法》等法律规范中对违法行为的认定，以

---

① 中共中央纪律检查委员会法规室，中华人民共和国国家监察委员会法规室.《中华人民共和国监察法》释义. 北京：中国方正出版社，2018：92－93.

及《刑法》中贪污贿赂罪、渎职罪等章节中对职务犯罪行为的认定。

三、监察调查的一般规则

监察机关的调查活动关键在收集证据。由此可见，监察证据问题是整个监察调查程序的核心。为了使监察调查程序顺利进行，监察机关、被调查人、其他公民、法人或其他组织在监察调查过程中一般应遵循以下基本原则与要求：

（一）监察机关调查取证的权力

监察机关行使监督调查职权，有权依法向有关单位和个人了解情况，收集、调取证据。有关单位和个人应当如实提供。该项内容包含两层含义：一是监察机关为了查明事实、收集证据，监察机关具有向调查对象、涉案人员以及其他单位和个人收集证据的权力。对于涉及通信自由等事项，监察机关可依法请有关机关协助取证。二是调查人以及相关单位和个人的配合义务，即有关单位和个人应当如实提供。具体而言，在调查过程中，对涉嫌职务违法的被调查人，监察机关可以要求其就涉嫌违法行为作出陈述，对涉嫌贪污贿赂、失职渎职等职务犯罪的被调查人，监察机关可以进行讯问，要求其如实供述涉嫌犯罪的情况。对其他单位和个人了解情况收集证据，有关单位和个人也应如实提供。如实作出陈述、如实供述等皆是法定义务，有关单位和个人不得拒绝。

（二）监察机关调查取证的种类

根据《监察法》第三十三条规定，监察机关依照本法规定收集的物证、书证、证人证言、被调查人供述和辩解、视听资料、电子数据等证据材料，在刑事诉讼中可以作为证据使用。因此监察调查中的证据种类与刑事诉讼中的证据种类也应当契合。《监察法实施条例》进一步明确了《监察法》中规定的证据种类，其中第五十九条第一款的规定，可以用于证明案件事实的材料都是证据，包括：物证；书证；证人证言；被害人陈述；被调查人陈述、供述和辩解；鉴定意见；勘验检查、辨认、调查实验等笔录；视听资料、电子数据。

（三）监察机关调查取证的具体要求

1. 客观、全面、公正地收集证据

根据《监察法实施条例》第六十条的规定，“监察机关认定案件事实应当以证据为根据，全面、客观地收集、固定被调查人有无违法犯罪以及情节轻重的各种证据，形成相互印证、完整稳定的证据链。只有被调查人陈述或者供述，没有其他证据的，不能认定案件事实；没有被调查人陈述或者供述，证据符合法定标准的，可以认定案件事实。”监察机关收集证据，要依法全面、客观地收集证据。全面就是要求监察机关工作人员要收集被调查人等有无职务违法犯罪行为以及违法情节轻重的各种证据。既要收集证明职务违法或犯罪行为存在的证据，也要收集对当事人有利的证据；既要收集违法犯罪情节较重的证据，也要收集可能从轻、减轻等可能从宽处罚的证据。同时，监察机关应尽可能地采取多种调查措施查清案件事实、收集证据，力争形成合理的证据链，力求全面反映案件的真实情况。客观就是要求监察机关从事实出发收集证据，不能先入为主或者以主观臆断的方式收集证据；公正是指监察机关的调查活动可能涉及多个被调查对象或涉案人员时，收集证据应做到客观公正，不能为偏袒某方而在收集证据上失去公正。

2. 证据经过查证属实才能作为定案的根据

证据应当具有真实性。审查认定证据，应当结合案件的具体情况，从证据与待证事实的关联程度、各证据之间的联系、是否依照法定程序收集等方面进行综合判断。对于收集证据的程序而言，询问、讯问、勘验检查、搜查、查封、扣押、物证、书证、鉴定、辨认等不同种类的证据有不同的程序要求。监察机关收集的证据在刑事诉讼中可以作为证据，因此监察调查中收集证据应当围绕刑事审判进行。收集证据的程序除了要依据《监察法》《监察法实施条例》的规定之外，还要根据《刑事诉讼法》及相关司法解释规定的要求和程序进行。

3. 证据应当具有合法性，严禁以非法方式收集证据

监察机关调查取证，严禁以暴力、威胁、引诱、欺骗以及非法限制人身自由等非法方式收集证据，严禁侮辱、打骂、虐待、体罚或者变相体罚被调查人、涉案人员和证人。对调查人员采用暴力、威胁以及非法限制人身自由等非法方式收集的被调查人供述、证人证言、被害人陈述，应当依法予以排除。暴力的方法，是指采用殴打、违法使用戒具等方法或者变相肉刑的恶劣手段，使人遭受难以忍受的痛苦而违背意愿作出供述、证言、陈述；威胁的方法，是指采用以暴力或者严重损害本人及其近亲属合法权益等进行威胁的方法，使人遭受难以忍受的痛苦而违背意愿作出供述、证言、陈述。收集物证、书证不符合法定程序，可能严重影响案件公正处理的，应当予以补正或者作出合理解释；不能补正或者作出合理解释的，对该证据应当予以排除。

前述内容明确了监察调查程序中的非法证据排除规则，对该内容的理解应注意以下几点：其一，《监察法》中的非法证据排除规则适用的主体是监察机关，

即监察机关的案件审理部门在对案件进行审理时，要将以非法方式收集的证据予以排除，不得作为案件处置的依据。其二，对于职务犯罪案件，当监察机关将涉嫌职务犯罪案件的材料移送人民检察院审查起诉，由人民法院进行审判的过程中，也有非法证据排除规则的适用，其适用的依据是《刑事诉讼法》，其中第五十六条规定："采用刑讯逼供等非法方法收集的犯罪嫌疑人、被告人供述和采用暴力、威胁等非法方法收集的证人证言、被害人陈述，应当予以排除。"

（四）监察机关调查取证的标准：事实清楚、证据确凿

对纪检监察机关调查取证的总体要求和标准是事实清楚、证据确凿，但对不同类型案件具体的证据要求是有一定差异的。对职务犯罪案件调查取证而言，监察机关在收集、固定、审查、运用证据时，应当与刑事审判关于证据的要求和标准相一致。该项内容对监察证据的要求和标准进行了明确，体现了"以审判为中心"的刑事诉讼制度的基本要求。根据《刑事诉讼法》的规定，证据确实、充分，应当符合以下条件：定罪量刑的事实都有证据证明；据以定案的证据均经法定程序查证属实；综合全案证据，对所认定事实已排除合理怀疑。因此，对于职务犯罪案件，具有真实性、合法性、关联性的证据，形成"相互印证、完整稳定"的证据链，才能作为认定案件的依据。《监察法实施条例》第六十三条规定，监察机关调查终结的职务犯罪案件，应当事实清楚，证据确实、充分。证据确实、充分，应当符合下列条件：（1）定罪量刑的事实都有证据证明；（2）据以定案的证据均经法定程序查证属实；（3）综合全案证据，对所认定事实已排除合理怀疑。证据不足的，不得移送人民检察院审查起诉。对职务违法案件的证据成熟度达不到职务犯罪证据的要求，根据《监察法实施条例》第六十二条规定，监察机关调查终结的职务违法案件，应当事实清楚、证据确凿。证据确凿，应当符合下列条件：（1）定性处置的事实都有证据证实；（2）定案证据真实、合法；（3）据以定案的证据之间不存在无法排除的矛盾；（4）综合全案证据，所认定事实清晰且令人信服。同时，纪委监委合署办公，也负责查处违纪行为。对于违纪案件的认定标准而言，可以参照《中共中央纪律检查委员会关于查处党员违纪案件中收集、鉴别、使用证据的具体规定》，如其中第二十条规定："在没有物证、书证的情况下，仅凭言词证据定案时，必须有两个以上（含两个）证据，才能定案。"

监察机关收集的证据材料在刑事诉讼中可以作为证据使用。《监察法》第三十三条规定，"监察机关依照本法规定收集的物证、书证、证人证言、被调查人供述和辩解、视听资料、电子数据等证据材料，在刑事诉讼中可以作为证据使

用。”该项内容包括三层含义：一是监察体制改革之前，党的纪律检查机关或行政监察部门收集的证据材料并不能直接被检察院作为职务犯罪案件的证据使用，必须要经过检察院重新查证转化。《监察法》明确规定监察机关收集的证据材料可以直接在刑事诉讼中作为证据使用，是对监察机关调查取证权力的保障。因此，监察机关收集的证据材料既可以作为案件处置中政务处分的证据使用，也可以在刑事诉讼中作为证据使用。二是监察机关可以收集的证据种类与刑事诉讼法规定的证据种类相同。《刑事诉讼法》第五十条规定，可以用于证明案件事实的材料，都是证据。包括：物证；书证；证人证言；被害人陈述；犯罪嫌疑人、被告人供述和辩解；鉴定意见；勘验、检查、辨认、侦查实验等笔录；视听资料、电子数据。因此，刑事诉讼法规定的所有证据种类监察机关都可以调取。这在《监察法实施条例》第五十九条第一款规定的证据种类中已有体现。三是证据必须经过查证属实，才能作为定案的根据。在涉嫌职务犯罪行为调查中，监察机关收集调取的证据是否能作为定案依据，还需人民法院依据《刑事诉讼法》的规定进行审查判断。

（五）监察调查中的义务

1. 不得伪造、隐匿或者毁灭证据

伪造证据是指行为人通过凭空捏造假证据、将真实证据予以改造等方式故意制造虚假证据材料的行为。隐匿证据是指行为人将作为证明案件事实的证据材料进行藏匿，从而妨碍其证明事实的行为。毁灭证据是指行为人通过销毁、涂改等方式使证据完全灭失、或使证据全部或部分丧失证明力的行为。不得伪造、隐匿或者毁灭证据的要求适用于与案件相关的所有人，既包括监察对象、调查对象、涉案人员，也包括其他知道案情的公民、法人和其他组织，还包括监察机关及其工作人员。根据《监察法实施条例》第五十九条第二款的规定，“监察机关向有关单位和个人收集、调取证据时，应当告知其必须依法如实提供证据。对于不按要求提供有关材料，泄露相关信息，伪造、隐匿、毁灭证据，提供虚假情况或者阻止他人提供证据的，依法追究法律责任。”

2. 保守秘密的义务

对公职人员执行公务活动中知悉的国家秘密、商业秘密和个人隐私进行保密是应当履行的职务要求，各个国家机关及工作人员都应遵守这一基本规定。这在《公务员法》《法官法》《检察官法》《监察法》，以及规范行政机关执法活动的法律法规中皆有体现。监察机关及其工作人员对监督、调查过程中知悉的国家秘密、商业秘密、个人隐私，应当保密。国家秘密是指关系国家安全和利益，依照法定程序确定，在一定时间内只限定一定范围内的人员知悉的事项。商业秘密是指不为公众知悉的，能为权利人带来经济利益，具有实用性并经权利人采取保密措施的技术信息和经营信息。个人隐私是指自然人的私人生活安宁和不愿为他人知晓的私密空间、私密活动、私密信息。《中华人民共和国保守国家秘密法》《中华人民共和国反不正当竞争法》《中华人民共和国知识产权法》《中华人民共和国民法典》等法律规范对国家秘密、商业秘密和个人隐私的保护作出了具体的规定，监察机关在调查程序中获知的相应秘密的保护也应当遵守相关的规定。《公职人员政务处分法》对违反这一义务的法律责任进行了明确，第三十九条规定，泄露国家秘密、工作秘密，或者泄露因履行职责掌握的商业秘密、个人隐私，造成不良后果或者影响的，予以警告、记过或者记大过；情节较重的，予以降级或者撤职；情节严重的，予以开除。

四、监察调查措施

监察法所赋予监察机关的调查权是在总结借鉴党的纪律检查部门的执纪审查权、行政监察部门的行政调查权以及检察机关职务犯罪案件侦查权的基础上形成的调查措施，包括：谈话，讯问，询问，留置，查询与冻结，搜查，调取、查封与扣押，勘验检查，鉴定，技术调查，通缉，限制出境。不同的调查措施的适用对象、适用条件、批准程序、执行条件等皆不同，根据不同的调查措施设置不同的批准程序和执行办法，既确保了批准与适用程序严格规范，又提高了监察调查的效率。

（一）谈话

《监察法》第十九条规定，“对可能发生职务违法的监察对象，监察机关按照管理权限，可以直接或者委托有关机关、人员进行谈话或者要求说明情况。”《监察法实施条例》第七十条规定：“监察机关在问题线索处置、初步核实和立案调查中，可以依法对涉嫌职务违法的监察对象进行谈话，要求其如实说明情况或者作出陈述。谈话应当个别进行。负责谈话的人员不得少于二人。”

1. 谈话的目的

谈话措施早在1994年《中国共产党纪律检查机关案件检查工作条例》中就已出现，其中第二十五条规定，“调查开始时，在一般情况下，调查组应会同被调查人所在单位党组织与被调查人谈话，宣布立案决定和应遵守的纪律，要求其正确对待组织调查，调查中，应认真听取被调查人的陈述和意见，做好思想教育工作。”因此，监察调查中的谈话不仅是查明案件事实、核查证据的方式，同时也体现了对干部的关心爱护，具有教育被调查人员的作用。

2. 谈话的程序

谈话作为一种法定的调查措施，与谈话提醒或诫勉谈话不同，要按照法定的步骤和方式进行，并严格履行审批手续。

3. 谈话的对象

谈话的适用对象是可能发生职务违法的监察对象，主要是指监察对象有相关问题线索反映，或者有职务违法的苗头性、倾向性问题。如有监察对象涉嫌职务犯罪，则不能适用谈话。同时，谈话具有一定的约束性和强制性，被监督人或被调查人没有拒绝的权利。

4. 谈话的主体

谈话的主体是监察机关工作人员，也可委托被谈话人所在单位主要负责人进行。谈话应当由监察机关相关负责人或者承办部门负责人进行，可以由被谈话人所在党委（党组）、纪委（纪检监察组、纪检监察工委）有关负责人陪同；经批准也可以委托被谈话人所在单位党委（党组）主要负责人进行。委托谈话的，受委托人应当在收到委托函后的十五个工作日以内进行谈话。谈话结束后及时形成谈话情况材料报送监察机关，必要时附被谈话人的书面说明。

5. 谈话应当制作谈话笔录

按照法定程序与要求进行谈话后，监察机关工作人员应当制作谈话笔录作为证据材料。谈话应当在具备安全保障条件的场所进行。由监察机关谈话的，应当制作谈话笔录。谈话笔录应当在谈话现场制作。笔录应当详细具体，如实反映谈话情况。笔录制作完成后，应当交给被调查人核对。被调查人没有阅读能力的，应当向其宣读。笔录记载有遗漏或者差错的，应当补充或者更正，由被调查人在补充或者更正处捺指印。被调查人核对无误后，应当在笔录中逐页签名、捺指印。被调查人拒绝签名、捺指印的，调查人员应当在笔录中记明。调查人员也应当在笔录中签名。

（二）讯问

《监察法》第二十条第二款规定：“对涉嫌贪污贿赂、失职渎职等职务犯罪的被调查人，监察机关可以进行讯问，要求其如实供述涉嫌犯罪的情况。”

1. 讯问的目的

讯问是调查人员为了获取涉嫌职务犯罪的被调查人的陈述、供述和辩解，依照法定程序通过言辞等方式进行提问并加以固定的一种调查措施。对被调查人进行讯问，一方面是为了获得被调查人自身的言词证据，另一方面也是为了确保被调查人的陈述申辩权。监察机关调查人员讯问涉嫌贪污贿赂、失职渎职等职务犯罪的被调查人时，应当首先提问被调查人是否有犯罪行为，让他陈述有犯罪事实的情节或者没有犯罪事实的辩解，然后再向他提出问题。

2. 讯问的主体

讯问的主体是监察机关及其工作人员，不得委托被调查人所在单位或其他机关进行。讯问应当个别进行，调查人员不得少于二人。

3. 讯问的对象

讯问针对的对象是涉嫌职务犯罪的被调查人，是收集涉嫌职务犯罪的被调查人陈述、供述和辩解的一项重要措施，较之于谈话等措施而言，其强制性程度更高，程序较为严格。只有在涉嫌贪污贿赂、失职渎职等职务犯罪，且被监委立案之后，才能对被调查人进行讯问。对共同违法犯罪的被调查人应当分别单独讯问，防止串供或者相互影响。

4. 讯问的步骤

讯问一般按照下列顺序进行：(1) 核实被讯问人的基本情况，包括姓名、曾用名、出生年月日、户籍地、身份证件号码、民族、职业、政治面貌、文化程度、工作单位及职务、住所、家庭情况、社会经历，是否属于党代表大会代表、人大代表、政协委员，是否受到过党纪政务处分，是否受到过刑事处罚等。(2) 告知被讯问人如实供述自己罪行可以依法从宽处理和认罪认罚的法律规定。(3) 讯问被讯问人是否有犯罪行为，让其陈述有罪的事实或者无罪的辩解，应当允许其连贯陈述。

5. 讯问的纪律要求

进行讯问时，不得威胁、引诱、欺骗被讯问人进行供述，不得辱骂、打骂、虐待、体罚或变相体罚被讯问人；讯问应当全过程录音录像，不得在未配置监控设备的场所进行讯问，画面中应该有湿度、温度、时间等方面的参照，不得在谈话期间关闭录音录像设备。应当告知被讯问人将进行全程同步录音录像。

（三）询问

根据监察法等法律法规的规定，在调查过程中，监察机关可以依法对证人、被害人等人员进行询问，了解核实有关问题或者案件情况。

1. 询问的目的

询问是指调查人员依照法定程序以言词方式向证人和有关人员调查了解案件情况的一种行为。询问和讯问最本质的区别就在于对象不同，询问针对的是有关人员与证人，讯问针对的是立案后涉嫌职务犯罪的被调查人。在腐败案件中，大量案件则是涉及双方或多方的，如在受贿类案件中，由于贿赂行为涉及双方，贿赂事实的认定要有双方的言词证据。在此类案件中，询问行贿人或其他案件相关人员则显得尤为重要，甚至是认定案件事实的关键证据。

2. 询问的对象

证人证言是我国刑事诉讼中重要的证据种类之一。询问的对象较为广泛，凡是知道案件真实情况的人，皆可以作为证人。包括：涉案人员，如行贿受贿类案件中的行贿人；与案件无直接关联的证人，如非涉案人员的知情人。若案件存在被害人，被害人陈述也是一种重要的证据来源。

3. 询问的方式

询问应当个别进行。询问时，应当核实证人身份，问明证人的基本情况，告知证人应当如实提供证据、证言，以及作伪证或者隐匿证据应当承担的法律责任。不得向证人泄露案情，不得采用非法方法获取证言。询问重大或者有社会影响案件的重要证人，应当对询问过程全程同步录音录像，并告知证人。

4. 保护措施

证人、鉴定人、被害人因作证，本人或者近亲属人身安全面临危险，向监察机关请求保护的，监察机关应当受理并及时进行审查；对于确实存在人身安全危险的，监察机关应当采取必要的保护措施。监察机关发现存在上述情形的，应当主动采取保护措施。例如：不公开真实姓名、住址和工作单位等个人信息；禁止特定的人员接触证人、鉴定人、被害人及其近亲属；对人身和住宅采取专门性保护措施；等等。

（四）留置

1. 留置的概念与特征

留置是指监察机关在涉嫌贪污贿赂、失职渎职等严重职务违法或者职务犯罪的调查活动中，对重大、复杂案件或者为了防止被调查人或其他涉案人员逃跑、妨碍调查，依法剥夺被调查人、涉嫌行贿犯罪或者共同职务犯罪的涉案人员人身自由的一项强制措施。

留置措施具有以下特征：一是措施的来源具有正当性。根据《中华人民共和国立法法》第十一条规定，限制人身自由的强制措施和处罚只能由法律来制定，因此，《监察法》设置留置措施具有正当性与合法性。二是留置中获得的证据可以直接在刑事诉讼中使用，可以直接移送人民检察院和法院进行审查。三是留置对象适用的广泛性，包括涉嫌贪污贿赂、失职渎职等严重职务违法或者职务犯罪的被调查人，以及涉嫌行贿犯罪或者共同职务犯罪的涉案人员。

2. 留置的对象

留置的对象包括两类。第一类是涉嫌贪污贿赂、失职渎职等严重职务违法或者职务犯罪的被调查人。被调查人是监察机关的监察对象，是实施贪污贿赂、失职渎职等严重职务违法或者职务犯罪的行为人，当然可以适用留置措施。严重职务违法，是指根据监察机关已经掌握的事实及证据，被调查人涉嫌的职务违法行为情节严重，可能被给予撤职以上政务处分。第二类是涉嫌行贿犯罪或者共同职务犯罪的涉案人员。也就是说涉嫌行贿犯罪以及共同职务犯罪的非国家工作人员虽然不是监察对象，但也可以对其采取留置措施，原因在于如果不对此类人员采取留置措施，将严重影响监察机关对违法犯罪事实的调查和认定，因此，为了案件调查顺利进行，对非监察对象的涉案人员也可以采取留置措施。在监察机关采取留置措施时，可以根据工作需要提请公安机关配合。公安机关应当依法予以协助。

3. 留置的适用条件

留置作为监察调查中具有强制性的限制人身自由的调查措施，必须遵循审慎原则，在具备必须适用的必要性条件下，才能采取留置措施。根据《监察法》的规定，留置措施的采取必须具有以下条件：

（1）事实条件：有职务违法或者职务犯罪事实。

监察机关已经掌握其部分违法犯罪事实及证据，仍有重要问题需要进一步调查。具体而言，一是案件性质条件，被调查人涉嫌贪污贿赂、失职渎职、玩忽职守、浪费国家资财等严重职务违法，很可能构成职务犯罪或已经构成职务犯罪；二是证据条件，即监察机关已经掌握部分被调查人涉嫌严重职务违法或职务犯罪的证据，且有重要问题需要进一步调查。重要问题，是指对被调查人涉嫌的职务违法或者职务犯罪，在定性处置、定罪量刑等方面有重要影响的事实、情节及证据。根据监察机关在调查过程中已掌握的证据可以推断，被调查人还可能存在其他严重的职务违法或职务犯罪事实，但现有证据不足以证明该事实的存在，仍须进一步调查，这是采取留置措施的根本原因。

（2）情节条件：有留置的必要。

在涉嫌贪污贿赂、失职渎职等严重职务违法或者职务犯罪的情形下，必须具备以下情节条件才可以采取留置措施：一是涉及案情重大、复杂的。二是可能逃跑、自杀的。三是可能串供或者伪造、隐匿、毁灭证据的。四是可能有其他妨碍调查行为的。

（3）程序条件：依法报批或备案。

限制人身自由的强制措施在适用程序上较为严格。对留置措施的适用，由监察机关自行决定，因此为有效制约留置措施的适用，需形成上级监察机关批准的监督机制。《监察法》第四十三条第一款规定，监察机关采取留置措施，应当由监察机关领导人员集体研究决定。设区的市级以下监察机关采取留置措施，应当报上一级监察机关批准。省级监察机关采取留置措施，应当报国家监察委员会备案。

4. 留置的期限

留置作为限制人身自由的强制措施，其适用期限必须要有明确的规定。根据《监察法》的规定，留置时间不得超过三个月。在特殊情况下，可以延长一次，延长时间不得超过三个月。特殊情形一般是指案情重大，严重危害国家利益或者公共利益的；案情复杂，涉案人员多、金额巨大，涉及范围广的；重要证据尚未收集完成，或者重要涉案人员尚未到案，导致违法犯罪的主要事实仍须继续调查的；等等。省级以下监察机关采取留置措施的，延长留置时间应当报上一级监察机关批准。监察机关发现采取留置措施不当的，应当及时解除。因此，监察机关采取留置措施，应当在法定的期限内进行留置调查，对被留置人员不需要继续采取留置措施的，应当按规定报批，及时解除留置。如果监察机关在留置期间发现了未掌握的新罪，也不能重新计算留置期限，这是对被调查人基本权利的保障。

5. 被留置人的合法权益保障

（1）保障家属及单位的知情权。

监察机关对被调查人采取留置措施后，应当在二十四小时以内，通知被留置人员所在单位和家属。通知有利于保障被留置人所在单位、家属的知情权，也便于单位或家属协助调查取证，同时也有利于单位领导掌握本单位的政治生态。但在“有碍调查”的情形下可以不通知，因一些重大职务犯罪案件往往具有集团化、家族化、团伙化的特点，利益关系复杂。过早通知家属可能不利于调查工作开展。具体而言，通知后可能出现转移、隐匿、毁灭、伪造证据，出现干扰证人作证、串供等情况或引起其他同案犯逃跑、自杀等情形等有碍调查情形而不宜通知或者公开的，可以不通知，但应当按程序报批并记录在案。同时，有碍调查的情形消失后，监察机关应当立即恢复通知义务，通知被留置人员所在单位和家属。

（2）保障被留置人员的基本权利。

留置期间，应当保障被留置人员的合法权益，尊重其人格和民族习俗，保障被留置人的饮食、休息和安全，对患有疾病或者身体不适的，应当及时提供医疗服务，这既是对被留置人的合法权益的保障，也有利于保证调查工作的顺利进行。讯问被留置人应当合理安排讯问时间和时长，一般情况下，讯问时间应当尽量安排在白天或者夜晚十二点之前，讯问持续的时间也不得过长。调查人员讯问被留置人时，应当制作讯问笔录，必要时也可以让被留置人亲笔书写供词，讯问笔录应当由被留置人阅看后签名，以保证笔录的真实性。①

（3）刑期折抵。

根据《刑法》第四十一、四十四、四十七条的规定，判决执行以前先行羁押的，羁押一日折抵管制的刑期二日，折抵拘役、有期徒刑的刑期一日。参照上述规定的精神，对被留置人的留置期限也应当适用刑期折抵。具体的折抵规则是，涉嫌犯罪的被留置人移送司法机关后，被依法判处管制、拘役或者有期徒刑的，留置一日折抵管制的刑期二日，折抵拘役、有期徒刑的刑期一日。

（五）查询与冻结

从处理腐败案件的实践情形来看，在职务违法犯罪中，涉案人员往往以存款、汇款等形式隐匿、转移非法所得，大量案件涉及单位和个人的存款、汇款、债券、股票、基金份额等财产。为了能够及时、准确地查明案件，同时能够及时没收、追缴相关的违法所得，或对相关款项进行返还或退赔，《监察法》赋予了监察机关对涉案的存款、汇款、债券、股票、基金份额等财产进行查询与冻结的权力。

查询是指监察机关根据调查严重职务违法或职务犯罪的需要依法向银行等其他金融机构查询涉案单位和个人的存款、汇款、债券、股票、基金份额等财产的措施。冻结是指在查询财产的基础上必要时予以冻结，限制涉案单位和个人进行转移的一项措施。对查询与冻结措施的采取应当注意以下几点：

一是适用范围。查询与冻结措施涉及被调查人以及涉案人员的基本财产权，

---

① 中共中央纪律检查委员会法规室，中华人民共和国国家监察委员会法规室.《中华人民共和国监察法》释义. 北京：中国方正出版社，2018：202.

因此该项措施的采取只能在涉嫌贪污贿赂、失职渎职等严重职务违法或者职务犯罪时适用。

二是应遵循审慎原则。查询的对象是涉案单位和个人的存款、汇款、债券、股票、基金份额等财产。查询或冻结措施的采取并不仅是涉及监察对象的存款、汇款、债券、股票、基金份额等财产，而是所有涉案单位和个人的财产皆可进行查询、冻结。因此监察机关应谨慎把握该项措施的适用，严格遵守审慎原则。如调查人员不得查询与案件调查工作无关的信息；对涉案的存款、汇款、债券、股票、基金份额等财产进行冻结时应当与涉案金额相当，不得超出涉案金额。尤其是企业或其他涉案单位的财产往往与其经营状况密切相关，不能对其造成不必要的影响。因此《监察法》规定，“冻结的财产经查明与案件无关的，应当在查明后三日内解除冻结，予以退还”。冻结财产的期限不得超过六个月。冻结期限到期未办理续冻手续的，冻结自动解除。冻结财产，应当为被调查人及其所扶养的亲属保留必需的生活费用。

三是有关单位和个人应当配合。在监察调查过程中，监察机关向银行或者其他金融机构、有关单位和个人出具书面的查询、冻结通知书，调查人以及被调查人以外的金融机构等单位和个人皆有配合的法定义务，不得跑风漏气、泄露消息。

（六）搜查

被调查人实施职务犯罪行为后，往往会将赃款、赃物或与案件发生相关的其他物品隐藏起来。监察机关为了查清事实、收集证据，需要采取搜查措施。搜查是指对涉嫌职务犯罪的被调查人以及可能隐藏被调查人或犯罪证据的人的身体、物品、住处和其他有关的地方进行搜查的一项措施。根据《宪法》第三十七条规定：“禁止非法拘禁和以其他方法非法剥夺或者限制公民的人身自由，禁止非法搜查公民的身体。”《宪法》第三十九条规定：“中华人民共和国公民的住宅不受侵犯。禁止非法搜查或者非法侵入公民的住宅。”因此，搜查措施影响的是《宪法》保障的公民的基本权利，直接涉及《宪法》所规定的公民人身自由和住宅不受侵犯的权利，还不可避免地影响公民的财产权或人格尊严等，因此该项措施的适用范围与程序受到严格限制。

1. 搜查的主体、范围与对象

一是从适用范围来看，搜查措施适用于涉嫌职务犯罪案件，一般职务违法案件或违纪行为的调查活动中不得采取该项措施。二是从适用主体来看，搜查措施的适用主体只能是监察机关及其工作人员，监察机关进行搜查时，可以根据工作需要提请公安机关依法协助采取搜查措施，公安机关应当依法予以协助。如出现以暴力、威胁等方法阻碍搜查的，可以由公安机关进行制止。三是从适用对象来看，搜查措施不仅适用于被调查人，对于可能隐藏被调查人或者犯罪证据的其他人员，也可以采取搜查措施。搜查的地方包括三种情形：一是被调查人的人身、物品和住处。二是可能隐藏被调查人或犯罪证据的其他人的人身、物品和住处。三是与被调查人职务犯罪行为相关的其他地方。

2. 搜查的程序

在搜查时，一是应当出示《搜查证》。《监察法》没有对《搜查证》的签发作出明确规定，但是作为对被调查人或其他人员的人身权与财产权有较大影响的调查措施，搜查证的签发应当经过严格的审批程序。实践中，应由县级以上监察机关负责人批准、签发《搜查证》。《搜查证》上应注明搜查的时间、地点、目的、搜查机关及人员等信息，确保搜查中明确搜查对象，不会随意地变更搜查对象以及扩大搜查范围。二是被搜查人或者其家属等见证人应当在场。搜查时，应当有被搜查人或者其家属、其所在单位工作人员或者其他见证人在场。搜查的情况应当全程录音录像，并制作搜查笔录，写明搜查的时间、地点、过程、发现的证据等，按照搜查的顺序如实记录。三是搜查女性身体，应当由女性工作人员进行。这在《刑事诉讼法》等法律法规中皆有体现，《监察法》也不例外，体现了对女性人格尊严的保护。

（七）调取、查封与扣押

调取、查封与扣押是监察机关依法强行提取、封存、扣押与案件有关的财物、文件、电子数据等信息的一种调查活动，目的在于查明事实，收集证据材料，防止被调查人或相关人员转移、隐匿或毁灭证据材料。调取一般是对文件、资料或电子数据等进行强行调取、查阅；查封一般针对不动产或不易移动的财产，通过贴封条的方式禁止相关人员进行处置或处分；扣押一般针对动产，通过改变其存放地的方式限制转移或处分，查封与扣押的目的在于确保相关财务处于监察机关的控制之下。

1. 适用范围

调取、查封与扣押措施获取的书证、物证以及视听资料等证据材料通常是案件调查中的基础性证据，属于一般调查措施，因此在涉嫌职务违法或职务犯罪案件中皆可适用。同时，调取、查封与扣押不限于被调查人的财物、文件、电子数据等信息，与职务违法犯罪案件有关的信息皆可采取该项措施。同时，查封、扣押财物，应当为被调查人及其所扶养的亲属保留必需的生活费用和物品。

2. 法定程序

（1）经过批准。采取调取、查封、扣押措施的，必须经监察机关相关负责人审批，并开具《调取证据通知书》或《查封/扣押通知书》。

（2）持证进行。执行调取、查封、扣押措施时，应当由两名以上调查人员持工作证件和文书，并有持有人或者保管人、见证人在场。

（3）收集原物原件。采取调取、查封、扣押措施，应当收集原物原件。查封、扣押不动产、车辆、船舶等财物，可以扣押其权利证书，经拍照或者录像后原地封存。对书证、视听资料、电子数据，应当调取原件。取得原件确有困难的，可以调取副本或者复制件，但也应采用一定方式对原件加以固定。

（4）依法开具清单，办理调取、查封、扣押手续。监察机关调查人员应会同持有人或者保管人、见证人，当面逐一拍照、登记、编号，开列清单，由在场人员当场核对、签名，并将清单副本交财物、文件的持有人或者保管人。

（5）妥善保管。对调取、查封、扣押的财物、文件，监察机关应当设立专用账户、专门场所，确定专门人员妥善保管，严格履行交接、调取手续，定期对账核实，不得毁损或者用于其他目的。对价值不明物品应当及时鉴定，专门封存保管。

3. 查封、扣押的解除

对查封、扣押的财物、文件，应当及时进行核查。经查明与案件无关的，经审批，应当在查明后三日以内解除查封、扣押，予以退还。由于《监察法》没有明确查封、扣押的期限，因此只有在经过调查，确定相关财物、文件资料等与案件无关的情形下，才能解除查封、扣押。与案件无关大致包括以下情形：一是经查，被调查人没有职务违法或职务犯罪行为；二是查封、扣押的场所、设施、财物或文件等与职务违法行为或职务犯罪行为无关；三是监察机关对职务违法或职务犯罪行为已经作出处理决定，不再需要进行查封、扣押。

（八）勘验检查

勘验检查是指运用科学的方法与专业的知识对与职务违法或职务犯罪有关的场所、物品、人身、尸体、电子数据等进行勘察、检验或者检查，并得出结论的调查措施。勘验主要是对职务违法或职务犯罪行为发生的空间以及行为对客观物质环境造成的影响变化，运用科学技术手段进行勘察和检验；检查是指调查人员对案件相关人员的生理特征、生理状态、伤害情况进行的检验和查看。

1. 勘验检查的主体

勘验检查的主体包括两类。第一类是监察机关的工作人员，其作出的勘验检查行为是基于监察机关的职务授权。第二类是当调查人员不具备勘验检查的专业技术时，由监察机关委托具有专门知识、勘验检查资格的单位（人员）办理。如在调查公职人员重大责任事故罪中，对不符合质量要求的建筑物进行勘察，则需要专业的技术人员进行。调查人员或其他具有专门知识、资格的单位（人员）进行勘验检查时应保持中立、客观，确保勘验检查结论的准确性。

2. 勘验检查具体措施

《监察法》明确了监察机关及调查人员可以进行勘验检查，但并没确定勘验检查的具体措施。参照《刑事诉讼法》以及监察调查的实践，勘验检查的具体措施包括现场勘验，物证、书证检验，人身检查、辨认，等等。

3. 勘验检查笔录

调查人员或其他勘验检查人员应当将勘验检查的情况，制作勘验检查笔录，主要包括勘验检查的时间、地点、对象、目的、经过和结果等。勘验检查笔录由参加勘验检查的人和见证人签名或盖章。

（九）鉴定

鉴定是指监察机关在调查过程中，指派、聘请有专门知识的人对于职务违法或职务犯罪案件中的专门问题进行鉴定并出具鉴定意见以及签名的调查措施。鉴定是监察机关为了查明案情，解决案件中某些专业性、技术性问题的重要方法，大致包括（1）对笔迹、印刷文件、污损文件、制成时间不明的文件和以其他形式表现的文件等进行鉴定；（2）对案件中涉及的财务会计资料及相关财物进行会计鉴定；（3）对被调查人、证人的行为能力进行精神病鉴定；（4）对人体造成的损害或者死因进行人身伤亡医学鉴定；（5）对录音录像资料进行鉴定；（6）对因电子信息技术应用而出现的材料及其派生物进行电子证据鉴定；等等。

1. 鉴定的主体

鉴定的主体即鉴定人，是具有专门知识且经过监察机关指派或者聘请的就专门性问题进行鉴别的专业技术人员。根据《全国人民代表大会常务委员会关于司法鉴定管理问题的决定》第四条规定，“具备下列条件之一的人员，可以申请登记从事司法鉴定业务：（一）具有与所申请从事的司法鉴定业务相关的高级专业技术职称；（二）具有与所申请从事的司法鉴定业务相关的专业执业资格或者高等院校相关专业本科以上学历，从事相关工作五年以上；（三）具有与所申请从事的司法鉴定业务相关工作十年以上经历，具有较强的专业技能。因故意犯罪或者职务过失犯罪受过刑事处罚的，受过开除公职处分的，以及被撤销鉴定人登记的人员，不得从事司法鉴定业务。”

2. 鉴定意见

鉴定人进行鉴定后，应当出具鉴定意见，并且签名。鉴定分专业领域进行，如笔迹鉴定、生物指纹研究领域、法医学领域等，各行业领域专家对案件中的专门性问题所出具的专门性科学鉴别意见则称之为鉴定意见。2012 年修正《刑事诉讼法》时，将作为证据材料之一的“鉴定结论”改为“鉴定意见”。鉴定意见是鉴定人对特定专门问题的主观判断，与鉴定人的能力水平、鉴定过程、鉴定依据、检材来源等因素密切相关，因此将其从“结论”修改为“意见”具有合理性与科学性。监察机关应当为鉴定提供必要条件，但不得暗示或者强迫鉴定人作出某种鉴定意见。同时，鉴定人要对自身作出的判断和意见负责，代表的是个人观点，因此鉴定人应当在出具的鉴定意见上签名，并附鉴定机构和鉴定人的资质证明或者其他证明文件。多个鉴定人的鉴定意见不一致的，应当在鉴定意见上记明分歧的内容和理由，并且分别签名。

（十）技术调查

技术调查是指在涉嫌重大贪污贿赂等职务犯罪案件中，监察机关提请公安机关等运用特殊侦查权力，通过现代科学技术和手段收集犯罪证据的一项调查措施，包括但不限于电话监听、电子监控，电子侦听，秘密录音录像，秘密跟踪，用机器设备排查、传输个人数据等。

1. 适用范围

技术调查措施适用的前提是“涉嫌重大贪污贿赂等职务犯罪”。重大贪污贿赂等职务犯罪是指具有下列情形之一：一是案情重大复杂，涉及国家利益或者重大公共利益的；二是被调查人可能被判处十年以上有期徒刑、无期徒刑或者死刑的；三是案件在全国或者本省、自治区、直辖市范围内有较大影响的。随着社会发展，职务犯罪手段越来越多样化、隐蔽化与智能化，不采取技术调查措施往往不能查清事实，但采取技术调查措施往往是在当事人不知晓的情形下运用技术设备秘密调查、秘密取证，往往与公民的基本权利如隐私权相冲突。因此，只有在涉嫌重大犯罪案件中采取技术调查手段，才具有正当性，但也不得超出必要的限制。

2. 限制条件

其一，技术调查措施的采用必须遵循必要性原则，只有在无法使用常规调查手段或常规调查手段无法查清事实时，才能考虑运用技术调查措施。其二，采用技术调查措施还应当遵循审慎原则，即在行使调查权进行反腐败与保护个人利益之间保持适度的平衡，在能够查清事实的基础上，监察人员应当根据案件情况选择对调查人或涉案人员权利侵害较小的调查措施。

3. 决定机关与执行机关

技术调查措施的适用采取的是决定机关与执行机关相分离的原则，技术调查措施的决定机关是监察机关，执行机关一般是公安机关等部门。技术调查措施的采取是监察机关办理职务违法和职务犯罪案件时与公安机关等执法部门“互相配合，互相制约”原则的体现。技术调查措施的具体执行机构主要是公安机关等。技术调查措施具有较强的隐蔽性、专业性和技术性，而公安机关具有执行调查措施的能力。对于技术调查措施，采取申请、批准、执行相分离的模式体现了权力的有效分工与制约，有助于保护公民的合法权益。

4. 适用的对象

一般情形下，技术调查措施的适用对象应限于被调查人以及与犯罪活动有直接关联的人，如行贿者、共同犯罪的行为人等，不能将与被调查人或涉案人员单纯社会交往密切的人员也采取技术调查措施。同时，若需要依法变更技术调查措施种类或者增加适用对象的，监察机关应当重新办理报批和委托手续，依法送交有关机关执行。

5. 批准程序与决定

《监察法》对采取技术调查措施的批准程序没有具体明确。总的来说，采取技术调查措施必须依照规定，履行严格的审批手续，在批准与否上一定认真审查、严格把关，要审查采取技术调查措施对这一案件是否必须，对可以通过其他调查途径解决问题的应当采取其他途径解决。

6. 技术调查措施的执行与期限

技术调查措施的有效期自决定书签发之日起三个月以内有效；对于复杂、疑难案件，期限届满仍有必要继续采取技术调查措施的，经过批准，有效期可以延长，每次不得超过三个月。对于不需要继续采取技术调查措施的，应当及时解除。

（十一）通缉

通缉是指由监察机关对应当留置的在逃被调查人作出通缉决定，由公安机关发布通缉令并采取追捕措施，将被调查人追捕归案的紧急措施。

1. 通缉的决定机关与执行机关

通缉措施的适用采取的是决定机关与执行机关相分离的原则，通缉措施的决定机关是监察机关，通缉措施的执行机关是公安机关。通缉措施的采取是监察机关办理职务违法和职务犯罪案件与公安机关等执法部门“互相配合，互相制约”原则的体现。

2. 通缉的对象

通缉主要是针对本应留置却在逃的被调查人作出的追捕决定，应当具备以下条件：一是被通缉的人必须是涉嫌职务违法或职务犯罪的被调查人；二是对被调查人依法应当采取留置；三是被调查人因逃避调查已经逃跑。《监察法》规定，对涉嫌行贿犯罪或者共同职务犯罪的涉案人员，监察机关可以采取留置措施，因此，为尽快查清事实，对涉嫌行贿犯罪或者共同职务犯罪的涉案人员应当留置但在逃的，也应可以采取通缉措施。

3. 通缉的程序

一是监察机关决定通缉。各级监察机关只能在本行政区域内适用通缉措施，通缉范围超出本行政区域范围的，应当报有决定权的上级监察机关决定，送交同级公安机关执行。

二是公安机关制作、发布通缉令。县级以上公安机关在自己的辖区范围内，可以直接发布通缉令。超出管辖范围的，应当报请有决定权的上级公安机关发布。公安机关可以在网络、报纸、新媒体等多种载体上发布。

三是公安机关布置稽查。公安机关可以通过网上追逃、边防布控以及发动群众提供线索等多种方式进行追捕。

通缉令中附有被通缉人的详细身份信息，对被通缉人的隐私权、名誉权会造成较大影响，因此监察机关决定采取通缉措施时，应当遵循法定的条件和程序。同时，被调查人投案自首、被抓获或者有其他不需要再采取通缉措施的，发布机关应当撤销通缉令。

（十二）限制出境

限制出境是指监察机关为防止被调查人以及相关人员逃匿到境外，对被调查人及相关人员采取的禁止其离开国土（国境）的措施。出境权和出境自由是多项国际公约明确的公民基本权利之一，联合国大会分别于 1948 年 12 月和 1966 年 12 月通过了《世界人权宣言》和《公民权利和政治权利国际公约》，明确规定，人人有权离开任何国家，包括其本国在内，并有权返回他的国家。因此，采取限制出境措施应当符合法定条件并按照法定程序来进行。

1. 决定机关与执行机关

限制出境的适用采取的是决定机关与执行机关相分离的原则。限制出境的决定机关是监察机关，但省级以下（不包括省级）监察机关采取限制出境措施的，需要经省级以上（含省级）监察机关批准。执行机关是公安机关，由移民管理部门具体实施。限制出境措施的采取是监察机关办理职务违法和职务犯罪案件与公安机关等执法部门“互相配合，互相制约”原则的体现。

2. 适用对象包括被调查人及相关人员

限制出境措施是对公民人身自由在一定范围内的限制，适用对象较为宽泛。既包括涉嫌职务违法与职务犯罪的被调查人，也包括涉嫌行贿犯罪或者共同职务犯罪的涉案人员，以及与案件有关的其他相关人员。

3. 适用条件

限制出境措施的采用应遵循“必要性原则”，即并非对所有涉嫌职务违法与职务犯罪的被调查人及相关人员都采取限制出境措施，而应根据实际情况，对于有证据证明确有可能逃匿境外的被调查人及相关人员才能限制出境。

4. 适用程序

一是批准程序。立法对采取限制出境措施规定了较为严格的审批主体和程序，即必须由省级以上监察机关批准才能采取限制出境措施，防止该措施的随意适用对公民合法权益造成侵犯。二是执行程序。监察机关作出限制出境措施的决定后交由公安机关移民管理部门执行。《采取限制出境措施决定书》应载明被限制出境人员的具体信息、限制出境的期限等。限制出境措施有效期不超过三个月，到期自动解除。一般来说限制出境可以采取以下措施：一是移民管理部门不予批准其出境申请；二是若已经获得出境许可，移民管理部门可阻止其离境。

在案件调查过程中，若出现案件被撤销、相关人员死亡等不需要继续采取限制出境措施的，监察机关应当及时决定解除限制出境措施，并通知公安机关予以解除。

课后练习

1. 监察调查的内容是什么？
2. 请说明监察调查的具体措施及其内容。

3. 监察监督中的谈话和监察调查中的谈话有何区别?

4. 监察调查中适用留置措施的条件是什么?

核心法条

《中华人民共和国监察法》

第二十二条 被调查人涉嫌贪污贿赂、失职渎职等严重职务违法或者职务犯罪，监察机关已经掌握其部分违法犯罪事实及证据，仍有重要问题需要进一步调查，并有下列情形之一的，经监察机关依法审批，可以将其留置在特定场所:

(一) 涉及案情重大、复杂的;

(二) 可能逃跑、自杀的;

(三) 可能串供或者伪造、隐匿、毁灭证据的;

(四) 可能有其他妨碍调查行为的。

对涉嫌行贿犯罪或者共同职务犯罪的涉案人员，监察机关可以依照前款规定采取留置措施。

留置场所的设置、管理和监督依照国家有关规定执行。

第二十四条 监察机关可以对涉嫌职务犯罪的被调查人以及可能隐藏被调查人或者犯罪证据的人的身体、物品、住处和其他有关地方进行搜查。在搜查时，应当出示搜查证，并有被搜查人或者其家属等见证人在场。

搜查女性身体，应当由女性工作人员进行。

监察机关进行搜查时，可以根据工作需要提请公安机关配合。公安机关应当依法予以协助。

第二十八条 监察机关调查涉嫌重大贪污贿赂等职务犯罪，根据需要，经过严格的批准手续，可以采取技术调查措施，按照规定交有关机关执行。

批准决定应当明确采取技术调查措施的种类和适用对象，自签发之日起三个月以内有效；对于复杂、疑难案件，期限届满仍有必要继续采取技术调查措施的，经过批准，有效期可以延长，每次不得超过三个月。对于不需要继续采取技术调查措施的，应当及时解除。

《中华人民共和国监察法实施条例》

第五十五条 监察机关在初步核实中，可以依法采取谈话、询问、查询、调取、勘验检查、鉴定措施；立案后可以采取讯问、留置、冻结、搜查、查封、扣押、通缉措施。需要采取技术调查、限制出境措施的，应当按照规定交有关机关依法执行。设区的市级以下监察机关在初步核实中不得采取技术调查措施。

开展问责调查，根据具体情况可以依法采取相关监察措施。

第四节 监察处置

一、监察处置的概念与基本内容

监察处置是监察机关根据监督调查结果依法处理的活动。按照监督、调查、处置的职责分类来看，监察处置是监察机关办理案件的最后一环。按照《监察法》的规定，监察机关针对监督、调查的结果，根据案件属于“四种形态”的不同情况依法作出相应的处理决定，具体包含对有职务违法行为但情节较轻的公职人员进行批评教育，对违法的公职人员依法作出政务处分决定，对履行职责不力、失职失责的领导人员进行问责，对涉嫌职务犯罪的案件将调查结果移送人民检察院依法审查、提起公诉，向监察对象所在单位提出监察建议以及撤销案件。

二、监察处置的基本原则

（一）依法处置原则

监察权的行使应当在法律规定的范围内行使，监察处置亦不例外。监察机关应当对涉嫌职务违法、职务犯罪案件严格依规依纪依法审核把关，提出处理的意见，做到事实清楚、证据确凿、定性准确、处理恰当、手续完备、程序合规。同时，监察机关立案调查案件，在调查过程中或调查终结后，如果发现监察对象的行为已经构成犯罪，监察机关应就事实作出涉嫌犯罪的评价，并及时移送司法机关处理，[①] 无权自行作出处理。

（二）集体审议原则

处置必须坚持民主集中制原则，集体讨论决定，不允许任何个人或者少数人决定和批准。要在民主讨论的基础上形成处理意见，对争议较大的应当及时报告，形成一致意见后再作出决定。案件审理部门根据案件审理情况，如有需要，应当与被审查调查人谈话，核对违纪或者职务违法、职务犯罪事实，听取辩解意

---

① 江国华，彭超．国家监察立法的六个基本问题．江汉论坛，2017（2）：118－124.

见，了解有关情况。

（三）审查调查与审理相分离原则

对于如何监督监督者的问题，监察法采取了一系列的措施，例如为监察权的行使设定法定程序、设立内部专门的监督机构等，以及确立监察机关内设部门分工合作、互相监督的原则，即监察机关应当严格按照程序开展工作，建立问题线索处置、调查、审理各部门相互协调、相互制约的工作机制。纪检监察机关案件审理部门对涉嫌违纪或者职务违法、职务犯罪问题，坚持审查调查与审理相分离的原则，审查调查人员不得参与审理。

三、监察处置的类型

（一）教育诫勉

监察机关对有职务违法行为但情节较轻的公职人员，按照管理权限，直接或者委托有关机关、人员，进行谈话提醒、批评教育、责令检查，或者予以诫勉。上述方式可以单独使用，也可以依据规定合并使用。

前述处置类型主要是由于公职人员的违法情节较轻，对其进行批评教育、责令检查或者诫勉谈话等措施可以达到纠正违法行为的目的。体现了监察处置中教育与惩处相结合的原则和“惩前毖后、治病救人”的方针。

（二）政务处分

政务处分是指监察机关依照《公职人员政务处分法》的规定，对涉嫌职务违法的公职人员依照法定程序作出警告、记过、记大过、降级、撤职、开除等处分决定，监察机关作出的政务处分决定应当与职务违法行为的性质、情节与危害程度相适应。

政务处分是监察体制改革后新出现的一个概念。在监察体制改革之前，对于国家工作人员或公务员等的违纪违法行为因身份不同是由不同的组织予以处理的。对于党组织或党员违反党章和其他党内法规，违反国家法律法规，违反党和国家政策，违反社会主义道德，危害党、国家和人民利益的行为，由党的纪律检查机关作出党纪处分；对于公务员违反行政纪律或国家法律的行为，由公务员主管部门如行政机关、法院、检察院依法给予行政处分进行惩戒，国家机关工作人员若涉嫌职务犯罪、依法应当追究刑事责任的，由检察机关进行立案侦查并作出是否起诉的决定。“由于违法违纪人员往往不止拥有一种身份，需要跨域不同的监督机关处理违法违纪甚至犯罪行为，如遵循监察体制改革前的监督体系，纪法责任分别由不同的机关追究，容易出现协调机制不畅、信息难以共享等问题，公权力监督的有效性大打折扣。”[①] 监察体制改革之后，对公职人员的职务违法与职务犯罪行为统一由监察机关调查处置，同时党的纪律检查机关与国家监察机关合署办公，实现了追究公职人员违纪、职务违法、职务犯罪行为的有效衔接，解决了由不同机关进行责任追究下出现类似于“党员干部带着党籍蹲监狱”等问题。

《监察法》实施后，创设了“政务处分”概念，对监察机关追究职务违法行为的后果进行了明确。政务处分概念较之于之前的政纪处分，具有以下特征：首先，政务处分的适用范围更广。根据《监察法》第十五条的规定，监察对象包括一切行使公权力的公职人员，较之于公务员或国家机关工作人员的概念，范围更广。其次，政务处分产生后，能更好地与党纪处分、刑事责任追究制度衔接起来。最后，政务处分概念产生后，《公务员法》仍保留了行政处分的概念，二者有明确的区别。

1. 党纪处分与政务处分的衔接

党纪处分是指党组织和党员出现违反党章和其他党内法规，违反国家法律法规，违反党和国家政策，违反社会主义道德，危害党、国家和人民利益，依照规定应当给予纪律处分的行为。对党员的纪律处分种类有警告、严重警告、撤销党内职务、留党察看、开除党籍。党纪处分与政务处分是完全不同的处分类型，二者在作出主体、处分性质、处分内容等方面有明显的区别，但由于党的纪律检查委员会与监察委员会合署办公，有必要厘清党纪处分与政务处分的衔接问题。从程序来看，本着纪在法前、把纪律挺在法律的前面的原则，公职人员中的中共党员严重违犯党纪涉嫌犯罪的，应当由党组织先作出党纪处分决定，并由监察机关依法给予政务处分后，再依法追究其刑事责任。非中共党员的公职人员涉嫌犯罪的，应当先由监察机关依法给予政务处分，再依法移送审查起诉并追究其刑事责任。从内容来看，为了解决党纪处分与政务处分之间的衔接问题，给予中共党员政务处分时，一般应当与党纪处分的轻重程度相匹配。如受到撤销党内职务、留党察看处分的，如果担任公职，应当依法给予其撤职等政务处分。严重违纪违法或犯罪的公职人员必须依法开除公职的，也应当开除党籍。由此可见，监察体制改革后，对公职人员的违纪、职务违法与职务犯罪行为的责任追究实现了严密衔接与体系化建设。

---

① 朱福惠. 国家监察法对公职人员纪律处分体制的重构. 行政法学研究，2018（4）：24－37.

2. 政务处分与行政处分的区别

行政处分是指公务员主管部门对于本机关工作人员的违法违纪行为进行惩戒的方式，包括警告、记过、记大过、降级、撤职、开除等处分类型。从处分种类来看，行政处分的类型与政务处分的类型相同，在监察体制改革后，对于政务处分与行政处分是替代还是并列关系等引发了系列讨论。2018 年 12 月 29 日修订通过、2019 年 6 月 1 日起施行的《公务员法》第六十二条仍然保留了行政处分的类型，而第六十一条明确了政务处分与行政处分的关系，规定："公务员因违纪违法应当承担纪律责任的，依照本法给予处分或者由监察机关依法给予政务处分；违纪违法行为情节轻微，经批评教育后改正的，可以免予处分。对同一违纪违法行为，监察机关已经作出政务处分决定的，公务员所在机关不再给予处分。"同时根据《监察法》的规定，监察机关是处置职务违法行为的专责机关，其他国家机关在工作中发现的职务违法等线索要进行移送。《监察法》第三条规定，各级监察委员会是行使国家监察职能的专责机关，依照本法对所有行使公权力的公职人员进行监察，调查职务违法和职务犯罪，开展廉政建设和反腐败工作，维护宪法和法律的尊严。《监察法》第三十四条规定："人民法院、人民检察院、公安机关、审计机关等国家机关在工作中发现公职人员涉嫌贪污贿赂、失职渎职等职务违法或者职务犯罪的问题线索，应当移送监察机关，由监察机关依法调查处置。"由此需要明确的是，行政处分的适用范围即公务员主管部门与监察机关的权限分工，监察机关主要着眼于对公职人员职务违法或职务犯罪行为的监督，公务员主管部门主要着眼于对公务员的工作纪律、日常管理等行为的监督。因此，监察机关的监督应当认清职责、找准定位，不发散、不泛化。

（三）监察问责

监察问责是指监察机关对不履行或者不正确履行职责负有责任的领导人员，按照管理权限对其直接作出问责决定，或者向有权作出问责决定的机关提出问责建议的行为。

监察问责制度在《监察法》中首次确立，是对党内问责制度与行政问责制度的借鉴。从党内问责制度来看，为了加强对党的领导干部的管理和监督，2009 年 6 月专门印发《关于实行党政领导干部问责的暂行规定》，对党内问责制度进行初步规定。此后，问责制度成为全面从严治党的重要抓手，中共中央颁布《中国共产党问责条例》，对党内问责制度进行了全面、系统的规定。有关行政问责尚未形成统一的立法，而是散见于不同的单行法规定中。

1. 问责的性质

问责的实质是追究领导责任。问责的原因是领导人员不履行或不正确履行职责，具体表现在领导人员存在履行职责不力、失职失责行为，该发现问题的没有发现，发现问题不报告不处置，玩忽职守、贻误工作，导致其所负责的公职机关、人员及相关单位、人员出现职务违法行为与职务犯罪的情形，因而需要追究的领导责任。因此，问责并不是由于领导人员本身出现了违纪、职务违法或职务犯罪行为，而是由于他们对本单位或部门的廉政建设或反腐倡廉负有领导责任，因而要追究其法律责任。

2. 问责的主体与对象

问责的主体是有权作出问责决定的机关，一是监察机关，二是经监察机关的建议作出问责决定的机关。“一般情况下，监察机关可以直接对有关领导人员作出问责决定，但是，对于部分单位的领导人员，监察机关可能无权作出问责决定，此时即需向有权作出问责决定的机关提出问责建议。”① 如基层群众自治组织中从事管理的人员负有领导责任时，由于基层群众自治组织是经过选举产生的自我管理与自我服务的自治组织，不属于国家机关或国家的事业单位等，因此监察机关一般不能直接进行问责，而是应向其所在基层自治组织或其上级主管部门提出问责建议。问责的对象是领导干部，既不是国家机关或有关组织的一般工作人员，也不是其所在单位。推进全面从严治党要抓住领导干部这个“关键少数”，把问责作为管党治党的利器，对在党和国家事业中失职失责的领导干部进行问责。

3. 问责的内容

对于问责的具体内容，《监察法》没有作出明确规定。对此，《监察法实施条例》参照《中国共产党问责条例》《关于实行党政领导干部问责的暂行规定》等文件规定，监察机关对不履行或者不正确履行职责造成严重后果或者恶劣影响的领导人员，可以按照管理权限采取通报、诫勉、政务处分等方式进行问责，以及提出组织处理的建议。

（四）移送审查起诉

移送审查起诉是指监察机关认为犯罪事实清楚，证据确实、充分的，制作起诉意见书，并连同案卷材料证据一并移送人民检察院依法进行全面审查，由人民

---

① 秦前红. 监察法学教程. 北京：法律出版社，2019：359－360.

检察院决定是否将被调查人交付人民法院审判的诉讼活动。由监察机关调查案件移送检察院审查起诉，避免了监察体制改革之前，检察机关对职务犯罪按照既行使侦查权，又行使批捕、起诉等权力，缺乏有效监督的情况。移送审查起诉相较于其他处置方式最大的特征在于，移送审查起诉并非对被调查人的实体性处理，而是程序性处置。移送审查起诉既包括监察机关向人民检察院移送涉嫌职务犯罪的案卷材料和证据，也包括监察机关变更对被调查人采取的强制措施，还包括移送相关的款物，标志着刑事诉讼程序由调查程序向公诉程序推进。

1. 移送审查起诉的前提

监察机关将案件移送检察机关依法审查起诉，必须经过正式立案并完成调查程序。凡是需要移送审查起诉的案件均涉及被调查人的职务犯罪行为，如果不经过正式立案并采取相关调查措施，很难取得充分的证据用以证明犯罪事实。监察机关经过调查程序收集的证据材料移送后检察机关要进行审查，还可以根据《刑事诉讼法》的规定进行非法证据排除。因此，移送审查起诉的前提必须是经过立案调查并收集完整的证据材料。经过调查，只有被调查人涉嫌职务犯罪时才有可能被移送人民检察院，仅存在职务违纪违法、不涉嫌职务犯罪的被调查人，不符合移送审查起诉条件。

2. 移送审查起诉标准

监察机关移送案件的标准应当与公安机关移送案件以及检察院审查起诉案件的标准一致，即均须达到“犯罪事实清楚，证据确实、充分”的标准，这体现了监察程序与刑事诉讼程序的有效衔接。① 监察案件调查终结后面临两次内部审查：一次是调查部门对收集到的证据材料进行审查，如果认为案件事实清楚、证据确实充分，需要追究刑事责任的，则由部门负责人决定移送案件审理部门审核；另一次是案件审理部门审核结束，认为案件事实清楚证据确实充分的，提交监察机关领导集体讨论决定是否移送司法程序。这两次审查标准相同，类似于刑事案件侦查终结、移送起诉和定罪的标准，这样的高标准可以防止把不应追究刑事责任的人移送至司法程序，保护被调查对象的合法权利，具有一定的合理性。② 值得注意的是，犯罪事实是否清楚，证据是否确实、充分的评判标准由监察机关掌握。因此，只要监察机关经过调查和审理认为符合上述条件，便可将案件移送检察院。与此同时，检察院在提起公诉前必须履行审查职责，故而其是否认为犯罪事实清楚，证据确实、充分，属于人民检察院公诉权范畴，并不受监察

① 马怀德. 监察法学. 北京：人民出版社，2019：184.

② 叶青. 监察机关调查犯罪程序的流转与衔接. 华东政法大学学报，2018（3）：18－27.

机关移送的影响；人民检察院认为证据不足可以依法退回补充调查，监察机关应当积极开展补充调查工作。进一步讲，法院作为司法审判机关依照法律独立行使审判权，故而被调查人究竟是否会被判处刑事处罚，还需由法院最终裁决。

3. 移送审查起诉的对象

移送审查起诉的对象主要包括以下几项：一是涉嫌职务犯罪的被调查人。被调查人被检察机关采取强制措施后，被称为“犯罪嫌疑人”。二是监察机关制作的起诉意见书。三是案卷材料。四是用以证明有关案件事实的证据材料。必须强调的是，监察机关一旦将案件正式转交人民检察院，便意味着案件脱离监察程序并进入司法程序，后续一应事务属于检察机关公诉权范畴。以起诉意见书为例，这里监察机关制作的起诉意见书，是监察机关调查终结后认为被调查人构成犯罪，故而向检察院提出追究被调查人刑事责任的意见书，其与检察院审查提起公诉时向法院提出的公诉意见书有着本质差异。五是涉嫌犯罪取得的财物。根据《监察法》第四十六条的规定：监察机关经调查，对违法取得的财物，依法予以没收、追缴或者责令退赔；对涉嫌犯罪取得的财物，应当随案移送人民检察院。

（五）监察建议

监察建议，是指监察机关依法根据监督、调查结果，针对监察对象所在单位廉政建设和履行职责存在的问题等，向相关单位和人员就其职责范围内的事项提出的具有一定法律效力的建议。

1. 监察建议的对象

监察建议的适用对象是监察对象所在的单位，并非作为监察对象的个体。监察机关提出监察建议的主要目的是“通过分析案件发生的原因、特点、规律，找出监察对象所在单位制度和管理等方面存在的问题和漏洞，提出监察建议，促使有关单位增强全面从严治党的主体责任，有效加强监督管理、完善制度、健全机制，预防职务违法和职务犯罪行为的发生”①。

2. 监察建议的适用情形

监察机关出具监察建议，主要是由于相关单位的廉政建设和履行职责存在某些问题需要指出或纠正。一般来说，“监察机关遇到下列情形时，可以提出监察建议：拒不执行法律、法规或者违反法律、法规，应当予以纠正的；有关单位作出的决定、命令、指示违反法律法规或者国家政策，应当予以纠正或者撤销的；

---

① 高伟. 监察建议运用研究. 中国纪检监察报，2018－05－23（8）.

给国家利益、集体利益和公民合法权益造成损害，需要采取补救措施的；录用、任免、奖惩决定明显不适当，应当予以纠正的；依照有关法律、法规的规定，应当给予处罚的；需要完善廉政建设制度的；等等”[①]。

3. 监察建议的法律效果

监察建议是具有一定法律效力的建议，不同于一般的监察机关提出的工作建议。《监察法》第六十二条规定，有关单位拒不执行监察机关作出的处理决定，或者无正当理由拒不采纳监察建议的，由其主管部门、上级机关责令改正，对单位给予通报批评；对负有责任的领导人员和直接责任人员依法给予处理。

课后练习

1. 监察处置有哪几种类型？
2. 党纪处分和政务处分是如何衔接的？
3. 请说明监察建议的对象、适用情形以及法律效果。

核心法条

《中华人民共和国监察法》

第三十四条 人民法院、人民检察院、公安机关、审计机关等国家机关在工作中发现公职人员涉嫌贪污贿赂、失职渎职等职务违法或者职务犯罪的问题线索，应当移送监察机关，由监察机关依法调查处置。

被调查人既涉嫌严重职务违法或者职务犯罪，又涉嫌其他违法犯罪的，一般应当由监察机关为主调查，其他机关予以协助。

第四十五条 监察机关根据监督、调查结果，依法作出如下处置：

（一）对有职务违法行为但情节较轻的公职人员，按照管理权限，直接或者委托有关机关、人员，进行谈话提醒、批评教育、责令检查，或者予以诫勉；

（二）对违法的公职人员依照法定程序作出警告、记过、记大过、降级、撤职、开除等政务处分决定；

（三）对不履行或者不正确履行职责负有责任的领导人员，按照管理权限对其直接作出问责决定，或者向有权作出问责决定的机关提出问责建议；

① 中共中央纪律检查委员会法规室，中华人民共和国国家监察委员会法规室.《中华人民共和国监察法》释义. 北京：中国方正出版社，2018：208.

（四）对涉嫌职务犯罪的，监察机关经调查认为犯罪事实清楚，证据确实、充分的，制作起诉意见书，连同案卷材料、证据一并移送人民检察院依法审查、提起公诉；

（五）对监察对象所在单位廉政建设和履行职责存在的问题等提出监察建议。

监察机关经调查，对没有证据证明被调查人存在违法犯罪行为的，应当撤销案件，并通知被调查人所在单位。

《中华人民共和国监察法实施条例》

第二百零一条 监察机关对于公职人员有职务违法行为但情节较轻的，可以依法进行谈话提醒、批评教育、责令检查，或者予以诫勉。上述方式可以单独使用，也可以依据规定合并使用。

谈话提醒、批评教育应当由监察机关相关负责人或者承办部门负责人进行，可以由被谈话提醒、批评教育人所在单位有关负责人陪同；经批准也可以委托其所在单位主要负责人进行。对谈话提醒、批评教育情况应当制作记录。

被责令检查的公职人员应当作出书面检查并进行整改。整改情况在一定范围内通报。

诫勉由监察机关以谈话或者书面方式进行。以谈话方式进行的，应当制作记录。

第二百零五条 监察机关依法向监察对象所在单位提出监察建议的，应当经审批制作监察建议书。

监察建议书一般应当包括下列内容：

（一）监督调查情况；

（二）调查中发现的主要问题及其产生的原因；

（三）整改建议、要求和期限；

（四）向监察机关反馈整改情况的要求。

第六章　监察程序

监察程序是指监察机关行使监察职权的过程和次序。[①] 我国《监察法》在第五章以专章的形式对监察程序作出了规定，包括：问题线索管理和处置程序、监察立案程序、调查程序、处置程序等。在此基础之上，《监察法实施条例》第五章紧紧围绕规范监察权运行构建监察程序，将监察法规定的监察程序分解为线索处置、初步核实、立案、调查、审理、处置、移送审查起诉七个具体环节，在各环节中贯通落实法治原则和从严要求，形成执纪执法贯通、有效衔接司法，权责清晰、流程规范、制约有效的程序体系。[②]

第一节　监察程序概述

程序是法治的基石。法律程序通常被视为人治与法治的分水岭，是法治进步的时代标志和基本推动力。[③] 尤其是在公法领域，程序正当原则作为普遍性的原则在行政法、刑法等诸多部门法领域均有体现，对监察法而言也不例外。从规制公权力行使的角度而言，规范监察程序不仅可以有效实现对监察机关行使监察权

① 秦前红. 监察法学教程. 北京：法律出版社，2019：289.

② 学习贯彻监察法实施条例 完善中国特色监察体制的重要举措. https://www.ccdi.gov.cn/toutiaon/202109/t20210923_147013.html.

③ 《行政法与行政诉讼法学》编写组. 行政法与行政诉讼法学. 2 版. 北京：高等教育出版社，2018：235.

的监督和制约，“把权力关进制度的笼子里”；而且可以同时实现对监察对象、被调查人以及其他相关人员的权利保障。

一、监察程序概况

监察程序是指监察机关在依法履行监察职责、行使监察职权的监察活动中所应当符合或者予以遵守的被法律规范化了的时限和空间（步骤与方式）、过程及其相关制度的规定。[①]

《监察法》以设置专章的形式（第五章共十五条）对监察程序作出了较为详尽的规定，主要包括：问题线索管理和处理程序、监察立案程序、调查程序和处置程序等。当然，除了第五章的专章规定之外，在第四章“监察权限”等其他章节中，也一并规定了很多程序性条款，例如第二十条的规定中就包含典型的程序性条款。总体来看，与程序相关的条款占到了《监察法》总篇幅的一半以上，充分显示了程序法治在监察工作中占有非同一般的重要地位。[②]

类比行政程序的分类方式，可以按照不同标准对监察程序作出不同分类。例如，按照监察程序是否适用于监察对象、被调查人或其他相关人员，可将监察程序分为外部监察程序和内部监察程序。外部监察程序主要指的是调整和规范监察机关和监察相对人之间程序的规定，如作为监察调查措施的谈话程序、讯问程序、询问程序、留置程序等；内部监察程序一般指的是调整和规范监察机关之间或监察机关内部程序的规定，如监察机关自我监督中的登记备案程序、回避程序等。根据监察程序本身是否具有特殊性，可以将监察程序分为一般监察程序和特殊监察程序，前者包括在《行政法》《刑法》中均有所体现的搜查、扣押等程序，而后者主要指的是只出现在监察程序中的特殊程序，如留置程序等。另外，根据监察活动是否具有普遍约束力，可以将其分为抽象监察行为和具体监察行为，同样监察程序也可分为抽象监察行为程序和具体监察行为程序等。

二、监察程序的特征

监察程序的特征同样可分为一般性和特殊性。所谓监察程序特征的一般性指的是监察程序所遵循的公法程序的一般特征，主要包括法定性和正当性、空间性和时间性、权力性和权利性等。[③] 具体而言，法定性和正当性指的是监察程序由

① 马怀德. 监察法学. 北京：人民出版社，2019：216.
② 姜明安. 监察工作理论与实务. 北京：中国法制出版社，2018：66.
③ 《行政法与行政诉讼法学》编写组. 行政法与行政诉讼法学. 2版. 北京：高等教育出版社，2018：236.

《监察法》专门规定，具有明确的法律意义。空间性和时间性指的是监察机关实施的监察活动必须遵循一定的时间性和空间性要件，前者主要指一定的环节、步骤和方式等，后者主要指一定的时间、期限和顺序等。权力性和权利性主要指的是从监察程序的本质来看，它既以维护和保障监察机关及其行为的规范性、公正性、权威性和有效性为主旨，体现监察程序的权力性特征，又发挥着维护监察对象、被调查人及其他相关人员等监察相对人的知情、陈述、申辩等程序性权利的作用，体现监察程序的权利性特征。

监察程序特征的特殊性指的是监察程序为了服务于整个监察法律体系的反腐败职能而具有的不同于其他公法程序的独有特征。主要包括如下几条：首先，从内容上看，监察程序包括了从一般的监督程序到对职务违法与职务犯罪的调查程序，[①] 以及最终的监察处置程序。《监察法》第十一条明确规定，监察机关依法履行监督、调查和处置职责。因此，监察程序的基本内容也应完整涵盖监察机关行使监察权、履行监察职责的全过程，即监督程序、调查程序与处置程序。其次，从目的上看，监察程序是规范监察机关实施监察行为的约束性、强制性程序，也是对监察对象、被调查人和相关人员合法权益的保障性程序。所以，从公法程序权力性和权利性的一般特征出发，监察程序的目的同样具有双重性，即在法治轨道上推进反腐败工作和保障人权，两者相辅相成，不可偏废。最后，从形式上看，监察程序体现出监察体制独有的规则性。构建国家监察体制改革的政治基础和主基调是反腐败，[②] 监察委员会实质上是反腐败机构。为顺应反腐败的需要，作为监察体制一部分的监察程序，在形式上呈现出诸多独有的规制性。例如，在作为特殊监察程序的监察检察衔接程序中，有许多监察机关和检察机关之间互相配合、互相制约的程序设计。如《监察法》第四十七条。又如在监察立案程序中，不同于刑事立案程序，监察机关应向被调查人宣布立案调查决定，通知其家属及单位，并向社会公开。《监察法》第三十九条第三款明确规定："立案调查决定应当向被调查人宣布，并通报相关组织。涉嫌严重职务违法或者职务犯罪的，应当通知被调查人家属，并向社会公开发布。"这既是监察机关接受社会监督的一种方式，也是加强反腐败斗争宣传、形成持续震慑的一种手段。这些都体现了监察程序本身基于推进反腐败工作等目的所遵循的特殊性规则。

---

① 马怀德. 监察法学. 北京：人民出版社，2019：219.

② 于安. 反腐败是构建新国家监察体制的主基调. 中国法律评论，2017 (2)：13.

三、监察程序的功能

监察程序的功能有很多，可以按照功能的基本属性将其分为制度性功能和价值性功能。前者主要表现为监察程序的工具价值，即通过监察程序达到监察制度所意欲达到的外在目的，例如，为监察职责履行的公正和有序提供保障、为监察权力及其行为规范提供约束、为监察对象的权利提供保护等。[①] 后者主要表现为监察程序的内在价值，即通过监察程序的外在工具价值进而实现其根本价值。监察程序的根本价值在于通过监察程序实现程序正义和实体正义。

具体而言，监察程序的制度性功能又可细分为规范性和秩序性功能、协调性和整合性功能。从规范性和秩序性功能而言，借由监察程序所构筑的监察法律体系包括两大类规范体系，一个是对监察权这项公权力进行监督和制约的规范体系，另一个是对监察对象的合法权益进行保护和保障的规范体系。监察程序的很多规定都具有既有利于防范监察职权滥用的功能，又有利于保障公民合法权益的功能。[②] 从协调性和整合性功能而言，监察机关在行使监察职权时需要与审判机关、检察机关等互相配合、互相制约，因此监察程序也必须提供相应的协调与整合功能。这一点在监察程序中的监察检察衔接和证据制度中体现得尤为明显。

而监察程序的价值性功能其实就是对监察法高效反腐和人权保障两项最基本原则的呼应。首先，作为法律程序的一般性价值，程序正义也是监察程序所追求的根本价值。例如在监察调查程序中，在追求反腐调查高效性的同时，也需要关注程序正义。[③] 而在程序正义之外，就监察机关所肩负的反腐败职责而言，保证监察机关在行使监察权的过程中坚持程序正义的最终目的，也在于实现对腐败的惩治、对人权的保障，从而实现社会公平正义。

课后练习

1. 监察程序有什么重要意义？
2. 监察程序的内容有哪些？
3. 监察程序的特征是什么？

---

① 马怀德. 监察法学. 北京：人民出版社，2019：220.
② 秦前红. 监察法学教程. 北京：法律出版社，2019：296.
③ 刘艳红. 监察委员会调查权运作的双重困境及其法治路径. 法学论坛，2017（6）：8.

核心法条

《中华人民共和国监察法》

第三十六条 监察机关应当严格按照程序开展工作，建立问题线索处置、调查、审理各部门相互协调、相互制约的工作机制。

监察机关应当加强对调查、处置工作全过程的监督管理，设立相应的工作部门履行线索管理、监督检查、督促办理、统计分析等管理协调职能。

第三十九条 经过初步核实，对监察对象涉嫌职务违法犯罪，需要追究法律责任的，监察机关应当按照规定的权限和程序办理立案手续。

监察机关主要负责人依法批准立案后，应当主持召开专题会议，研究确定调查方案，决定需要采取的调查措施。

立案调查决定应当向被调查人宣布，并通报相关组织。涉嫌严重职务违法或者职务犯罪的，应当通知被调查人家属，并向社会公开发布。

第二节 监察程序的运行

结合《监察法》与《监察法实施条例》的相关规定，可将监察程序分解为问题线索处置程序、立案程序、调查程序、留置程序、审理程序、处置程序、监察与检察衔接程序等几个具体环节。

一、问题线索处置程序

问题线索是监察机关对违法行为实施监督，进而展开调查、处置等程序的入口，而依法对问题线索进行处置，则是后续工作展开的前提性条件。以严格的程序来规范监察机关处置问题线索，确保监察机关依法处理问题线索，有利于强化对监察机关行使权力的程序控制，从而保障后续监察调查、处置等工作展开的合法性。这里的问题线索处置程序是指监察机关处置问题线索的程序。

（一）问题线索处置程序的一般规定

《监察法》《监察法实施条例》对问题线索的处置进行了详细的规定。依据《监察法》第三十六条至第三十九条的规定，监察机关应当严格按照程序开展工作，建立问题线索处置、调查、审理各部门相互协调、相互制约的工作机制；应当加强对调查、处置工作全过程的监督管理，设立相应的工作部门履行线索管理、监督检查、督促办理、统计分析等管理协调职能。为避免其他权力与职务犯罪调查权混用，有学者指出，应在执纪监督与执纪审查两部门分设的基础上，以职务犯罪调查权为依据，对执纪审查部门再分设，并分别完善问题线索处置、立案调查、证据收集、处置等的程序规则。[①] 与此同时，针对反映监察对象的问题线索，应当按照有关规定提出处置意见，履行审批手续，进行分类办理，且线索处置情况应当定期汇总、通报，定期检查、抽查。此外，需要采取初步核实方式处置问题线索的，监察机关应当依法履行审批程序，成立核查组。初步核实工作结束后，核查组应当撰写初步核实情况报告，提出处理建议。承办部门应当提出分类处理意见。初步核实情况报告和分类处理意见报监察机关主要负责人审批。

《监察法实施条例》在其第五章“监察程序”第一节、第二节也规定了线索处置程序。从具体规定来看，与《中国共产党纪律检查机关监督执纪工作规则》相比较，仍然存在一定的差异。具体来说，依据《监察法实施条例》的规定，监察机关应当对问题线索归口受理、集中管理、分类处置、定期清理。对于报案或者举报，监察机关应当依法接受，对于属于本机关管辖的，依法予以受理，属于其他监察机关管辖的，则应当在五个工作日以内予以转送。对于涉嫌职务违法或者职务犯罪而主动投案的公职人员，监察机关应当依法接待和办理。监察机关针对执法机关、司法机关等其他机关移送的问题线索，应当及时审核，对于属于本机关管辖权范围内的，应当及时研究提出处置意见；对于应当由其他监察机关管辖的，则应在五个工作日以内转送有管辖权的监察机关；针对本机关对部分问题线索有管辖权的，应当对有管辖权的部分提出处置意见，并应及时将其他问题线索转送有管辖权的机关；而对于监察机关没有管辖权的，则应当及时退回移送机关。此外，一级监察机关可以向其下级监察机关发函交办检举、控告，并进行督办，下级监察机关应当按期回复办理结果。值得注意的是，这里的“下级”不仅包括监察机关的下一级监察机关，还包括越级的下级监察机关。

就问题线索归口受理来说，信访举报部门受理本机关管辖范围内监察对象涉嫌职务违法和职务犯罪问题的检举控告，统一接收有关监察机关以及其他单位移送的相关检举控告，移交本机关监督检查部门或者相关部门，并将移交情况通报案件监督管理部门。案件监督管理部门统一接收巡视巡察机构和审计机关、执法机关、司法机关等其他机关移送的职务违法和职务犯罪问题线索，按程序移交本机关监督检查部门或者相关部门办理。监督检查部门、调查部门在工作中发现的

① 江国华，何盼盼. 国家监察纪法贯通保障机制研究. 中国高校社会科学，2019（1）：72－82，157.

相关问题线索，属于本部门受理范围的，应当报送案件监督管理部门备案；属于本机关其他部门受理范围的，经审批后移交案件监督管理部门分办。此外，案件监督管理部门还应当对问题线索实行集中管理、动态更新，定期汇总、核对问题线索及处置情况，向监察机关主要负责人报告，并向相关部门通报。问题线索承办部门应当指定专人负责管理线索，逐件编号登记、建立管理台账。线索管理处置各环节应当由经手人员签名，全程登记备查，及时与案件监督管理部门核对。监督检查部门应当结合问题线索所涉及地区、部门、单位总体情况进行综合分析，提出处置意见并制定处置方案，经审批按照谈话、函询、初步核实、暂存待查、予以了结等方式进行处置，或者按照职责移送调查部门处置。

其中，函询应当以监察机关办公厅（室）名义发函给被反映人，并抄送其所在单位和派驻监察机构主要负责人。被函询人应当在收到函件后十五个工作日以内写出说明材料，由其所在单位主要负责人签署意见后发函回复。被函询人为所在单位主要负责人的，或者被函询人所作说明涉及所在单位主要负责人的，应当直接发函回复监察机关，这一函询程序同样适用于已经退休的被函询人。监察机关根据工作需要，经审批可以对谈话、函询情况进行核实。

对于检举控告人使用本人真实姓名或者本单位名称，有电话等具体联系方式的，属于实名检举控告，监察机关应当优先办理、优先处置，依法给予答复。信访举报部门对属于本机关受理的实名检举控告，应当在收到检举控告之日起十五个工作日以内按规定告知实名检举控告人受理情况，并做好记录。调查人员应当将实名检举控告的处理结果在办结之日起十五个工作日以内向检举控告人反馈，并记录反馈情况。对检举控告人提出异议的应当如实记录，并向其进行说明；对提供新证据材料的，应当依法核查处理。而对于有署名但不是检举控告人的真实姓名以及单位名称的，或者检举控告无法验证的，则按照匿名检举控告处理。

可见，问题线索处置的方式主要包括谈话、函询、初步核实、暂存待查、予以了结。其中，予以了结，主要是指问题线索不实，或者没有事实依据，从而结束处置。暂存待查，即问题线索所反映的情况依法具有客观性、真实性与应处置性，但是由于客观原因而不具备核实、调查等条件而暂存，待条件成熟时再继续处置问题线索。为完善这一程序，避免“有案不查”，有人建议在作出暂存待查决定时，应经过监察机关领导集体研究决定，并载明暂存待查的具体理由，并规定暂存待查的最长期限。[①] 我们认为，对于暂存待查仅由相关负责人或者领导审批即可，且不宜规定最长期限。理由在于，暂存待查是基于客观原因而不具备进

① 张云霄. 监察法学新论. 北京：中国政法大学出版社，2020：166.

一步处置的条件，待条件成熟时即应依法对问题线索进行处置，且无论经过多长时间，都应依法进行处理。针对谈话、函询，可以说这既是监督工作展开的具体方法，也是一种问题线索的处置程序，主要应注意谈话、函询的具体方式、方法，亦即谈话、函询的程序必须规范化、制度化。如谈话时，应当至少有两名以上工作人员在场，且应做好笔录。

（二）初步核实的程序

初步核实是问题线索处置程序中十分关键的环节。初核阶段的主要任务是了解核实所反映的主要问题是否存在，以及是否需要给予所涉及的监察对象政务处分。一方面，初步核实意味着问题线索监察对象涉嫌职务违法或职务犯罪；另一方面，初步核实是立案、调查、处置等程序启动的基础和前提。更进一步来说，是问题线索具有可查性，为确保问题线索的真实性以及处置的合法性、精准性，需要进一步收集客观性证据。在初核阶段，可以采取的措施除了暂扣、技术调查、限制出境以外，谈话、函询、查询、调取、勘验检查、鉴定均属于不涉及初核对象人身、财产的措施，可见该程序起到了保障被调查人基本权利的重要作用。[①] 具体来说，启动初步核实程序，必须要遵循的程序主要有审批、成立核查组、报告核实情况、提出处理意见、再次审批。

1. 经审批后成立核查组展开初步核实

监察机关对其所受理或者发现的问题线索等经综合考量后，初步判定可能有违纪以及职务违法、职务犯罪情况而需要进一步核实问题线索的，首先应当报批，经审批后成立核查组进行核实。具体来说，应首先确定初步核实的对象，并制定核实的工作方案，明确需要核实的问题以及拟采取的具体措施，并经过审批程序以后成立核查组展开核实。具体来说，核查组经批准可以与相关人员谈话了解情况，要求相关组织作出说明，调取个人有关事项报告，查阅复制文件、账目、档案等资料，查核资产情况和有关信息，进行鉴定勘验。对被核查人及相关人员主动上交的财物，核查组应当予以暂扣。对需要采取技术调查或者限制出境等措施的，纪检监察机关应当严格履行审批手续，交有关机关执行。这里，如果在初步核实的过程中，发现或者受理被核查人新的具有可查性的问题线索的，应当经审批纳入原初核方案开展核查。需要注意的是，在开展初核工作时 ，核查组要突出重点，抓住主要问题收集证据、查清事实，也要注意保密，尽量缩小知情面和影响。

---

① 梁坤. 纪检监察措施分类适用的法规范解读. 法学，2019（3）：30－44.

2. 报告情况、提出处理建议和分类处理意见并报审批

初步核实工作结束后，核查组应当撰写初步核实情况报告，列明被核查人的基本情况、反映的主要问题、办理依据、初步核实结果、存在的疑点以及其处理建议等，并由全体人员签名。承办部门则应当对初步核实的情况进行综合分析，按照拟立案调查、予以了结、谈话提醒、暂存待查，或者移送有关部门、机关处理等方式提出处置建议，按照批准初步核实的程序，报纪检监察机关主要负责人审批，必要时向同级党委主要负责人报告。经过初步核实，如果监察对象确实涉嫌违纪、职务违法或职务犯罪而需要追究其责任的，纪检监察机关应当按照规定的权限和程序办理立案手续。

二、立案程序

立案程序，即监察机关经过初步核实，对于已经掌握监察对象涉嫌职务违法或者职务犯罪的部分事实和证据，认为需要追究其法律责任的，按规定报批后，依法进入立案调查的程序。监察机关立案调查职务违法或者职务犯罪案件，需要对涉嫌行贿犯罪、介绍贿赂犯罪或者共同职务犯罪的涉案人员立案调查的，应当一并办理立案手续。需要交由下级监察机关立案的，经审批交由下级监察机关办理立案手续。对单位涉嫌受贿、行贿等职务犯罪，需要追究法律责任的，依法对该单位办理立案调查手续。对事故（事件）中存在职务违法或者职务犯罪问题，需要追究法律责任，但相关责任人员尚不明确的，可以以事立案。对单位立案或者以事立案后，经调查确定相关责任人员的，按照管理权限报批确定被调查人。

（一）立案条件和程序

《监察法》第三十九条规定：“经过初步核实，对监察对象涉嫌职务违法犯罪，需要追究法律责任的，监察机关应当按照规定的权限和程序办理立案手续。监察机关主要负责人依法批准立案后，应当主持召开专题会议，研究确定调查方案，决定需要采取的调查措施。立案调查决定应当向被调查人宣布，并通报相关组织。涉嫌严重职务违法或者职务犯罪的，应当通知被调查人家属，并向社会公开发布。”

本条分为三款。第一款规定了立案的条件和程序。凡是需要立案的，应当已经掌握部分职务违法或者职务犯罪的事实和证据，具备进行调查的条件。具体而言，立案应当符合三个条件：

一是存在职务违法或者职务犯罪的事实。监察机关立案所需的职务违法或者职务犯罪的事实，仅指初步确认的部分职务违法或者职务犯罪的事实，而不是全部职务违法或者职务犯罪的事实，全部事实要到调查阶段结束之后才能得以查清，而且还要经过审理之后才能认定。

二是需要追究法律责任。有职务违法或者职务犯罪的事实，只是立案的必备条件之一，并不是所有职务违法或者职务犯罪的事实都需要立案查处，能否立案还要看是否需要追究法律责任，如情节显著轻微不需要追究法律责任的，就不需要立案。是否需要追究法律责任，要根据有关法律法规的规定来确认。

三是按照规定的权限和程序办理立案手续。这里讲的“规定的权限和程序”，主要是指《中国共产党纪律检查机关监督执纪工作规则》第三十八条的规定，即对符合立案条件的，由承办部门起草立案审查调查呈批报告，经纪检监察机关主要负责人审批后，报同级党委（党组）主要负责人批准，予以立案审查调查。有关负责人应当严格审核把关，认为符合立案条件的，批准立案；认为不符合立案条件的，不批准立案，由监察机关作出其他处理；认为需要对某些问题作进一步了解的，退回立案报告，由承办部门作进一步了解。

第二款规定了立案后调查方案的确定。监察机关主要负责人应当主持召开专题会议，根据被调查人情况、案件性质和复杂程度等，集体研究确定调查方案。一般来说，调查方案的内容应包括：应当查明的问题和线索，调查步骤、方法，调查过程中需要采取哪些措施，预计完成任务的时间，以及应当注意事项等。调查方案一经确定，案件调查人员应当严格遵照执行，不得擅自更改方案内容，遇有重大突发情况需要更改调查方案的，应当报批准该方案的监察机关主要负责人批准。

第三款规定了立案后通知有关单位和人员。立案调查决定应当向被调查人宣布，并通报被调查人所在单位等相关组织，这既是保障他们的知情权，也是要求他们积极配合调查。被调查人涉嫌严重职务违法或者职务犯罪的，还应当通知其家属，并向社会公开发布。这主要是因为，涉嫌严重职务违法或者职务犯罪的被调查人很可能已经被采取留置措施，需要让其家属知情，同时，向社会公开发布，既是监察机关接受社会监督的一种方式，也是加强反腐败斗争宣传、形成持续震慑的一种手段。

需要注意的是，立案应当同时具备以上三个条件。其中，前两个条件是立案时必须同时具备的实体性条件，第三个条件是立案的程序性条件。在办理案件时，要特别注意遵守程序规定，没有经过批准，禁止私自立案调查。

（二）立案手续办理与政务处分程序的协调衔接

监察机关根据人民法院生效刑事判决、裁定和人民检察院不起诉决定认定的事实，需要对监察对象给予政务处分的，可以由相关监督检查部门依据司法机关的生效判决、裁定、决定及其认定的事实、性质和情节，提出给予政务处分的意见，按程序移送审理。对依法被追究行政法律责任的监察对象，需要给予政务处分的，应当依法办理立案手续。而对于案情简单、经过初步核实已查清主要职务违法事实，应当追究监察对象法律责任而不再需要开展调查的，立案和移送审理可以一并报批，履行立案程序后再移送审理。

（三）调查方案与措施的确定及其通知程序

对于符合立案条件的及职务违法、职务犯罪行为，承办部门应当起草立案审查、调查呈批报告，经监察机关主要负责人审批以后，报同级党委主要负责人批准，予以立案审查、调查。监察机关主要负责人依法批准立案后，应当主持召开专题会议，研究确定调查方案，决定需要采取的调查措施。批准成立审查调查组，确定审查调查谈话方案、外查方案，审批重要信息查询、涉案财物查扣等事项。对审查调查方案，由监察机关主要负责人组织研究提出、集体研究确定。与此同时，还应当向被调查人宣布立案调查决定，通报相关组织，并应及时向被调查人所在单位送达《立案通知书》，以及向被审查调查人所在党委（党组）主要负责人通报。如果被调查人涉嫌严重职务违法或者职务犯罪并采取留置措施的，还应当在 24 小时内通知其所在单位和家属，并向社会公开发布。因可能毁灭、伪造证据，干扰证人作证或者串供等有碍调查情形而不宜通知或者公开的，应当按程序报批并记录在案。有碍调查的情形消失后，应当立即通知被留置人员所在单位和家属。

三、调查程序

调查程序，即监察机关为收集职务违法与职务犯罪证据而进行的审查、调查程序。有学者认为，监察调查措施不仅包括对人身自由的限制，也包括对财产权、隐私权的限制，还包括对被调查人名誉的影响，应实行比普通刑事侦查更为严格的程序。[①] 具体来说，依据《监察法》《监察法实施条例》的相关规定，就

① 郭华. 监察制度改革与监察调查权的界限. 北京：经济科学出版社，2019：155.

收集证据的基本要求来说，监察机关在调查收集被调查人所涉嫌的职务违法与职务犯罪的证据时，应当同时收集被调查人有无职务违法与职务犯罪情节轻重的证据，并应查明职务违法与职务犯罪事实，形成相互印证且合法、客观、完整稳定的证据链。同时，严禁以威胁、引诱、欺骗及其他非法方式收集证据，严禁侮辱、打骂、虐待、体罚或者变相体罚被调查人和涉案人员。对于以非法方法收集的证据材料依法应当予以排除。这就要求审查调查，应当充分听取被审查调查人陈述，保障其饮食、休息，提供医疗服务，确保其安全。严格禁止使用违反党章党规党纪和国家法律的手段，严禁逼供、诱供、侮辱、打骂、虐待、体罚或者变相体罚。

（一）调查的一般程序

依据理论上“任意调查”与“强制性调查”之区分，有观点认为，查封、扣押、冻结、讯问、搜查、留置、通缉，这几种典型的强制性措施只能在立案之后才可以运用。[①] 依据《监察法》第四十一条的规定，调查人员采取讯问、询问、留置、搜查、调取、查封、扣押、勘验检查等调查措施，均应当依照规定出示证件，出具书面通知，由二人以上进行，形成笔录、报告等书面材料，并由相关人员签名、盖章。与此同时，进行讯问以及搜查、查封、扣押等重要取证工作，还应当对全过程进行录音录像，留存备查。

1. 二人以上进行并出示证件

要求二人以上，一方面有利于调查人员相互监督，从而保证调查程序的合法性；另一方面有利于保障证据的合法性，即调查人员可以同时证明所收集的证据的客观真实性。而要求调查人员出示证件、出具书面通知，一方面在于向被调查人表明调查人员的身份及其进行调查的资格和权限，另一方面在于正式告知被调查人正在接受调查，应当予以配合。不具备调查人员的身份，也就不具有实施调查措施的资格和权限，所实施的调查行为就没有法律依据。这也就意味着，调查人员必须向被调查人出示证件，表明其身份，这样才能保证调查行为及程序合法有效。

2. 出具书面通知

监察机关决定采取调查措施时，应当制作书面通知，交由调查人员向相关单位或个人在现场出示，以证明调查人员的行为经过监察机关合法授权。如进行搜查必须向被搜查单位或个人出示搜查证明文件，否则相关单位或个人有权不予

---

① 梁坤. 纪检监察措施分类适用的法规范解读. 法学，2019（3）：30－44.

配合。

3. 形成由相关人员签名或盖章的笔录、报告等书面材料

整个调查过程，就是调查程序运行的具体展现，要求形成由相关人员签名或盖章的笔录、报告等书面材料，目的就在于将整个调查过程记录下来，确保调查过程以及所收集的证据材料的真实性、合法性。要求相关人员签名或者盖章，一方面在于，相关人员可以证明调查过程以及证据材料的真实性、合法性；另一方面则在于，促使其相互之间进行监督，防止和避免隐匿、损毁、篡改、伪造证据，并确定具体的责任主体，以便依纪依法追究相关审查调查人员的责任。

4. 重要取证工作全过程录音、录像留存备查

对于讯问以及搜查、查封、扣押等重要取证工作，要求全程录音、录像，目的也在于防止和避免调查人员非法取证，确保调查行为以及所收集的证据材料的真实性、合法性。总的来说，要求对重要取证工作进行全过程录音、录像，这主要有两大功能：其一，可以对调查过程进行完整的记录并留存备查，以确保整个调查过程的合法性，同时还能与书面的笔录、报告等证据材料相互印证；其二，可以防止和避免调查人员的非法取证行为，同时也能保障被调查人的合法权益。对此，依据相关规定，监督检查、审查调查部门的主要负责人、分管领导，应当定期检查审查调查期间的录音录像、谈话笔录、涉案财物登记资料，发现问题及时纠正并报告，而监察机关相关负责人则应当通过调取录音录像等方式，加强对审查调查全过程的监督。

（二）实施调查的具体流程

1. 依法组成调查组并严格执行调查方案

调查方案依法被批准以后，监察机关首先应当组成调查组，依法开展调查。调查工作应当严格按照批准的方案执行，不得随意扩大调查范围、变更调查对象和事项，对重要事项应当及时请示报告。调查人员在调查工作期间，未经批准不得单独接触任何涉案人员及其特定关系人，不得擅自采取调查措施。

2. 听取被调查人的意见和申辩

监察机关审查调查应当充分听取被审查调查人陈述，在审查调查期间，对被审查调查人应以同志相称，并应当安排其学习党章党规党纪以及相关法律法规，对其展开理想、信念、宗旨教育，通过思想政治工作促使其深刻反省、认识错误、交代问题，写出忏悔反思材料。而在查明涉嫌职务违法或者职务犯罪问题以后，审查调查组则应当撰写事实材料，且应与被审查调查人见面，听取其意见。

被审查调查人应当在事实材料上签署意见，对签署不同意见或者拒不签署意见的，审查调查组应当作出说明或者注明情况。

3. 形成调查报告

调查组在调查工作结束以后，应当进行集体讨论，形成调查报告。就调查报告所应载明的具体内容来说，首先应当列明被调查人的基本情况，问题线索的来源，进行调查的依据及其具体过程，被调查人涉嫌的职务违法或者职务犯罪的主要事实，被调查人的态度和认识，等等。同时，还应明确处置建议以及其法律依据，调查组组长以及有关人员还应在调查报告上签名。此外，针对调查过程中发现的重要问题，以及所形成的意见、建议，还应当形成专题报告。

4. 起草《起诉建议书》

针对被调查人涉嫌职务犯罪，拟依法移送人民检察院审查起诉的，调查组应当起草《起诉建议书》。对此，《起诉建议书》应当载明被调查人的基本情况，调查简况，认罪认罚情况，涉嫌职务犯罪的事实与证据，以及对被调查人从重、从轻、减轻或者免除处罚等情节。此外，还应当同时载明对被调查人移送起诉的理由和法律依据，采取强制措施的建议，并注明移送案卷数及涉案财物等内容。与此同时，还应当形成被调查人到案经过及量刑情节方面的材料，主要包括案件来源、到案经过，自动投案、如实供述、立功等量刑情节，以及认罪悔罪态度、退赃、避免和减少损害结果发生等方面的情况说明及相关材料。被检举揭发的问题已被立案、查破，被检举揭发人已被采取调查措施或者刑事强制措施、起诉或者审判的，还应当附有关法律文书。

5. 提出处理意见与移送审理并归档

经调查，调查组认为被调查人构成职务违法或者职务犯罪的，应当区分不同情况提出相应处理意见，经审批将调查报告、职务违法或者职务犯罪事实材料、涉案财物报告、涉案人员处理意见等材料，连同全部证据和文书手续移送审理。其中，针对涉嫌职务犯罪的案件材料，还应当按照刑事诉讼要求单独立卷，与《起诉建议书》、涉案财物报告、同步录音录像资料及其自查报告等材料，一并移送审理。最后，还应将调查全过程中形成的材料等形成卷宗归档。而对于审查调查组来说，针对审查调查报告与忏悔反思材料，以及职务违法或者职务犯罪的事实材料、涉案财物报告等，也应当依照程序报纪检监察机关主要负责人批准，并连同全部证据和程序材料依照规定移送审理。

另外，针对立案调查的涉嫌行贿犯罪、介绍贿赂犯罪或者共同职务犯罪的涉案人员，在查明其涉嫌犯罪问题后，调查组应当将调查认定的涉嫌违法犯罪事实形成书面材料，交给涉案人员核对，听取其意见，且涉案人员应当在书面材料上签署意见。如果涉案人员签署不同意见或者拒不签署意见的，调查组应当作出说明或者注明情况。对于涉案人员所提出的申辩的事实、理由和证据，调查组应当进行核实，成立的应予以采纳。同时，针对立案和移送审理一并报批的案件，也应当在报批前履行以上程序。

四、留置程序

（一）留置的决定程序

1. 审批

监察机关调查严重职务违法或者职务犯罪，对于符合《监察法》第二十二条规定，即被调查人涉嫌贪污贿赂、失职渎职等严重职务违法或者职务犯罪，涉及案情重大、复杂的，或可能逃脱、自杀的，或可能串供或者伪造、隐匿、毁灭证据的，或可能有其他妨碍调查行为的，监察机关已经掌握其部分违法犯罪事实及证据，仍有重要问题需要进一步调查的，经依法审批，可以对被调查人采取留置措施。监察机关采取留置措施，应当在立案后严格按照法定程序进行。根据《监察法》第四十三条第一款的规定，监察机关采取留置措施应当由监察机关领导人员集体研究决定。对于所调查的案件是否符合适用留置的法定情形、有无必要对调查对象采取留置措施，以及采取留置措施的期限等问题，应当由监察机关领导人员集体研究后作出决定。“集体研究决定”的方式有利于充分考虑留置措施的必要性，并保障决策的科学性，从而避免监察机关随意滥用留置措施。此外，设区的市级以下监察机关采取留置措施，应当报上一级监察机关批准。省级监察机关采取留置措施，应当报国家监察委员会备案。省级以下监察机关要延长留置时间也应当报上一级监察机关批准。且在实践中，监察机关在报请上级监察机关批准之前，还应首先报请同级党委负责人审查批准。[①] 可见，《监察法》除了规定采取留置措施要通过领导人员集体研究决定外，还规定了严格的审批程序。这样的程序符合中央领导地方、上级领导下级的监察领导体制，在提高留置措施的科学性和权威性的同时，增强了对下级监察机关的监督和制约。

2. 期限

根据《监察法》第四十三条第二款的规定，留置时间不得超过三个月，在特殊情况下可以延长一次，延长时间不得超过三个月。六个月是监察机关采取留置

① 马方，任惠华. 监察调查程序与方法. 北京：中国方正出版社，2020：106.

措施可达到的最长期限，并非每个案件的留置时间都要达到六个月。首先，监察机关的领导人员应当考虑具体案件的复杂和疑难程度，根据案件调查需要，集体研究决定初次采取留置措施在三个月以内的具体期限。留置期限确定之后，不得因为发现“新罪”而重新计算留置期限。[①] 其次，根据《监察法实施条例》第一百零一条的规定，对于有案件重大、复杂，重要证据尚未收集完成等“特殊情况”的，监察机关可以将留置期限延长一次，延长的时间不得超过三个月。鉴于留置是限制被调查人人身自由的强制措施，监察机关应当在确保调查效果的同时着重提高工作效率，做好充足准备并审慎地确定留置期限。省级以下监察机关要延长留置时间应当报上一级监察机关批准，对于“特殊情况”的审查要进行严格把控。

（二）留置的执行程序

1. 监察机关的执行

（1）执行。

根据《监察法》第四十一条关于调查程序一般要求的规定和《监察法实施条例》第九十七条的规定，监察机关采取留置措施时，调查人员不得少于二人，应当向被留置人员宣布《留置决定书》，告知被留置人员权利义务，要求其在《留置决定书》上签名、捺指印。被留置人员拒绝签名、捺指印的，调查人员应当在文书上记明。根据《监察法实施条例》第一百零一条的规定，延长留置时间的，应当在留置期满前向被留置人员宣布延长留置时间的决定，要求其在《延长留置时间决定书》上签名、捺指印。此外，根据《监察法》第二十九条的规定，依法应当留置的被调查人如果在逃，监察机关可以决定在本行政区域内通缉，由公安机关发布通缉令，追捕归案。通缉范围超出本行政区域的，应当报请有权决定的上级监察机关决定。

（2）通知。

根据《监察法》第四十四条和《监察法实施条例》第九十八条的规定，除有可能毁灭、伪造证据，干扰证人作证或者串供等有碍调查情形外，监察机关应当在对被调查人采取留置措施后的二十四小时之内通知其所在单位和家属。有干扰调查情形的，也应当在干扰情形消失后立即通知。监察机关通知的对象既包括被留置人员的家属，也包括其所在单位，保证了其相应的知情权。通知可采取当面通知，无法当面通知的，可以先以电话等方式通知，并通过邮寄、转交书面通知等方式，要求相关人员在《留置通知书》上签名，确保通知送达。此外，监察机

① 褚宸舸. 监察法学. 北京：中国政法大学出版社，2020：189.

关决定延长留置时间、解除留置措施或将案件移送人民检察院审查起诉而导致留置措施自动解除的，也应及时通知被留置人员所在单位和家属。

（3）人权保障。

根据《监察法》第四十四条和《监察法实施条例》第一百条的规定，在留置过程中，监察机关应当保障被留置人员的合法权益，尊重其人格和民族习俗，保障饮食、休息和安全，提供医疗服务。讯问被留置人员时应当合理安排讯问时间和时长，讯问笔录由被讯问人阅看后签名。《监察法》第四十条第二款还规定："严禁以威胁、引诱、欺骗及其他非法方式收集证据，严禁侮辱、打骂、虐待、体罚或者变相体罚被调查人和涉案人员。"在留置过程中，监察机关讯问被留置人员应当依法且合理地进行，在不合理的时间安排讯问或者长时间疲劳讯问实质上就是对被留置人员的变相体罚。该种规定的目的就在于保障被留置人员的合法权益。此外，根据《监察法实施条例》第一百零三条的规定，留置期间发生被留置人员死亡、伤残、脱逃等办案安全事故、事件的，应当及时做好处置工作。相关情况应当立即报告监察机关主要负责人，并在二十四小时以内逐级上报至国家监察委员会。

2. 公安机关的协助

配合制约原则是监察法的基本原则，监察机关办理职务违法和职务犯罪案件应当与审判机关、检察机关、执法部门"互相配合，互相制约"。监察机关在工作中需要协助的，有关机关和单位也应当根据监察机关的要求依法予以协助。根据《监察法》第四十三条第三款的规定，监察机关采取留置措施，可以根据工作需要提请公安机关配合。公安机关应当依法予以协助。如监察机关要依法留置在逃的被调查人时，公安机关可以根据监察机关的通缉决定发布通缉令，将被调查人追捕归案，确保留置措施的顺利落实。根据《监察法实施条例》第九十九条的规定，县级以上监察机关需要提请公安机关协助采取留置措施的，应当按规定报批，请同级公安机关依法予以协助。提请协助时，应当出具《提请协助采取留置措施函》，列明提请协助的具体事项和建议，协助采取措施的时间、地点等内容，附《留置决定书》复印件。因保密需要，不适合在采取留置措施前向公安机关告知留置对象姓名的，可以作出说明，进行保密处理。需要提请异地公安机关协助采取留置措施的，应当按规定报批，向协作地同级监察机关出具协作函件和相关文书，由协作地监察机关提请当地公安机关依法予以协助。

（三）留置的解除程序

根据《监察法实施条例》第一百零二条的规定，对被留置人员不需要继续采取留置措施的，应当按规定报批，及时解除留置。调查人员应当向被留置人员宣布解除留置措施的决定，由其在《解除留置决定书》上签名、捺指印。被留置人员拒绝签名、捺指印的，调查人员应当在文书上记明。解除留置措施的，应当及时通知被留置人员所在单位或者家属。调查人员应当与交接人办理交接手续，并由其在《解除留置通知书》上签名。无法通知或者有关人员拒绝签名的，调查人员应当在文书上记明。案件依法移送人民检察院审查起诉的，留置措施自犯罪嫌疑人被执行拘留时自动解除，不再办理解除法律手续。

五、审理程序

对于立案的职务违法和职务犯罪案件，监察机关应当严格遵循调查与审理相分离的原则，调查组经调查认为被调查人构成职务违法或者职务犯罪的，应当将案件相关材料移送案件审理部门进行审理。根据《监察法实施条例》的规定，案件审理程序应当分为以下几个部分：

（一）受理案件

案件审理部门收到调查组移送审理的案件后，应当审核材料和手续等是否完备。对被调查人涉嫌职务犯罪的，还应当审核相关案卷材料是否符合职务犯罪案件立卷要求，是否在调查报告中单独表述已查明的涉嫌犯罪问题，是否形成《起诉建议书》。经审核符合移送条件的，应当予以受理；不符合移送条件的，经审批可以暂缓受理或者不予受理，并要求补充完善材料。

（二）审理案件

1. 全面审理案卷材料

案件审理部门受理案件后，应当成立由二人以上组成的审理组，全面审理案卷材料。案卷材料应当包括调查组形成的调查报告、职务违法或者职务犯罪事实材料、涉案财物报告、涉案人员处理意见等，以及全部证据和文书手续。对于涉嫌职务犯罪的，案件材料应当按照刑事诉讼要求单独立卷，并包括《起诉建议书》、同步录音录像资料和涉案财物报告等。案件审理部门应当以《监察法》《公职人员政务处分法》《刑法》《刑事诉讼法》等法律法规为准绳，对案件事实证据、性质认定、程序手续、涉案财物等进行全面审理。此外，按照调查与审理相分离的原则，案件调查人员不得参与案件审理。

2. 核实情况与补充证据

根据全面审理的情况，有被调查人对涉嫌违法犯罪事实材料签署不同意见或者拒不签署意见，或可能存在以非法方法收集证据等情形的，或者应被调查人的要求等情形的，案件审理部门经审批可以与被调查人谈话，核对其涉嫌违法犯罪事实，听取其辩解意见，了解有关情况，并告知其在审理阶段的权利和义务。经审理，案件审理部门认为主要违法犯罪事实不清、证据不足的，应当经审批将案件退回承办部门重新调查。对于部分事实不清、证据不足的，或有遗漏违法犯罪事实的，以及其他需要进一步查清案件事实的，经审批可以退回补充调查来补充完善证据。案件审理部门将案件退回重新调查或者补充调查的，应当出具审核意见，写明调查事项、理由、调查方向、需补充收集的证据及其证明作用等，连同案卷材料一并送交承办部门。承办部门补充调查结束后，应当经审批将补证情况报告及相关证据材料，连同案卷材料一并移送案件审理部门；对确实无法查明的事项或者无法补充的证据，应当作出书面说明。重新调查终结后，应当重新形成调查报告，依法移送审理。重新调查完毕移送审理的，审理期限重新计算。补充调查期间不计入审理期限。

（三）形成审理报告

审理工作结束后应当形成审理报告，载明被调查人基本情况、调查简况、涉嫌违法或者犯罪事实、被调查人态度和认识、涉案财物处置、承办部门意见、审理意见等内容，提请监察机关集体审议。对被调查人涉嫌职务犯罪需要追究刑事责任的，应当形成《起诉意见书》，作为审理报告附件。《起诉意见书》应当忠实于事实真象，载明被调查人基本情况，调查简况，采取留置措施的时间，依法查明的犯罪事实和证据，从重、从轻、减轻或免除处罚等情节，涉案财物情况，涉嫌罪名和法律依据，采取强制措施的建议，以及其他需要说明的情况。案件审理部门经审理认为现有证据不足以证明被调查人存在违法犯罪行为，且通过退回补充调查仍无法达到证明标准的，应当提出撤销案件的建议。

六、处置程序

（一）对被调查人的处置

1. 谈话提醒、批评教育、责令检查、予以诫勉

根据《监察法》第四十五条第一款第一项的规定，监察机关对于公职人员有

职务违法行为但情节较轻的，可以按照管理权限，直接或者委托有关机关、人员进行谈话提醒、批评教育、责令检查，或者予以诫勉。这几种较轻的处置方式属于监督执纪“四种形态”的“红红脸、出出汗”，应成为党内监督和监察监督的常态化处置方式。这些方式可以单独使用，也可以依据规定合并使用，监察机关应当综合公职人员的一贯表现、职务违法行为性质和情节轻重，经综合判断后作出决定。[①] 根据《监察法实施条例》第二百零一条的规定，谈话提醒、批评教育应当由监察机关相关负责人或者承办部门负责人进行，可以由被谈话提醒、批评教育人所在单位有关负责人陪同；经批准也可以委托其所在单位主要负责人进行。对谈话提醒、批评教育情况应当制作记录。被责令检查的公职人员应当作出书面检查并进行整改。整改情况在一定范围内通报。诫勉由监察机关以谈话或者书面方式进行，以谈话方式进行的，应当制作记录。

2. 政务处分

根据《监察法》第四十五条第一款第二项的规定，对于违法的公职人员，监察机关可以依照法定程序作出警告、记过、记大过、降级、撤职、开除等政务处分决定。根据《公职人员政务处分法》的相关规定，对公职人员给予政务处分，监察机关应当按照以下程序进行：

（1）听取陈述和申辩。

根据《公职人员政务处分法》第四十三条的规定，监察机关在作出政务处分决定前，应当将调查认定的违法事实及拟给予政务处分的依据告知被调查人，听取被调查人的陈述和申辩，并对其陈述的事实、理由和证据进行核实，记录在案。如果被调查人提出的事实、理由和证据成立，则监察机关应当予以采纳。

（2）作出政务处分决定。

根据《公职人员政务处分法》第四十四条的规定，监察机关在调查终结后，对于确有应受政务处分的违法行为的，应当根据情节轻重，按照政务处分决定权限，履行规定的审批手续后，作出政务处分决定。对部分公职人员作出政务处分决定还需要履行前置程序和通报程序，根据《公职人员政务处分法》第五十条的规定，监察机关对经各级人大及常委会、政协选举或决定任命的公职人员作出撤职、开除的重处分时，应当依法先罢免、撤销或者免去其职务；对人大代表、政协委员作出政务处分的，要向相关的人大常委会和政协常委会通报。

---

① 中共中央纪律检查委员会法规室，中华人民共和国国家监察委员会法规室.《中华人民共和国监察法》释义. 北京：中国方正出版社，2018：205.

（3）政务处分决定书的制作与送达。

根据《公职人员政务处分法》第四十五条的规定，决定给予政务处分的，应当制作政务处分决定书。监察机关制作的政务处分决定书应当载明被处分人的姓名、工作单位和职务；违法事实和证据；政务处分的种类和依据；不服政务处分决定，申请复审、复核的途径和期限；作出政务处分决定的机关名称和日期等，并应当盖有作出决定的监察机关的印章。根据《监察法实施条例》第二百零三条第一款的规定，监察机关应当将政务处分决定书在作出后一个月以内送达被处分人和被处分人所在机关、单位，并依法履行宣布、书面告知程序。

（4）执行。

根据《监察法实施条例》第二百零三条第二款的规定，政务处分决定自作出之日起生效，有关机关、单位、组织应当依法及时执行处分决定，并将执行情况向监察机关报告。处分决定应当在作出之日起一个月以内执行完毕，特殊情况下经监察机关批准可以适当延长办理期限，最迟不得超过六个月。根据《公职人员政务处分法》第五十四条的规定，公职人员受到政务处分的，应当将政务处分决定书存入其本人档案。对于受到降级以上政务处分的，应当由人事部门按照管理权限在作出政务处分决定后一个月内办理职务、工资及其他有关待遇等的变更手续；特殊情况下，经批准可以适当延长办理期限，但是最长不得超过六个月。

（5）权利救济。

根据《监察法》第四十九条和《公职人员政务处分法》第五十五条、五十六条的规定，公职人员享有提出复审、复核的救济权利。公职人员对监察机关作出的涉及本人的政务处分决定不服的，可以依法向作出决定的监察机关申请复审，对复审决定仍不服的可以向上一级监察机关申请复核。监察机关发现政务处分决定确有错误的，应当及时予以纠正。复审、复核期间，不停止原政务处分决定的执行。

3. 问责

根据《监察法》第四十五条第一款第三项的规定，对不履行或者不正确履行职责负有责任的领导人员，监察机关要按照管理权限对其直接作出问责决定，或者向有权作出问责决定的机关提出问责建议。问责作为监察机关的处置方式的之一，分为直接作出通报、诫勉、政务处分的问责决定和提出组织处理的建议。根据《监察法实施条例》第三十四条第二款的规定，监察机关应当组成调查组依法开展问责调查。调查结束后经集体讨论形成调查报告，需要进行问责的按照管理权限作出问责决定，或者向有权作出问责决定的机关、单位书面提出问责建议。

4. 移送人民检察院审查起诉

根据《监察法》第四十五条第一款第四项的规定，对涉嫌职务犯罪的，监察机关经调查认为犯罪事实清楚，证据确实、充分的，应当制作起诉意见书，连同案卷材料、证据一并移送人民检察院依法审查、提起公诉。根据《监察法实施条例》第二百一十二条的规定，监察机关决定对涉嫌职务犯罪的被调查人移送起诉的，应当出具《起诉意见书》，连同案卷材料以及用以证明有关案件事实的证据材料等一并移送同级人民检察院。对监察机关移送的案件，应由检察机关作为公诉机关直接依法审查、提起公诉，具体工作由现有公诉部门负责，不需要检察机关再进行立案。① 在具体的移送程序中，由监察机关案件审理部门负责与人民检察院审查起诉的衔接工作，调查、案件监督管理等部门应当予以协助。国家监察委员会派驻或者派出的监察机构、监察专员调查的职务犯罪案件，应当依法移送省级人民检察院审查起诉。

5. 提出监察建议

根据《监察法》第四十五条第一款第五项的规定，提出监察建议也是监察机关的处置方式之一。监察建议是指监察机关根据监督、调查结果，针对监察对象所在单位廉政建设和履行职责存在的问题等，向相关单位和人员就其职责范围内的事项提出的具有一定法律效力建议。② 根据《监察法实施条例》第二百零五条的规定，监察机关依法向监察对象所在单位提出监察建议的，应当经审批制作监察建议书，载明监督调查情况，调查中发现的主要问题及其产生的原因，整改建议、要求和期限，向监察机关反馈整改情况的要求等内容。

6. 撤销案件

根据《监察法》第四十五条第二款的规定，监察机关经调查，对没有证据证明被调查人存在违法犯罪行为的，应当撤销案件，并通知被调查人所在单位。根据《监察法实施条例》第二百零六条的规定，省级以下监察机关撤销案件后，应当在七个工作日以内向上一级监察机关报送备案报告。上一级监察机关监督检查部门负责备案工作。省级以下监察机关拟撤销上级监察机关指定管辖或者交办案件的，应当将《撤销案件意见书》连同案卷材料，在法定调查期限到期七个工作日前报指定管辖或者交办案件的监察机关审查。对于重大、复杂案件，在法定调查期限到期十个工作日前报指定管辖或者交办案件的监察机关审查。指定管辖或者交办案件的监察机关由监督检查部门负责审查工作。指定管辖或者交办案件的

---

①② 中共中央纪律检查委员会法规室，中华人民共和国国家监察委员会法规室.《中华人民共和国监察法》释义. 北京：中国方正出版社，2018：207.

监察机关同意撤销案件的，下级监察机关应当作出撤销案件决定，制作《撤销案件决定书》；指定管辖或者交办案件的监察机关不同意撤销案件的，下级监察机关应当执行该决定。监察机关对于撤销案件的决定应当向被调查人宣布，由其在《撤销案件决定书》上签名、捺指印，立即解除留置措施，并通知其所在机关、单位。撤销案件后又发现重要事实或者有充分证据，认为被调查人有违法犯罪事实需要追究法律责任的，应当重新立案调查。

（二）对涉案财物的处置

1. 没收、追缴或者责令退赔

对于被调查人违法取得的财物及孳息，监察机关有权依法予以没收、追缴或者责令退赔。没收，是指监察机关依法将公职人员违法取得的财物强制收归国有的行为，没收的财产一律上缴国库。追缴，是指监察机关将违法取得的财物予以追回的行为，追缴的财物应当退回原所有人或者持有人；依法不应当退回的，上缴国库。责令退赔，是指监察机关责令违法的公职人员将违法取得的财物予以归还，如果违法取得的财物已经被消耗或者毁损，责令其用与之价值相当的财物予以赔偿的行为。责令退赔的财物应当依法直接退赔给原所有人或者持有人，无法退赔的，应当上缴国库。[①] 根据《监察法实施条例》第二百零九条的规定，监察机关经调查，对违法取得的财物及孳息决定追缴或者责令退赔的，可以依法要求公安、自然资源、住房城乡建设、市场监管、金融监管等部门以及银行等机构、单位予以协助。追缴涉案财物以追缴原物为原则，原物已经转化为其他财物的，应当追缴转化后的财物；有证据证明依法应当追缴、没收的涉案财物无法找到、被他人善意取得、价值灭失减损或者与其他合法财产混合且不可分割的，可以依法追缴、没收其他等值财产。追缴或者责令退赔应当自处置决定作出之日起一个月以内执行完毕。因被调查人的原因逾期执行的除外。

2. 随案移送

对于被调查人涉嫌犯罪取得的财物，监察机关应当在移送审查起诉时，将其随案移送给人民检察院。根据《监察法实施条例》第二百零八条的规定，监察机关对查封、扣押、冻结的涉嫌职务犯罪所得财物及孳息应当妥善保管，并制作《移送司法机关涉案财物清单》随案移送人民检察院。对作为证据使用的实物，应当随案移送；对不宜移送的，应当将清单、照片和其他证明文件随案移送。对

---

① 中共中央纪律检查委员会法规室，中华人民共和国国家监察委员会法规室.《中华人民共和国监察法》释义. 北京：中国方正出版社，2018：210.

于移送人民检察院的涉案财物，价值不明的，应当在移送起诉前委托进行价格认定。在价格认定过程中，需要对涉案财物先行作出真伪鉴定或者出具技术、质量检测报告的，应当委托有关鉴定机构或者检测机构进行真伪鉴定或者技术、质量检测。人民检察院、人民法院依法将不认定为犯罪所得的相关涉案财物退回监察机关的，监察机关应当依法处理。

3. 被调查人逃匿、死亡案件违法所得没收程序

没收违法所得程序，是指监察机关在调查贪污贿赂、失职渎职等职务犯罪案件过程中，决定没收逃匿、死亡的被调查人违法所得的程序。根据《监察法》第四十八条的规定，监察机关提请司法机关启动没收违法所得的程序应当符合以下条件：（1）被调查人的行为涉嫌贪污贿赂、失职渎职等职务犯罪。（2）被调查人逃匿且在通缉一年后不能到案，或者死亡的。（3）经省级以上监察机关批准继续调查所得出的结论，应当符合《刑法》第六十四条关于追缴违法所得及其他涉案财产的规定。对于符合以上条件的案件，根据《监察法实施条例》第二百三十二条的规定，监察机关应当经集体审议，出具《没收违法所得意见书》，连同案卷材料、证据等，一并移送有管辖权的人民检察院，提请其依法向人民法院提出没收违法所得的申请。监察机关将《没收违法所得意见书》移送人民检察院后，在逃的被调查人自动投案或者被抓获的，监察机关应当及时通知人民检察院。

七、监察与检察衔接程序

（一）移送审查起诉

1. 移送案件材料

检察机关受理监察机关移送审查起诉的案件首先要接收相关案件材料。根据《监察法实施条例》的规定，监察机关决定对涉嫌职务犯罪的被调查人移送起诉的，应当出具《起诉意见书》，连同案卷材料、证据等，一并移送同级人民检察院。监察机关案件审理部门负责与人民检察院审查起诉的衔接工作，调查、案件监督管理等部门应当予以协助。国家监察委员会派驻或者派出的监察机构、监察专员调查的职务犯罪案件，应当依法移送省级人民检察院审查起诉。根据司法规范要求，监察机关所移送的案件材料应当包括：《起诉意见书》一式 6 份；《移送司法机关涉案财物清单》一式 3 份；调查案卷，包括文书卷和证据卷，以及相应

的电子卷宗；物证、电子证据；其他需要移送的案件材料。[1] 从宽处罚建议一般应当作为《起诉意见书》内容一并提出，特殊情况下也可以在案件移送后、人民检察院提起公诉前，单独形成从宽处罚建议书移送人民检察院。对于从宽处罚建议所依据的证据材料，应当一并移送人民检察院。根据《人民检察院刑事诉讼规则》第一百五十七条的规定，检察机关负责案件管理的部门在接收监察机关所移送的案件材料后，应立即审查：(1) 依据移送的法律文书载明的内容确定案件是否属于本院管辖；(2) 案卷材料是否齐备、规范，符合有关规定的要求；(3) 移送的款项或者物品与移送清单是否相符；(4) 犯罪嫌疑人是否在案以及采取强制措施的情况；(5) 是否在规定的期限内移送案件。检察机关案件管理部门审查后，认为具备受理条件的，应当及时进行登记，移送相关部门办理。经过审查，认为案卷材料不齐备的，应当及时要求监察机关补送相关材料。对于案卷装订不符合要求的，应当要求监察机关重新装订后移送。此外，监察机关对已经移送起诉的职务犯罪案件，发现遗漏被调查人罪行需要补充移送起诉的，应当经审批出具《补充起诉意见书》，连同相关案卷材料、证据等一并移送同级人民检察院。

2. 变更强制措施

《监察法》第四十七条第一款规定："对监察机关移送的案件，人民检察院依照《中华人民共和国刑事诉讼法》对被调查人采取强制措施。"检察机关受理监察机关移送的案件后，该涉嫌职务犯罪的案件就进入了刑事诉讼阶段，监察机关对被调查人所采取的留置措施，就应当相应地转化为检察机关对犯罪嫌疑人所采取的刑事强制措施。根据《刑事诉讼法》第一百七十条，以及《人民检察院刑事诉讼规则》第一百四十二、一百四十三、一百四十六条的相关规定，对于监察机关移送起诉的已采取留置措施的案件，人民检察院应当在受理案件后，及时对犯罪嫌疑人作出拘留决定，交公安机关执行。执行拘留后，留置措施自动解除。人民检察院应当在执行拘留后十日以内，作出是否逮捕、取保候审或者监视居住的决定。特殊情况下，决定的时间可以延长一日至四日。此外，对于监察机关移送起诉的未采取留置措施的案件，人民检察院在审查起诉过程中可以根据案件情况，依照相关规定决定是否采取逮捕、取保候审或者监视居住措施。根据《监察法实施条例》第二百二十条的规定，监察机关一般应当在正式移送起诉十日前，向拟移送的人民检察院采取书面通知等方式预告移送事宜。对于已采取留置措施的案件，发现被调查人因身体等原因存在不适宜羁押等可能影响刑事强制措施执行情形的，应当通报人民检察院。对于未采取留置措施

---

① 吴建雄，廖永安. 反腐败：监察与司法的法法衔接. 北京：中国检察出版社，2019：170.

的案件，可以根据案件具体情况，向人民检察院提出对被调查人采取刑事强制措施的建议。

（二）审查移送案件

1. 审查案件材料

根据《刑事诉讼法》的规定，检察机关在审查案件时必须查明：案件的犯罪事实、情节是否清楚，证据是否确实、充分，犯罪性质和罪名的认定是否正确；有无遗漏罪行和其他应当追究刑事责任的人；是否属于不应追究刑事责任的；有无附带民事诉讼；调查活动是否合法；等等。根据《监察法实施条例》和《人民检察院刑事诉讼规则》的相关规定，检察机关在审查案件的过程中认为可能存在以非法方法收集证据情形的，可以要求监察机关对证据收集的合法性作出说明或者提供相关证明材料；认为需要对案件中某些专门性问题进行鉴定而监察机关没有鉴定的，应当要求监察机关进行鉴定；对监察机关的勘验、检查，认为需要复验、复查的，应当要求其复验、复查；对物证、书证、视听资料、电子数据及勘验、检查、辨认、侦查实验等笔录存在疑问的，可以要求调查人员提供获取、制作的有关情况；发现有应当排除的非法证据，应当依法排除，同时可以要求监察机关另行指派调查人员重新取证。检察机关对监察机关移送的案件进行审查后，在人民法院作出生效判决之前，认为需要补充提供证据材料的，可以书面要求监察机关提供。对于检察机关的上述要求，监察机关应当予以配合。

2. 退回补充调查

《监察法》第四十七条第三款规定："人民检察院经审查，认为需要补充核实的，应当退回监察机关补充调查，必要时可以自行补充侦查。对于补充调查的案件，应当在一个月内补充调查完毕。补充调查以二次为限。"《刑事诉讼法》和《人民检察院刑事诉讼规则》也作出了相关规定。检察机关在审查起诉阶段，认为监察机关移送起诉的刑事案件犯罪事实不清、证据不足或者遗漏罪行、遗漏同案犯罪嫌疑人等情形需要补充调查的，应当出具补充调查决定书、补充调查提纲，写明补充调查的事项、理由、调查方向、需补充收集的证据及其证明作用等，连同案卷材料一并送交监察机关。退回补充调查的决定由与移送案件的监察机关同级别的检察机关作出。[①] 检察机关决定退回补充调查的案件，犯罪嫌疑人已被采取强制措施的，应当将退回补充调查情况书面通知强制措施执行机关。监

---

① 吴建雄，廖永安. 反腐败：监察与司法的法法衔接. 北京：中国检察出版社，2019：172.

察机关需要讯问的，检察机关应当予以配合。监察机关的调查部门应当在一个月内补充调查完毕并形成补充调查报告，经案件审理部门审核后按程序报批。补充调查结束后需要提起公诉的，应当由监察机关重新移送检察机关，并重新计算审查起诉期限。检察机关对已经退回监察机关二次补充调查的案件，在审查起诉中又发现新的犯罪事实，应当将线索移送监察机关或公安机关。

（三）决定起诉或不起诉

检察机关对案件进行审查后，应当依法作出起诉或者不起诉的决定。根据《刑事诉讼法》第一百七十二条的规定，检察机关对于监察机关移送起诉的案件，应当在一个月以内作出决定，重大、复杂的案件，可以延长十五日；犯罪嫌疑人认罪认罚，符合速裁程序适用条件的，应当在十日以内作出决定，对可能判处的有期徒刑超过一年的，可以延长至十五日。检察机关经审查，认为犯罪嫌疑人的犯罪事实已经查清，证据确实、充分，依法应当追究刑事责任的，应当作出起诉决定；对于有《刑事诉讼法》规定的不起诉情形的，经上一级人民检察院批准，依法作出不起诉的决定；对于犯罪事实并非犯罪嫌疑人所为，需要重新调查的，应当在作出不起诉决定后书面说明理由，将案卷材料退回监察机关并建议重新调查。根据《监察法实施条例》的规定，监察机关认为人民检察院不起诉决定有错误的，应当在收到不起诉决定书后三十日内，依法向其上一级人民检察院提请复议。监察机关应当将上述情况及时向上一级监察机关书面报告。

课后练习

1. 《监察法》对监察机关采取留置措施有哪些特殊规定？为什么？
2. 问题线索的处置程序是什么？
3. 对涉嫌职务犯罪的被调查人应采取怎样的处置程序？

核心法条

《中华人民共和国监察法》

第三十八条 需要采取初步核实方式处置问题线索的，监察机关应当依法履行审批程序，成立核查组。初步核实工作结束后，核查组应当撰写初步核实情况报告，提出处理建议。承办部门应当提出分类处理意见。初步核实情况报告和分类处理意见报监察机关主要负责人审批。

第四十三条 监察机关采取留置措施，应当由监察机关领导人员集体研究决定。设区的市级以下监察机关采取留置措施，应当报上一级监察机关批准。省级监察机关采取留置措施，应当报国家监察委员会备案。

留置时间不得超过三个月。在特殊情况下，可以延长一次，延长时间不得超过三个月。省级以下监察机关采取留置措施的，延长留置时间应当报上一级监察机关批准。监察机关发现采取留置措施不当的，应当及时解除。

监察机关采取留置措施，可以根据工作需要提请公安机关配合。公安机关应当依法予以协助。

第四十四条 对被调查人采取留置措施后，应当在二十四小时以内，通知被留置人员所在单位和家属，但有可能毁灭、伪造证据，干扰证人作证或者串供等有碍调查情形的除外。有碍调查的情形消失后，应当立即通知被留置人员所在单位和家属。

监察机关应当保障被留置人员的饮食、休息和安全，提供医疗服务。讯问被留置人员应当合理安排讯问时间和时长，讯问笔录由被讯问人阅看后签名。

被留置人员涉嫌犯罪移送司法机关后，被依法判处管制、拘役和有期徒刑的，留置一日折抵管制二日，折抵拘役、有期徒刑一日。

第四十五条 监察机关根据监督、调查结果，依法作出如下处置：

（一）对有职务违法行为但情节较轻的公职人员，按照管理权限，直接或者委托有关机关、人员，进行谈话提醒、批评教育、责令检查，或者予以诫勉；

（二）对违法的公职人员依照法定程序作出警告、记过、记大过、降级、撤职、开除等政务处分决定；

（三）对不履行或者不正确履行职责负有责任的领导人员，按照管理权限对其直接作出问责决定，或者向有权作出问责决定的机关提出问责建议；

（四）对涉嫌职务犯罪的，监察机关经调查认为犯罪事实清楚，证据确实、充分的，制作起诉意见书，连同案卷材料、证据一并移送人民检察院依法审查、提起公诉；

（五）对监察对象所在单位廉政建设和履行职责存在的问题等提出监察建议。

监察机关经调查，对没有证据证明被调查人存在违法犯罪行为的，应当撤销案件，并通知被调查人所在单位。

《中华人民共和国监察法实施条例》

第一百七十二条 信访举报部门归口受理本机关管辖监察对象涉嫌职务违法

和职务犯罪问题的检举控告，统一接收有关监察机关以及其他单位移送的相关检举控告，移交本机关监督检查部门或者相关部门，并将移交情况通报案件监督管理部门。

案件监督管理部门统一接收巡视巡察机构和审计机关、执法机关、司法机关等其他机关移送的职务违法和职务犯罪问题线索，按程序移交本机关监督检查部门或者相关部门办理。

监督检查部门、调查部门在工作中发现的相关问题线索，属于本部门受理范围的，应当报送案件监督管理部门备案；属于本机关其他部门受理范围的，经审批后移交案件监督管理部门分办。

第一百七十九条 核查组在初步核实工作结束后应当撰写初步核实情况报告，列明被核查人基本情况、反映的主要问题、办理依据、初步核实结果、存在疑点、处理建议，由全体人员签名。

承办部门应当综合分析初步核实情况，按照拟立案调查、予以了结、谈话提醒、暂存待查，或者移送有关部门、机关处理等方式提出处置建议，按照批准初步核实的程序报批。

第三节 监察机关的内部机构设置

《监察法》第三十六条规定："监察机关应当严格按照程序开展工作，建立问题线索处置、调查、审理各部门相互协调、相互制约的工作机制。监察机关应当加强对调查、处置工作全过程的监督管理，设立相应的工作部门履行线索管理、监督检查、督促办理、统计分析等管理协调职能。"因此，监察机关内部至少应当设置七个部门，才能保障监察工作的顺利进行。这七个部门具体是信访举报受理部门、问题线索处置部门、监督检查部门、审查调查部门、案件审理部门、监督管理部门和其他综合业务部门。[①] 这里主要讲解前六个部门。

一、信访举报受理部门

《监察法实施条例》第一百七十二条第一款规定："信访举报部门归口受理本机关管辖监察对象涉嫌职务违法和职务犯罪问题的检举控告，统一接收有关监察

---

① 李晓明，芮国强. 国家监察学原理. 北京：法律出版社，2019：245.

机关以及其他单位移送的相关检举控告，移交本机关监督检查部门或者相关部门，并将移交情况通报案件监督管理部门。”信访举报受理部门是各级纪委监委内设用来受理相关信访举报材料的职能部门，其主要职责是受理对党组织、党员、监察对象违反党规党纪、法律法规行为的检举、控告，受理不服党纪政务处分和其他处理的申诉，处理群众来信、接待群众来访、接听举报电话、处理网络举报，分类摘要后移送案件监督管理、执纪监督、党风政风监督等部门。此外，信访举报受理部门负责核查处理部门情节轻微、简单的信访案件，对打击报复举报人的检举、控告进行核实等。①

二、问题线索处置部门

《监察法实施条例》第一百七十三条第二款规定：“问题线索承办部门应当指定专人负责管理线索，逐件编号登记、建立管理台账。线索管理处置各环节应当由经手人员签名，全程登记备查，及时与案件监督管理部门核对。”问题线索处置部门一般具有以下几项职能：分类处置、定期管理、对外保密。

（一）分类处置

根据具体工作实践，线索处置部门处置线索的方式有以下几种：谈话、函询、初步核实、暂存待查、予以了结。一是用好谈话、函询。谈话、函询是实践监察监督“四种形态”、落实全面从严治党要求的重要手段，目的是抓小抓早、动辄得咎，用纪律和规矩管住大多数。二是扎实开展初步核实。采取初步核实方式处置问题线索，应当制定工作方案，成立核查组，严格履行审批手续，采取必要措施核查。初核工作结束后，要综合分析初核情况，决定是否转交调查部门进一步处理。三是减少暂存待查。暂存待查，不是不查，也不能让“暂存”变“长存”，而是一旦条件成熟，存放备查的问题线索就要重新进行处置。四是及时了结线索。反映的问题失实或无可能开展核查工作的问题线索，应当予以了结。对采取谈话、函询和初步核实方式处置的问题线索，按规定程序办理后也要及时予以了结。②

（二）定期管理

《监察法》将定期管理的方式规定为定期汇总、通报、定期检查、抽查。定

---

① 李沫，黄健．我国纪检监察反腐举报制度的法律重塑：基于对举报信访化的反思．湖南社会科学，2019（6）：52－59．

② 沈叶．问题线索的流转之旅．中国纪检监察，2017（5）：35．

期汇总是指对所有接受举报的案件，根据分类处置的结果，进行定期的汇总，不遗漏、不重复。通报是传达情况、沟通信息，既要做好本部门内工作人员相互之间的通报，也要做好与其他部门工作人员就相关情况的通报。定期检查是问题线索处置内部必须定期对举报案件分类处理的合法性与正当性进行检查，避免举报失实的案件或者分类处置不得当。抽查与定期检查的功能相近，一般是在两个规定的时间节点之间，再进行不定期检查，保证监察工作中对线索处置的正当性。

（三）对外保密

对每一起违纪违法案件的监察工作都必须做好保密。一是严格控制知悉范围。问题线索管理要指定专人负责，使用专用电脑。尤其是在接受举报后的分流处理过程中，不准私自留存、隐匿、查阅、摘抄、复制。二是严格履行交接手续。经过问题线索处置部门处理的案件，有可能转交调查部门进一步审查，在履行交接的过程中必须严格按照程序审批、签字、确认。三是严肃追究责任。问题线索管理、办理及督办等相关人员，必须严格遵守保密纪律，发现私存线索、跑风漏气等行为的，依照有关规定严肃处理。①

三、监督检查部门

《监察法实施条例》第一百七十四条第一款规定：“监督检查部门应当结合问题线索所涉及地区、部门、单位总体情况进行综合分析，提出处置意见并制定处置方案，经审批按照谈话、函询、初步核实、暂存待查、予以了结等方式进行处置，或者按照职责移送调查部门处置。”监督检查部门主要履行依纪依法监督的职责。监督检查所联系单位（地区）领导班子及中管干部遵守和执行党的章程和其他党内法规，遵守和执行党的路线方针政策和决议、国家法律法规，推进全面从严治党，依法履职、秉公用权、廉洁从政从业以及道德操守等方面的情况；监督检查所联系单位（地区）党委（党组）落实管党治党主体责任的情况，指导、检查、督促纪委监委（派驻、派出机构）落实纪检、监察责任，实施问责；向监察对象所在单位提出监察建议；综合分析研判问题线索，按程序提出处置意见或移交审查调查室；综合、协调、指导所联系单位（地区）及其系统的纪检监察工作；等等。②

---

① 李晓明，芮国强. 国家监察学原理. 北京：法律出版社，2019：245-246.

② 组织机构. http://www.ccdi.gov.cn/xxgk/zzjg/201905/t20190505_193379.html.

四、审查调查部门

审查调查部门主要履行执纪审查和依法调查处置的职责。承办涉嫌严重违纪或者职务违法、职务犯罪问题线索的初步核实和立案审查调查，以及其他比较重要或者复杂案件的初步核实、审查调查，并提出处理建议；向监察对象所在单位提出监察建议；可以办理下一级监察机关管辖范围内的监察事项，必要时也可以办理所辖各级监察机关管辖范围内的监察事项等。[①]

审查调查部门的主要工作是针对问题线索处置部门初步核实后的案件，做进一步调查，其履行的主要职能是召开会议、确定调查方案、提供初步处理建议和报领导审批。对于问题线索处置部门转交的案件，调查部门应当召集内部人员召开讨论大会，尤其是疑难复杂案件。经过内部召开会议研究后，确定初步的调查方案，并决定需要采取的调查措施。调查人员应当严格执行调查方案，不得随意扩大调查范围、变更调查事项和对象。调查决定应当向被调查人宣布，并通报相关组织。严重违法或者涉嫌犯罪的，应当通知被调查人亲属，并向社会公开发布。经过调查程序后，部门负责人拟确定初步的处理建议，并向领导报送审批，转交案件审理部门。

五、案件审理部门

案件审理部门接受审查调查部门转交的案件，案件审理工作的基本要求是：事实清楚、证据确凿、定性准确、处理恰当、手续完备。这五句话二十个字相辅相成、互相联系、相互制约、缺一不可。[②] “事实清楚、证据确凿”是监察工作必须坚持的原则；“定性准确”是根据违纪违法的事实和性质，依据党和国家的方针政策和党纪政纪条规以及法律法规，给予违纪违法人员恰当的定性；“处理恰当”是在定性准确的前提下完成的，灵活运用“从轻”“减轻”“从重”“加重”“合并处理”“免予处分”等；“手续完备”是指在监察工作中，要按照实体法、程序法规定的方法和步骤进行，该签字确认的就要签字，该上报审批的就要严格履行手续。

根据案件审理的结果采取四种处置方式：政务处分、监察建议、问责、移送起诉。（1）政务处分。对违法的公职人员依照法定程序作出警告、记过、记大

---

① 组织机构. http://www.ccdi.gov.cn/xxgk/zzjg/201905/t20190505_193379.html.

② 李永鑫. 落实监督执纪“四种形态”的调查与思考. 理论探索，2017（1）：69.

过、降级、撤职、开除等处理决定。(2) 监察建议。对监察对象所在单位廉政建设和履行职责过程中存在的问题提出监察建议。(3) 问责。对不履行或不正确履行职责的，依照权限对负有责任的领导人员直接作出问责决定，或者向有权作出问责决定的机关提出问责建议。(4) 移送起诉。对公职人员涉嫌职务犯罪，监察机关经调查认为犯罪事实清楚，证据确实、充分的，制作起诉意见书，连同被调查人、案卷材料、证据一并移送检察机关依法提起公诉，检察机关依法对被移交人员采取强制措施。

当然，案件审理部门在处置案件的过程中必须坚持监察工作的基本原则。另外，案件审理部门还必须坚持一项特殊原则。因为案件审理部门不同于问题线索处置部门和审查调查部门，它对被监察对象的权利造成了实质的、现实的影响，所以必须遵守保障被监察对象合法权益的原则。具体表现在以下几个方面：(1) 在案件审理部门决定对监察对象的处分时，一般情况下，本人有权参加会议并进行申辩。(2) 处分决定所依据的事实材料和处分决定必须与受处分人见面，听取本人说明情况和申辩。(3) 监察对象对处分决定或审查决定不服的，有权提出请求和申诉。(4) 在审理过程中，一般情况下，案件审理部门应当派人和被审查人谈话，直接听取本人的意见。(5) 处分决定和批复应送交本人一份。(6) 受审查人员认为办案人员和本案有某种关系，可能影响对案件公正处理的，有权申请办案人员进行回避。①

六、监督管理部门

按照《监察法》的规定，管理协调部门主要履行监督检查、督促办理职能。监督检查和督促办理都体现了管理协调部门的监督职能。《监察法实施条例》第一百七十三条第一款规定："案件监督管理部门应当对问题线索实行集中管理、动态更新，定期汇总、核对问题线索及处置情况，向监察机关主要负责人报告，并向相关部门通报。"监察机关本身肩负了监督的职责，那么它本身也应当受到监督，除了外部需要接受同级人大的监督外，更需要自身的监督，只有做好自身的监督，才能更好地完成监察工作。监督管理部门的监督就是自身最好的监督。要做好监督工作，除了要坚持监察工作的基本原则外，还必须遵循以下两项工作原则：第一，经常性原则。经常性监督，有利于及时发现监察机关各部门工作人员在监察工作中的不当行为、违法现象，并及时纠正和处理，避免增加社会成本。第二，有效性原则。监察监督要想收到实效，就必须做到客观、公正、准

① 李晓明，芮国强. 国家监察学原理. 北京：法律出版社，2019：249-250.

确、及时，使各个内部机构协调、有效运行。

课后练习

1. 为何要在监察委员会内设机构之间建立协调制约机制？

核心法条

《中华人民共和国监察法》

第三十六条 监察机关应当严格按照程序开展工作，建立问题线索处置、调查、审理各部门相互协调、相互制约的工作机制。

监察机关应当加强对调查、处置工作全过程的监督管理，设立相应的工作部门履行线索管理、监督检查、督促办理、统计分析等管理协调职能。

第四节 主要程序性制度

一、证据制度

虽然《监察法》并未对职务违法与职务犯罪硬性区分证据类型，但是从广义上而言，《监察法》中的证据类型，大致可以划分为职务违法证据与职务犯罪证据。职务违法证据与职务犯罪证据在证据种类以及收集证据规则等方面具有一致性，只不过前者的证明标准对于证据的综合证明力要求相对较低。

（一）证据种类

《监察法》第三十三条第一款规定，监察机关依照本法规定收集的物证、书证、证人证言、被调查人供述和辩解、视听资料、电子数据等证据材料，在刑事诉讼中可以作为证据使用。《监察法实施条例》第五十九条规定，可以用于证明案件事实的材料都是证据，包括：物证；书证；证人证言；被害人陈述；被调查人陈述、供述和辩解；鉴定意见；勘验检查、辨认、调查实验等笔录；视听资料、电子数据。可见，《监察法》中的证据种类可以划分为以下几种：

1. 物证

物证是以其物质属性，包括外部特征、存在场所等证明案件事实的实物或物质痕迹。《监察法》中的物证通常包括违法犯罪工具、违法犯罪行为产生的物品、违法犯罪行为指向的物质对象、表现为违法犯罪危害后果的物品、违法犯罪行为产生的痕迹以及违法犯罪前准备犯罪与犯罪后掩盖犯罪产生的实物或物质痕迹。

2. 书证

书证是以其记载或表达的思想内容证明案件真实情况的文字材料或其他载体。认识书证的关键在于区别书证与物证，前者系以其记载和表达的思想内容来证明案件真实情况，后者是以其外部特征来证明案件真实情况。当然，一个证据有时既可能是物证，同时也可能是书证。

3. 证人证言

诉讼中的证人，是指了解案件情况而向人民法院作证的人。刑事诉讼因为涉及犯罪侦查、审查批捕、审查起诉等环节，所以证人既包括向法院作证的证人，也包括向公安机关、检察机关作证的证人。当然，向监察机关作证的人也属于证人。在《监察法》的视野下，证人证言是指证人在监察活动过程中向监察机关陈述的与案件情况有关的内容。

4. 被害人陈述

被害人陈述是指被害人就其在职务违法犯罪案件中所遭受的损害等有关情况向监察机关所做的陈述。在监察活动中，监察机关及其人员应当采取必要措施保证被害人的安全，并且合理区分被害人陈述的真伪。

5. 被调查人陈述、供述和辩解

被调查人供述和辩解是指被调查对象就其涉嫌职务违法犯罪和案件有关情况向监察机关所做的陈述。在监察活动中，无论是被调查人的供述还是辩解，监察人员都应当客观公正地记录。事实上，被调查人供述和辩解的作出，要求被调查人知道案件真实情况、能够辨别是非以及能够正确表达。

6. 鉴定意见

鉴定意见是指具有专门知识的鉴定人接受监察机关的指定或者聘请，就案件中的专门问题进行鉴定后得出的结论性意见。鉴定人必须出庭接受盘问，我国法律要求鉴定人必须在法庭上接受盘问，实践中的一些重大案件中，鉴定人出庭已经成为常态。

7. 勘验检查、辨认、调查实验等笔录

监察活动中的勘验检查、辨认、调查实验等笔录，是指监察机关依法对与职务违法犯罪有关的场所、物品、人身、尸体等进行勘查、检验、辨认或者实施侦查实验的情况所做的记载。

8. 视听资料、电子数据

视听资料是以特定载体为储存设备，以图像、声音等内容来证明案件真实情况的证据。常见的视听资料包括录音、录像资料，这些资料可以储存在磁带中，也可以储存在电子载体中。但国际互联网上储存的资料究竟属于视听资料这一证据种类还是属于书证，尚存一定的疑问。

电子数据也被称为计算机数据，因为它与计算机的产生、应用以及发展密不可分。电子数据是指储存在计算机及网络中的以电子、数字、磁、光学、电磁等形式来证明案件真实情况的信息，包括电子记录和电子记录的系统。电子证据具有直接性、明确性以及轻量性等特点，其在证明监察案件事实中发挥着传统证据材料无法替代的作用。

（二）收集证据规则

《监察法》第三十三条规定，监察机关依照本法规定收集的物证、书证、证人证言、被调查人供述和辩解、视听资料、电子数据等证据材料，在刑事诉讼中可以作为证据使用。监察机关在收集、固定、审查、运用证据时，应当与刑事审判关于证据的要求和标准相一致。以非法方法收集的证据应当依法予以排除，不得作为案件处置的依据。

一方面，监察机关及其监察人员应当遵守证据收集、固定、审查以及运用的规范化原则。《监察法》第二十四条规定，监察机关可以对涉嫌职务犯罪的被调查人以及可能隐藏被调查人或者犯罪证据的人的身体、物品、住处和其他有关地方进行搜查。在搜查时，应当出示搜查证，并有被搜查人或者其家属等见证人在场。搜查女性身体，应当由女性工作人员进行。监察机关进行搜查时，可以根据工作需要提请公安机关配合。公安机关应当依法予以协助。《监察法》第十八条规定，监察机关行使监督、调查职权，有权依法向有关单位和个人了解情况，收集、调取证据。有关单位和个人应当如实提供。监察机关及其工作人员对监督、调查过程中知悉的国家秘密、商业秘密、个人隐私，应当保密。任何单位和个人不得伪造、隐匿或者毁灭证据。为了保证监察证据收集合法有序地展开，必须坚持三个基本原则：程序法定原则、客观全面原则以及保密原则。①

另一方面，监察机关及其监察人员以非法方法收集的证据应当依法予以排除，不得作为案件处置的依据。监察机关及其监察人员收集的证据，应当接受非法证据排除规则的检验，如果违反了刑事诉讼中的非法证据排除规则，就不得作

---

① 谭宗泽，张震，褚宸舸. 监察法学. 北京：高等教育出版社，2020：193.

为案件处置的依据。当然，《监察法》对于非法证据排除规则的贯彻力度更大一些。《监察法》未对非法证据明确做出言词证据与实物证据的区分，但规定监察机关对于以非法方法收集的证据，应当依法排除，不存在通过补正或作出合理解释采用的空间。同时也可以通过合理解释，认为《监察法》对非法证据作出了言词证据与实物证据的区分，而遵从《刑事诉讼法》的相关规定。《监察法》未明确规定提出非法证据排除的主体，目前可以借鉴《刑事诉讼法》的相关规定。

此外，证明标准是指为了达到指控犯罪的目标，在通过证据证明待证事实时，所预先设定的、要求必须达到的证明程度。刑事证明标准集中体现于《刑事诉讼法》第五十五条第二款的规定，即犯罪事实清楚，证据确实、充分，应当符合以下条件：一是定罪量刑的事实都有证据证明；二是据以定案的证据均经法定程序查证属实；三是综合全案证据，对所认定事实已排除合理怀疑。进一步而言，证据必须具有全面性，取证程序必须具有合法性，证据审查认定方法具有合法性，综合全案证据认定的事实能够排除合理怀疑。[①] 同时，在综合审查证据时，借助证据相互印证规则和补强证据规则。

二、时限制度

《监察法》中的时限制度，主要是指监察机关必须遵从正当程序原则，按照《监察法》规定的具体时间限制采取相应的立案、监督、调查以及处置措施。当然，也包括被立案人、被监督人、被调查人以及被处置人按照合理的时间限制采取相应的救济措施。监察时限制度关乎《监察法》的法治化与规范化运作，对于保障监察权力的正当行使具有重大作用，对于监察对象的权利保障具有重要意义，值得开展细致的研究。

其一，财产冻结时限制度。根据《监察法》第二十三条第一款的规定，监察机关调查涉嫌贪污贿赂、失职渎职等严重职务违法或者职务犯罪，根据工作需要，可以依照规定查询、冻结涉案单位和个人的存款、汇款、债券、股票、基金份额等财产。有关单位和个人应当配合。但是随之而来的问题是，监察机关的冻结措施的实施有无期限限制，而权力的行使必须遵从正当程序原则的限制，既不能随意采取权利限制措施，也不能采取不必要的权利限制措施。基于正当程序原则的遵从，《监察法》第二十三条第二款规定，冻结的财产经查明与案件无关的，应当在查明后三日内解除冻结，予以退还。这样就保证了被冻结人能够及时使得

① 朱小芹. 职务犯罪证据审查实务. 北京：中国法制出版社，2019：23.

权利回复到合法状态，维持生活、生产、经营活动。

其二，查封、扣押时限。根据《监察法》第二十五条第一款与第二款的规定，监察机关在调查过程中，可以调取、查封、扣押用以证明被调查人涉嫌违法犯罪的财物、文件和电子数据等信息。采取调取、查封、扣押措施，应当收集原物原件，会同持有人或者保管人、见证人，当面逐一拍照、登记、编号，开列清单，由在场人员当场核对、签名，并将清单副本交财物、文件的持有人或者保管人。对调取、查封、扣押的财物、文件，监察机关应当设立专用账户、专门场所，确定专门人员妥善保管，严格履行交接、调取手续，定期对账核实，不得毁损或者用于其他目的。对价值不明物品应当及时鉴定，专门封存保管。《监察法》第二十五条第三款规定，查封、扣押的财物、文件经查明与案件无关的，应当在查明后三日内解除查封、扣押，予以退还。

其三，技术调查措施时限。《监察法》第二十八条第二款规定，批准决定应当明确采取技术调查措施的种类和适用对象，自签发之日起三个月以内有效；对于复杂、疑难案件，期限届满仍有必要继续采取技术调查措施的，经过批准，有效期可以延长，每次不得超过三个月。对于不需要继续采取技术调查措施的，应当及时解除。

其四，限制出境措施时限。《监察法》第三十条规定，监察机关为防止被调查人及相关人员逃匿境外，经省级以上监察机关批准，可以对被调查人及相关人员采取限制出境措施，由公安机关依法执行。对于不需要继续采取限制出境措施的，应当及时解除。

其五，留置时限制度。《监察法》第四十三条规定，留置时间不得超过三个月。在特殊情况下，可以延长一次，延长时间不得超过三个月。省级以下监察机关采取留置措施的，延长留置时间应当报上一级监察机关批准。监察机关发现采取留置措施不当的，应当及时解除。《监察法》第四十四条第一款与第二款规定，对被调查人采取留置措施后，应当在二十四小时以内，通知被留置人员所在单位和家属，但有可能毁灭、伪造证据，干扰证人作证或者串供等有碍调查情形的除外。有碍调查的情形消失后，应当立即通知被留置人员所在单位和家属。此外，《监察法》第二十九条涉及的通缉令的发布也应该规定相应的时限制度，以维护正当程序原则。

其六，补充调查时限。而《监察法》第四十七条第三款规定，人民检察院经审查，认为需要补充核实的，应当退回监察机关补充调查，必要时可以自行补充侦查。对于补充调查的案件，应当在一个月内补充调查完毕。补充调查以二次为限。

其七，复审复核申诉时限。《监察法》第四十九条规定，监察对象对监察机关作出的涉及本人的处理决定不服的，可以在收到处理决定之日起一个月内，向作出决定的监察机关申请复审，复审机关应当在一个月内作出复审决定；监察对象对复审决定仍不服的，可以在收到复审决定之日起一个月内，向上一级监察机关申请复核，复核机关应当在二个月内作出复核决定。《监察法》第六十条第二款规定，受理申诉的监察机关应当在受理申诉之日起一个月内作出处理决定。申诉人对处理决定不服的，可以在收到处理决定之日起一个月内向上一级监察机关申请复查，上一级监察机关应当在收到复查申请之日起二个月内作出处理决定，情况属实的，及时予以纠正。可见，上述决定涉及的权利义务关系人必须按照监察程序规定的时限提出复议复核等申请。

课后练习

1. 收集证据的规则是什么？
2. 时限制度设置的目的是什么？

核心法条

《中华人民共和国监察法》

第三十三条　监察机关依照本法规定收集的物证、书证、证人证言、被调查人供述和辩解、视听资料、电子数据等证据材料，在刑事诉讼中可以作为证据使用。

监察机关在收集、固定、审查、运用证据时，应当与刑事审判关于证据的要求和标准相一致。

以非法方法收集的证据应当依法予以排除，不得作为案件处置的依据。

第七章　反腐败国际合作

在全球化快速发展的当前，没有任何一个国家可以免于腐败的侵蚀，置身于腐败的影响之外。腐败作为所有国家或地区共同面对的持续挑战，各国之间需要通力合作，共同打击腐败，不断完善反腐败的全球治理体系。作为我国反腐败国际合作工作的职责主体——国家监察委员会，需要严格依照《监察法》的规定统筹协调与其他国家、地区、国际组织开展的反腐败国际交流、合作，组织反腐败国际条约实施以及履约审议工作，承担《联合国反腐败公约》司法协助中央机关有关工作，组织协调有关单位建立集中统一、高效顺畅的反腐败国际追逃追赃和防逃协调机制，统筹协调、督促指导各级监察机关反腐败国际追逃追赃等涉外案件办理工作。构建反腐败执法司法合作的全球网络，有力地遏制腐败全球化现象。

第一节　反腐败国际合作概述

腐败破坏社会公平正义，损害政府形象和公信力，阻碍经济健康发展，是必须治理的社会"毒瘤"。但是，腐败不是某个国家或地区存在的特别问题，而是所有国家或地区需要共同面对的持续挑战。因此，加强反腐败国际合作，构建反腐败执法司法合作的全球网络成为国际社会的共同需求，以此有力地遏制腐败全球化现象。《监察法》第五十条至第五十二条将反腐败国际合作的经验和做法通过法律的形式固定下来，成为我国进一步完善和发展反腐败国际合作制度的法律基础。

一、反腐败国际合作的内涵及必要性

（一）反腐败国际合作的内涵

反腐败国际合作，是国际反腐败职责主体在反腐败领域开展的国际合作，各国际行为主体之间就反腐败问题进行各种形式的配合、协力和互动。各个国家基于其国内法对反腐败“国际合作”范围和方式的规定存在一定区别，但为了有助于拓展反腐败国际合作的深度和广度，适宜在法律制度允许的基本框架内对反腐败国际合作予以较为宽泛的理解。根据《联合国反腐败公约》第四章“国际合作”规定的内容和方式，国际合作包括国际合作、引渡、被判刑人的移管、司法协助、刑事诉讼的移交、执法合作、联合侦查和特殊侦查手段。实际上，更加广义的国际合作还可以包括《联合国反腐败公约》第五章“资产的追回”和第六章“技术援助和信息交流”等内容。从《监察法》对反腐败国际合作领域、方式的规定可见，我国对反腐败国际合作采取广义的理解。需要特别说明的是，反腐败国际合作不仅适用于范围广泛的刑事案件的相互合作，还适用于非刑事案件的司法协助。在本国法律许可的条件下，对与腐败有关的民事案件和行政案件的调查和诉讼等程序也可以相互协助。[①] 而且反腐败国际合作中的双重犯罪原则不以完全对应的犯罪和术语、罪名的相同为前提，这实质上拓展了国际合作的空间。

反腐败国际合作机制有三种类型：第一类是联合国、国际组织主导的多边合作机制。这类合作机制以《联合国反腐败公约》和《联合国打击跨国有组织犯罪公约》为主要制度框架，参与合作的国家较多，涉及的合作范围较广，国际影响力也较大。另外，国际刑事警察组织是国际组织主导的反腐败国际合作机制中影响力最大的一个。第二类是一定区域的国家参与和主导的反腐败国际合作机制，例如二十国集团（G20）、欧盟国家之间、中国-东盟等的反腐败国际合作。第三类是国与国之间的双边合作机制。该类机制以国家之间的协定为合作的依据和框架。联合国、国际组织主导的多边合作机制、区域性合作机制和双边合作机制也是我国反腐败国际合作的基本框架。相较于多边合作机制，双边合作机制下的个案合作具有更高的运用频率，是我国当前最基本、最重要的合作形式。这是因为各国在政治、法律、文化等领域的差异长期存在，多边合作机制的构建与实施有赖于参与国的普遍共识，其规定也具有典型的纲领性和笼统性，继而在具体执行

---

① 陈雷. 反腐败国际合作理论与实务. 北京：中国检察出版社，2012：6－7.

时操作性不强。[①] 当然多边合作机制、区域性合作机制与双边合作机制并非彼此割裂的关系，前两者诸多引领性的规则、原则可以为双边合作机制的完善提供制度支持。

（二）反腐败国际合作的必要性

在全球化背景下，各国对于通过国际合作遏制跨国腐败的滋生和蔓延，完善腐败治理的体制机制具有迫切的需求。腐败问题已经不是某个国家的孤立问题，而早已成为世界各国面临的共同问题。在全球化快速发展的当前，没有任何一个国家可以免于腐败的侵蚀，置身于腐败的影响之外，而跨国境的腐败犯罪问题同其他犯罪行为一样，也越来越具有国际性，往往超越一国的范围而产生相应的"溢出"效应。所谓腐败的"溢出"效应，是指在某国产生的腐败现象，不仅会污染发生国的政治生态和社会经济环境，导致"不廉洁"，而且伴随腐败人员的外逃、非法资金外流和海外腐败活动扩散等，也会降低腐败流入国的清廉程度，动摇流入国经济、政治和社会生成发展根基。[②] 因此，腐败，特别是作为国际公害的跨国腐败，是世界各国都必须要解决的难题。

不过，腐败问题的解决不是任何单一国家凭自身能力可以完全解决的问题，而需要各国之间的务实合作。实际上，全球化在经济领域的表现是颇为明显的，但在政治、文化领域，各个国家仍然面临较大的差异，甚至强调国家自身在这些方面的自主性和特色，这就在某种程度上为跨国腐败提供了避风港。当前既不可能期待出现超国家的政治实体统一进行腐败治理，也无法奢望世界各国统一法律制度以消除跨国腐败滋生的土壤，切实可行的方案就是加强各国家之间反腐败国际合作，通过互助协力应对腐败治理的难题。[③] 当前至少需要在共同应对国际商业交易中的贿赂、资金与贪污分子外逃、洗钱、国际非政府合作组织内的腐败、政治捐款、国际救援基金的使用等方面开展反腐败国际合作。总之，反腐败国际合作是世界各国腐败治理的切实需要。

在党的十八大以来加强反腐败工作的大背景下，加强我国与其他国家之间的反腐败合作工作，完善国际合作机制，显得尤为必要。而且，加强反腐败国际合作工作，有助于推动构建人类命运共同体。人类命运共同体，强调建构真实的、

---

① 殷超峰. 论我国反腐败国际合作的双边机制：以美、加、澳为例. 天津行政学院学报，2017，19（5）：83.

② 徐玉生，陆奕君. 反腐败国际合作的中国经验及理路. 青海社会科学，2018（4）：81-82.

③ 马海军，邹世享. 中国反腐败国际合作研究. 北京：知识产权出版社，2011：73-75.

平等的、互利的共同体，它在国家与国家之间建立的是一种平行结构的伙伴关系，倡导在追求本国利益时兼顾他国合理关切，在谋求本国发展时促进各国共同发展。通过与有关国家签订条约协议、开展追逃追赃工作，共同打击腐败，不断完善反腐败的全球治理体系，是人类命运共同体理论逻辑的自然延伸。[①] 其实，倡导和践行人类命运共同体理念的过程，也反过来要求世界各国进一步加强反腐败国际合作。

二、反腐败国际合作的发展历程

（一）世界反腐败国际合作发展的基本历程

世界反腐败国际合作经历了一个萌芽、成长和提升的发展过程。反腐败国际合作萌芽的标志是美国 1977 年《海外反腐败法》（Foreign Corrupt Practices Act）的出台，该法旨在限制美国公司贿赂外国政府公职人员的行为。在美国的影响下，一些国家颁布了类似的法律。随着反腐败国际合作实践的演化，20 世纪 90 年代，反腐败的国际合作又重新被世界聚焦，众多国际组织纷纷投身于此，积极推进反腐败国际合作的进程。这一时期反腐败国际合作最具有代表性的成绩，当属国际透明组织（Transparency International）的成立与发展。该非政府、非营利、国际性的民间组织是德国人彼得·艾根于 1993 年创立的，由来自各国政府要员、企业的从业人员以及企业主等组成。国际透明组织自 1995 年起每年会发布“腐败印象指数”（Corruption Perception Index），该指数是研究全球腐败问题的主要衡量标准之一。

反腐败国际合作在 20 世纪最后 20 余年获得了较为平稳的发展，到了 21 世纪则进入了一个新的发展阶段。全球许多国际组织和机构以及众多国家都出台了相应的公约和宣言，联合国也颁布了一系列具有法律效力的反腐败国际合作相关文件。2000 年，联合国大会通过了《联合国打击跨国有组织犯罪公约》，该公约的宗旨是促进合作，以便更有效地预防和打击跨国有组织犯罪。最初该公约对反腐败并无涉及，但经过后来各项文件的议定，将其范围扩大到了反洗钱与反腐败。更具权威性的文件当属 2005 年生效的《联合国反腐败公约》，这是联合国历史上通过的第一个专门用于指导国际反腐败斗争的法律文件，对各国加强国内的反腐败行动、提高反腐败成效、促进反腐败国际合作具有十分重要的意义。联合国大会将 12 月 9 日定为国际反腐败日。伴随着反腐败国际合作制度与理念的不

---

① 徐玉生，陆奕君. 反腐败国际合作的中国经验及理路. 青海社会科学，2018（4）：85－86.

断完善，反腐败国际合作向着更加务实的方向发展。

（二）中国反腐败国际合作的进程与实践

随着世界反腐败国际合作体制机制的持续发展，中国反腐败国际合作水平获得了不断的提升，参与国际合作的制度体系更趋合理，相关合作实践也渐次开展并取得良好实效。中国启动反腐败国际合作，与贪腐人员的外逃现象是紧密联系在一起的。中共十一届三中全会以来，我国公民同外国的交往流动日趋增多，贪腐人员外逃现象也逐渐频繁。以美国为首的西方国家成为腐败分子潜逃最为主要的目的国。为了惩治潜逃他国的腐败人员，我国逐步开始与这些国家开展反腐败合作。较有代表性的事例是，1998 年 5 月，中美成立了“中美执法合作联合联络小组”，此后两国多次召开反腐败专家组工作会议，在中美反腐败合作机制的建立与运作方面达成诸多一致意见。2000 年，中美签署了关于刑事司法协助的协定，该协定于 2001 年 3 月 8 日生效。另外，1984 年我国正式加入国际刑事警察组织，为开展反腐败国际合作提供了相应平台和机制。以下从参与国际条约、完善国内立法以及开展具体合作三个方面分析我国反腐败国际合作的发展状况。

在参与国际条约方面，我国签订的最为重要的反腐败国际合作条约系《联合国反腐败公约》，该公约为反腐败国际合作确立了最为基本的制度框架。具体而言，2003 年我国签署了《联合国反腐败公约》，此后，我国陆续同多个国家签订了司法协助条约、引渡和移管等条约。[①] 通过持续不断的努力，我国参与加入反腐败国际合作相关的国际条约日益增多，内部结构趋于合理。典型的事例是，2014 年 11 月亚太经合组织（APEC）第二十六届部长级会议在北京成功召开。此次会议正式通过《北京反腐败宣言》，呼吁成员经济体齐心协力，遵照本经济体法律和政策规定，通过切实行动加强亚太地区反腐败合作。这是第一个由中国起草的国际性的反腐败宣言。

反腐败国际合作另一个重要的基础性工作，是做好国内法与国际条约的衔接适用工作。当前中国与反腐败国际合作有关的国内法主要有《刑法》《刑事诉讼法》《中华人民共和国引渡法》《中华人民共和国反洗钱法》《监察法》《中华人民共和国国际刑事司法协助法》等，而且随着法律的修改完善，我国有针对性地出台了一系列司法解释，增加了缺席审判制度和违法所得特别没收程序，逐步建立起了与《联合国反腐败公约》相一致的反腐败法律体系。但是，随着跨国腐败问

---

① 韩琳.《联合国反腐败公约》与中国反腐败国际合作：基于《公约》在中国实施评估的视角. 广州大学学报（社会科学版），2016，15（3）：11-13.

题的不断变化，我国反腐败国际合作的相关国内法体系尚有进一步调整和完善的空间。

在国际条约和国内法的制度架构下，中国积极参与全球、区域多边和双边等多个层面的反腐败国际合作，在国际反腐败中扮演着愈发重要的角色。2006年国际反贪局联合会在北京成立，这是第一个以各国反贪机构为成员的国际反腐败组织，旨在推动《联合国反腐败公约》的有效实施。2014年中央纪委监察部将原来的外事局和预防腐败室合并，成立国际合作局专职负责反腐败国际合作方面的工作。同年，中央反腐败协调小组牵头设立“国际追逃追赃工作办公室”，通过建立动态的外逃人员数据库、加强国际反腐败执法合作等方式加强追逃追赃工作。2014年以来，伴随着“猎狐”行动和“天网”行动的强力铺展，我国在打击跨国腐败犯罪的国际合作方面，逐渐从“被动参与”转向“积极主导”，反腐败国际合作的广度和深度得到明显发展。同时，我国通过双边引渡协议、非法移民遣返、异地追诉、劝返等多种手段开展了有力的国际追逃追赃工作。

三、反腐败国际合作职责主体与内容

开展和加强反腐败国际合作工作，对于预防和控制腐败具有显著的成效。《监察法》第五十条专门规定了国家监察委员会在国际反腐败工作中的职责，下面分别从职责主体和职责内容两个方面进行阐述。

（一）反腐败国际合作的职责主体

反腐败国际合作工作的职责主体是国家监察委员会，而不是地方各级监察委员会，更不是国家监察委员会之外的其他中央国家机关。在权力纵向配置关系上，反腐败国际合作属于外交领域，在央地关系的事权划分上属于中央事权。《监察法》第七条第一款规定：“中华人民共和国国家监察委员会是最高监察机关。”由国家监察委员会作为国际反腐败工作的统筹协调主体，符合事权划分的一般原理和基本准则。而从权力横向配置的角度，反腐败国际合作涉及诸多国家、地区的法律等，具有很强的专业性和技术性，同时反腐败国际追逃追赃工作的政治性也很强，涉及国内国外方方面面的内容。因此，由作为最高监察机关的国家监察委员会来统筹协调各国家机关的反腐败国际合作工作，具有合理性和可行性。[①] 国家监察委员会组织机构内部专设有国际合作局，具体承担相应的反腐

① 马怀德. 中华人民共和国监察法理解与适用. 北京：中国法制出版社，2018：190-191.

败国际合作职责。

反腐败国际合作工作的职责主体是国家监察委员会，并不意味着各级地方监察委员会就完全不承担反腐败国际合作方面的工作。根据《监察法》第三条规定，各级监察委员会是行使国家监察职能的专责机关，依法对所有行使公权力的公职人员进行监察，调查职务违法和职务犯罪，开展廉政建设和反腐败工作，维护宪法和法律的尊严。实际上，“开展廉政建设和反腐败工作”必然包含了反腐败国际合作的工作内容。换言之，在国家监察委员会的统筹协调下，地方监察委员会在自身管辖权范围内要承担、履行一定的反腐败国际合作工作。

（二）反腐败国际合作的职责内容

《监察法》第五十条规定：“国家监察委员会统筹协调与其他国家、地区、国际组织开展的反腐败国际交流、合作，组织反腐败国际条约实施工作。”以该条为中心，并结合《监察法实施条例》的相关规定，国家监察委员会所承担的反腐败国际合作职责内容包括：一是统筹协调与其他国家、地区、国际组织开展的反腐败国际交流、合作。国家监察委员会是我国运用国际条约开展反腐败国际合作的组织协调机关和预防腐败主管机关，其统筹协调职责强调的是统一筹划与协调，而引渡、资产追回、司法协助等反腐败国际合作的具体工作仍然需要由相关具体部门承接办理。例如，国家监察委员会在统筹协调国际追逃追赃工作中，具体工作的完成就需要最高人民法院、最高人民检察院、外交部、公安部、国家安全部、司法部、中国人民银行等单位的协力配合，甚至由其直接承担具体工作。根据当前我国反腐败国际合作工作的基本要求，其主要内容是加强与联合国、二十国集团、亚太经合组织、金砖国家组织、东盟、国际刑事警察组织等国际组织的交流合作，进一步完善我国与西方各单个国家的双边合作机制，深化与重点国家的沟通协作，增进反腐败信息的共建共享。

二是组织反腐败国际条约实施以及履约审议工作，承担《联合国反腐败公约》司法协助中央机关有关工作。当前我国已经加入《联合国反腐败公约》《联合国打击跨国有组织犯罪公约》等与反腐败国际合作紧密相关的国际公约。同时，截至 2021 年 7 月，我国已与 81 个国家缔结引渡条约、司法协助条约、资产返还和分享协定、打击“三股势力”协定及移管被判刑人条约共 169 项（140 项生效）。截至 2021 年 7 月 13 日，党的十八大以来，共对外缔结引渡条约（25 项）和刑事司法协助条约（17 项）共 42 项，推动引渡条约（16 项）和刑事司法协助条约（12 项）共 28 项生效。这些国际公约、条约、协定等共同构筑起了我国反腐败国际合作的制度体系，同时提出了有效推进和实施该类国际条约的要求。这些反腐败国际条约的实施工作由国家监察委员会组织开展，具体包含组织国内有关部门分析研判我国加入并实施反腐败国际条约的利弊，结合我国实际情况积极推进反腐败国际条约在国内法中的转化与适用，完善反腐败国际条约履约机制等。

三是组织协调有关单位建立集中统一、高效顺畅的反腐败国际追逃追赃和防逃协调机制，统筹协调、督促指导各级监察机关反腐败国际追逃追赃等涉外案件办理工作。《监察法实施条例》第二百三十四条对国家监察委员会的该项工作职责内容予以了细化，比如：制定反腐败国际追逃追赃和防逃工作计划，研究工作中的重要问题；组织协调反腐败国际追逃追赃等重大涉外案件办理工作；办理由国家监察委员会管辖的涉外案件；指导地方各级监察机关依法开展涉外案件办理工作等。监察机关反腐败国际追逃追赃等涉外案件办理工作，由国家监察委员会国际合作局归口管理。

地方各级监察机关在国家监察委员会领导下，统筹协调、督促指导本地区反腐败国际追逃追赃等涉外案件办理工作。根据《监察法实施条例》第二百三十五条规定，地方各级监察机关应当具体履行下列职责：（一）落实上级监察机关关于反腐败国际追逃追赃和防逃工作部署，制定工作计划；（二）按照管辖权限或者上级监察机关指定管辖，办理涉外案件；（三）按照上级监察机关要求，协助配合其他监察机关开展涉外案件办理工作；（四）汇总和通报本地区职务犯罪外逃案件信息和追逃追赃工作信息；（五）承担本地区其他与反腐败国际追逃追赃等涉外案件办理工作相关的职责。在地方监察机关中，省级监察委员会应当会同有关单位，建立健全本地区反腐败国际追逃追赃和防逃协调机制。同时，地方各级监察委员会应当明确专责部门，归口管理本地区涉外案件办理工作。

在反腐败国际合作的领导体制下，国家监察委员会派驻或者派出的监察机构、监察专员和地方各级监察机关办理涉外案件中有关执法司法国际合作事项，应当逐级报送国家监察委员会审批。由国家监察委员会依法直接或者协调有关单位与有关国家（地区）相关机构沟通，以双方认可的方式实施。另外，监察机关应当建立追逃追赃和防逃工作内部联络机制。具体而言，承办部门在调查过程中，发现被调查人或者重要涉案人员外逃、违法所得及其他涉案财产被转移到境外的，可以请追逃追赃部门提供工作协助。监察机关将案件移送人民检察院审查起诉后，仍有重要涉案人员外逃或者未追缴的违法所得及其他涉案财产的，应当由追逃追赃部门继续办理，或者由追逃追赃部门指定协调有关单位办理。

课后练习

1. 简述反腐败国际合作机制的类型。

核心法条

《中华人民共和国监察法》

第三条 各级监察委员会是行使国家监察职能的专责机关，依照本法对所有行使公权力的公职人员（以下称公职人员）进行监察，调查职务违法和职务犯罪，开展廉政建设和反腐败工作，维护宪法和法律的尊严。

第二节 反腐败国际合作领域

一、反腐败国际合作领域概述

《监察法》第五十一条规定：“国家监察委员会组织协调有关方面加强与有关国家、地区、国际组织在反腐败执法、引渡、司法协助、被判刑人的移管、资产追回和信息交流等领域的合作。”因此，《监察法》将反腐败国际合作的组织协调职责赋予国家监察委员会，由其组织并协调最高人民法院、最高人民检察院、外交部、国安部、公安部、司法部等国内有关部门与有关国家、地区、国际组织开展反腐败国际合作。除了开展诸如建立反腐败交流合作关系、签署双边合作谅解备忘录、将反腐败合作纳入战略与经济对话等反腐败双边合作外，我国在反腐败多边合作中做了许多工作。比如，截至 2018 年 3 月，我国参与了 15 个国际反腐败多边机制，如二十国集团反腐败工作组、亚太经合组织反腐败工作组、亚太经合组织反腐败执法合作网络、国际反腐败学院、金砖国家反腐败合作机制、亚洲监察专员协会理事会等。[①] 与此同时，还通过各种体制机制的安排，推动 2014 年《北京反腐败宣言》、2016 年《二十国集团反腐败追逃追赃高级原则》等成果文件落地生根。另外，在反腐败国际合作的语境下，中国进一步加强与“一带一路”参与国家和有关国际组织的交流合作，不断凝聚国际社会共建廉洁丝绸之路

① 中共中央纪律检查委员会法规室，中华人民共和国国家监察委员会法规室.《中华人民共和国监察法》释义. 北京：中国方正出版社，2018：228.

的共识。[1] 因为廉政建设是实现“一带一路”高质量、可持续发展的内在需要，是我国企业“走出去”的竞争力、生命力所在。我国以积极参与国际规则协商制定的方式，在反腐败国际合作领域特别是重点地区有力开展具体合作。

国家监察委员会组织协调有关方面加强与有关国家、地区、国际组织合作的领域包括反腐败执法、引渡、司法协助、被判刑人的移管、资产追回、信息交流等。其实，《联合国反腐败公约》所规定的国际合作领域比《监察法》的规定更为宽泛一些，前者还对刑事诉讼的移交、联合侦查、特殊侦查手段、技术援助等作出专门规定。

刑事诉讼的移交，是涉外刑事诉讼转移管辖的简称，它是指对犯罪有管辖权的一国由于某种原因，不能进行或完成追究犯罪的刑事责任的刑事诉讼活动时，将案件移交给另一国管辖的活动。它是作为本国国民不引渡原则的补救措施而出现的国际刑事合作的一种新形式。

联合侦查是指两个或两个以上国家（或地区）就某个特定的腐败案件共同采取侦查行动、调查取证、缉捕犯罪分子的一种侦查手段，它是国际反腐败公约确立的一种新型刑事司法国际合作的方式与措施。根据《联合国反腐败公约》第四十九条“联合侦查”之规定，联合侦查的方式包括两种：其一，应当考虑缔结双边或多边协定或者安排，可以据以就涉及一国或多国侦查、起诉或者审判程序事由的事宜建立联合侦查机构；其二，如无这类协定或者安排，可以在个案基础上商定进行这类联合侦查。

特殊侦查手段，是指根据本国法律规定，对腐败犯罪案件使用控制下交付、电子监控、监听监录、耳目卧底或特工行动等秘密的侦查方法和手段，并允许法庭采信由这些手段产生的证据。[2] 其中所谓的“控制下交付”，指在主管机关知情并由其监控的情况下允许非法或可疑货物运出、通过或者运入一国或多国领域的做法，其目的在于侦查某项犯罪并查明参与该项犯罪的人员。[3]

技术援助，则是指某国向其他国家提供制订反腐败计划方案，实施反腐败刑

---

① 中央纪委国家监委国际合作局．落实全会精神机关篇 | 把握反腐败国际合作的时和势．https://www.ccdi.gov.cn/llxx/202308/t20230824_286962.html.

② 《联合国反腐败公约》第五十条第一款规定：为有效地打击腐败，各缔约国均应当在其本国法律制度基本原则许可的范围内并根据本国法律规定的条件在其力所能及的情况下采取必要措施，允许其主管机关在其领域内酌情使用控制下交付和在其认为适当时使用诸如电子或者其他监视形式和特工行动等其他特殊侦查手段，并允许法庭采信由这些手段产生的证据。

③ 《联合国反腐败公约》第二条第九项规定：“控制下交付”系指在主管机关知情并由其监控的情况下允许非法或可疑货物运出、通过或者运入一国或多国领域的做法，其目的在于侦查某项犯罪并查明参与该项犯罪的人员。

事司法国际合作的培训、指导、研讨等方面的技术上的帮助。

随着反腐败国际合作领域的新发展，相对于联合侦查的自主侦查在一定条件下可能成为国际合作的领域。换言之，结合国际反腐败实践和最新趋势，在不久的未来，有条件地开放司法权限制、允许外国司法人员进入一国直接开展侦查活动，在特定情境下可以成为反腐败国际合作的选项之一。[①] 总之，反腐败国际合作的领域不是一成不变的，随着腐败治理的实践需要可以进行动态的调整。

其实，从以上的反腐败国际合作领域内容可见，它同一般刑事司法国际合作有紧密的关系。国际腐败犯罪和跨国腐败犯罪是国际犯罪和跨国犯罪的一种突出形式。国际社会在惩治与预防腐败犯罪的基本合作方式和合作准则上，与合作打击一般的国际犯罪、跨国犯罪没有本质区别。因此，反腐败国际合作的领域，与刑事司法国际合作的一般原则和理论具有相当的亲缘性。[②] 因此，在把握反腐败国际合作领域时，要关注刑事司法国际合作的相关原理与规范。

二、反腐败国际合作的具体领域

结合《监察法》第五十一条规定，国家监察委员会组织协调有关方面开展反腐败国际合作的具体领域如下：

（一）反腐败执法

反腐败执法合作是反腐败案件在执法机关之间的国际合作方式，具体指公安机关、司法机关、金融监管部门等执法机关与其他国家、地区、国际组织在反腐败案件的调查取证、通讯侦听、建立联合调查机构、抓捕外逃涉案人员、反洗钱等方面的国际合作。在执法合作的具体运作上，地方各级监察机关通过执法合作方式办理相关涉外案件的，应当将合作事项及相关材料逐级报送国家监察委员会审核，由国家监察委员会依法直接或者协调有关单位，向有关国家（地区）相关机构提交并开展合作。实际上，《联合国反腐败公约》第四十八条和《联合国打击跨国有组织犯罪公约》第二十七条均规定了“执法合作”，其中明确要求缔约国应在符合本国法律制度和行政管理制度的情况下相互密切合作，以加强打击本公约所涵盖的犯罪的执法行动的有效性，并列举了执法合作应采取的有效措施。反腐败执法合作机制的建立与实施，无疑可以增强一国反腐败执法行动的有效性。在执法合作中充分发挥国际组织的作用十分重要，其中肩负着反贪污腐败使

① 邱陵．反腐败国际合作从联合侦查向自主侦查路径转变探讨．法学杂志，2019，40（4）：79－80．

② 陈雷．反腐败国际合作理论与实务．北京：中国检察出版社，2012：24－27．

命的国际刑事警察组织、海关合作理事会等国际组织在国际反腐败中正日益发挥着积极的作用。例如，我国公安机关协调国际刑事警察组织发布“红色通缉令”，对于有效追捕潜逃国外的腐败人员具有相当重要的意义。

（二）引渡

引渡是指某一国家根据有关国家的请求，将在本国境内而被外国指控犯罪或已被判处刑罚的人移交给请求国，以便请求国对其提起刑事诉讼或执行刑罚的一种反腐败国际合作制度。随着国际政治经济形势、各国意识形态以及国家关系的变化，特别是在通过《联合国反腐败公约》之后，引渡原则出现了一些新的发展。典型者如“或引渡或起诉”原则，该原则已经被纳入几乎所有涉及国际刑事司法合作尤其是引渡合作的国际法律文件中。[①] 反腐败国际合作中的引渡，是以双边条约、多边条约或以互惠原则为重要基础的。根据《监察法》第五十一条、《监察法实施条例》第二百四十六条规定，国家监察委员会组织协调引渡方面的国际合作，地方各级监察机关通过引渡方式办理相关涉外案件的，应当按照引渡法、相关双边及多边国际条约等规定准备引渡请求书及相关材料，逐级报送国家监察委员会审核。由国家监察委员会依法通过外交等渠道向外国提出引渡请求。

（三）司法协助

司法协助是指有关国家、地区为了共同打击犯罪，以其签署的双边或多边条约为规范依据，并以互惠为重要原则，在进行侦查、起诉和审判过程中，相互提供司法方面的协助。互惠原则即相互之间给予对等的优惠待遇。如果某一国家协助我国为一定的司法行为，我国也应当协助该国为相对等的司法行为。根据《刑事诉讼法》第十八条规定，根据我国缔结或者参加的国际条约，或者按照互惠原则，我国司法机关和外国司法机关可以相互请求刑事司法协助。我国与某一国家签订的双边条约，是司法协助合作中最为有效的规范依据。例如，2000 年，中国和菲律宾签署了《关于刑事司法协助的条约》，其中明确在相互尊重主权和平等互利的基础上，为促进两国在刑事司法协助领域的有效合作而达成协议。在刑事司法协助的具体实施中，地方各级监察机关通过刑事司法协助方式办理相关涉外案件的，应当按照国际刑事司法协助法、相关双边及多边国际条约等规定准备刑事司法协助请求书及相关材料，逐级报送至国家监察委员会审核。由国家监察委员会依法直接或者通过对外联系机关等渠道，向外国提出刑事司法协助请求。

---

① 黄风.“或引渡或起诉”法律问题研究. 中国法学，2013（3）：182.

而针对外国提出的刑事司法协助，国家监察委员会收到外国提出的请求书及所附材料，经审查认为符合有关规定的，作出决定并交由省级监察机关执行，或者转交其他有关主管机关。

需要特别说明的是，这里说的是狭义的司法协助，而广义的司法协助还包括引渡、被判刑人的移管、资产追回等诸多内容。为了保证国际刑事司法协助的正常进行，加强刑事司法领域的国际合作，有效惩治犯罪，保护个人和组织的合法权益，维护国家利益和社会秩序，2018 年全国人民代表大会常委会通过了《中华人民共和国国际刑事司法协助法》，这标志着我国刑事司法协助工作走向法治化轨道，为我国刑事司法协助工作的有序开展提供了坚实的法律基础。① 《中华人民共和国国际刑事司法协助法》中所界定的司法协助属于广义的司法协助，该法第二条规定，国际刑事司法协助是指中国和外国在刑事案件调查、侦查、起诉、审判和执行等活动中相互提供协助，包括送达文书，调查取证，安排证人作证或者协助调查，查封、扣押、冻结涉案财物，没收、返还违法所得及其他涉案财物，移管被判刑人以及其他协助。

(四) 被判刑人的移管

被判刑人的移管是指外逃人员在某一国法院被判处刑罚，而后移送他国（通常为被判刑人的国籍国或居住国）执行被判处的全部或部分刑罚的国际刑事司法合作制度。《联合国反腐败公约》第四十五条亦明确规定了被判刑人的移管，即缔约国可以考虑缔结双边或多边协定或者安排，将因实施根据本公约确立的犯罪而被判监禁或者其他形式剥夺自由的人移交其本国服满刑期。各国在国际性与地区性的移管制度建设中，建立起了相对完备的被判刑人移交与接管的系统化制度，以确保外籍被判刑人在更加适宜的监禁环境中服刑，同时避免造成对本国司法资源的不合理分配。我国在国际规则框架下制定了符合国际标准的国内移管制度。例如，《中华人民共和国国际刑事司法协助法》第八章专门规定了“移管被判刑人”的相关制度。

(五) 资产追回

资产追回指的是贪污贿赂等犯罪嫌疑人携款外逃的情况，通过与有关国家、地区、国际组织的合作，追回犯罪资产的合作机制。根据《监察法实施条例》第

---

① 魏枭枭．我国国际刑事司法协助体系的构建与完善．中国司法，2020（5）：108－109．

二百五十条的规定及相关实践，[①] 反腐败国际合作中的资产追回主要包括三种方式：一是在开展引渡等追逃合作时，随附请求有关国家（地区）移交相关违法所得及其他涉案财产；二是请有关国家（地区）依法追缴相关违法所得及其他涉案财产，并予以返还；三是依法启动违法所得没收程序，由人民法院对相关违法所得及其他涉案财产作出冻结、没收裁定，请有关国家（地区）承认和执行，并予以返还。资产追回是打击腐败犯罪的有力措施和手段，同时可以弥补腐败犯罪受害国的经济损失。有效开展资产追回，不仅要依靠高水平的国际法律合作，还要依靠资产来源国的强国内司法能力。[②]

（六）信息交流

反腐败国际合作中的信息交流，是某一国的职能部门与其他国家、地区和国际组织就反腐败的相关统计数据、特定资料、专门知识等进行交流分享的制度。信息交流涉及多方面的内容，包括有关反腐败法治、制度及运作经验方面的信息交流，有关预防和打击腐败的最佳方法的信息交流，相互追逃追赃方面的信息交流，等等。[③] 有效且充分的信息交流，能够显著提升反腐败工作的水平和效率。

课后练习

1. 联合侦查的方式有哪些？

核心法条

《中华人民共和国监察法》

第五十一条　国家监察委员会组织协调有关方面加强与有关国家、地区、国际组织在反腐败执法、引渡、司法协助、被判刑人的移管、资产追回和信息交流等领域的合作。

《中华人民共和国监察法实施条例》

第二百四十六条　地方各级监察机关通过引渡方式办理相关涉外案件的，应当按照引渡法、相关双边及多边国际条约等规定准备引渡请求书及相关材料，逐级报送国

① 马怀德. 中华人民共和国监察法理解与适用. 北京：中国法制出版社，2018：198-199.
② 张士金. 对资产追回国际法律合作的现实考量. 政法论坛，2010，28（1）：152-153.
③ 姜明安. 监察工作理论与实务. 北京：中国法制出版社，2018：86-87.

家监察委员会审核。由国家监察委员会依法通过外交等渠道向外国提出引渡请求。

《联合国反腐败公约》

第四十九条　联合侦查

缔约国应当考虑缔结双边或多边协定或者安排，以便有关主管机关可以据以就涉及一国或多国侦查、起诉或者审判程序事由的事宜建立联合侦查机构。如无这类协定或者安排，可以在个案基础上商定进行这类联合侦查。有关缔约国应当确保拟在其领域内开展这种侦查的缔约国的主权受到充分尊重。

第三节　反腐败国际追逃追赃和防逃工作

党的十九大指出，不管腐败分子逃到哪里，都要缉拿归案、绳之以法。反腐败国际追逃追赃和防逃工作是反腐败国际合作的重要内容。

一、反腐败国际追逃追赃和防逃工作概述

将逃匿国（境）外的腐败人员缉捕归案，同时对因腐败流失国外的国家资产予以追回，防止腐败人员潜逃国外，均是反腐败国际合作的核心工作。但是，因腐败而开展的追逃追赃工作涉及中外反腐败、外交、警务、检务、司法、反洗钱等不同的职能部门，就需要特定的国家机关组织协调该类繁杂的工作，并督促有关单位做好反腐败国际追逃追赃和防逃工作。根据《监察法》第五十二条的规定，国家监察委员会承担组织协调并督促有关单位做好"反腐败国际追逃追赃和防逃工作"的职责。

反腐败国际追逃追赃和防逃工作并非彼此割裂，三者之间具有紧密的联系。做好防患于未然的防逃工作，可以有效减少具有事后补救性质的追逃成本。在注重防逃追逃工作的同时，追赃工作也不可忽视。腐败犯罪人员外逃一般会伴随着赃款赃物转移境外，除了逃避监管和法律制裁的考量外，主要原因是为其出境之后的生活奠定物质基础。由此可见，追赃工作有力开展有助于促进追逃工作，因为将赃款赃物追回可以切断其经济命脉，也就顺势瓦解了外逃人员在境外生活的物质基础，从而能够迫使其回国接受司法审理。而追逃追赃工作成绩显著，又可以起到震慑与预防的作用，有效地防止外逃现象的发生。[①] 因此，在推进追逃追

---

① 高铭暄，赵秉志，黄风，等. 关于加大防逃追逃追赃力度加强反腐败国际合作工作的若干建议//赵秉志. 刑事法治发展研究报告：2013—2014 年卷. 北京：法律出版社，2016.

赃和防逃工作时要把握好三者的关系，合乎恰当比例地加大三项工作的力度。

反腐败国际追逃追赃工作是治理腐败的重要一环，国家监察委员会组织协调开展了诸多实际工作。2019 年，中央纪委办公厅、国家监委办公厅印发《纪检监察机关办理反腐败追逃追赃等涉外案件规定（试行）》，该规定明确追逃追赃工作范围、各级纪检监察机关的追逃追赃职责和追逃追赃部门的工作任务；明确外逃信息的范围和报告、处置程序；要求强化国内基础工作，依法开展调查取证、采取有关措施；强调要统筹利用各方面国际合作资源；等等。除了内部规则体系建设方面，国家监察委员会牵头开展职务犯罪国际追逃追赃专项行动，制定下发职务犯罪国际追逃追赃专项行动工作方案，指导督促各级纪检监察机关依法履行职责，集中力量资源开展追逃追赃，并取得了显著的工作成绩。例如，2019 年 1 月至 10 月，全国共追回外逃人员 1 634 名，其中党员和国家工作人员 741 人，包括“百名红通人员”4 人，追赃金额约 29.54 亿元人民币。追回外逃人数同比增长 69%，追回党员和国家工作人员人数同比增长 201%，追赃金额同比增长 288%。①

目前，反腐败国际追逃追赃和防逃工作已经进入攻坚期和深水区。追逃追赃和防逃工作遵循法治和科学的理念，一方面要求追逃追赃和防逃工作的运行要有必要的合法性依据（国际公约、多边或双边条约等），另一方面要提高追逃追赃和防逃工作的实效，完善优化追逃追赃和防逃的具体合作机制。② 也就是说，追逃追赃和防逃工作必须坚持法治思维和法治方式，持续建立健全追逃追赃和防逃体制机制，一体推进追逃追赃和防逃工作。例如，根据《监察法实施条例》第二百四十条规定，国家监察委员会派驻或者派出的监察机构、监察专员和地方各级监察委员会发现监察对象出逃、失踪、出走，或者违法所得及其他涉案财产被转移至境外的，应当在二十四小时以内将有关信息逐级报送至国家监察委员会国际合作局，并迅速开展相关工作。该类逐级报送时效机制的建立，有助于追逃追赃工作及时迅速的展开。同时，国家监察委员会会同有关部门逐步完善履行引渡、刑事司法协助、被判刑人移管等相关反腐败国际合作法律职责工作机制，实现监察法与相关法律的有效衔接，将改革形成的制度优势充分转化为追逃追赃治理效能。

---

① “天网 2019”行动成果丰硕 1 至 10 月全国共追回外逃人员 1 634 名 追赃金额 29.54 亿元. https://www.ccdi.gov.cn/yaowen/201912/t20191209_205801.html.

② 肖军. 境外追逃追赃国际合作研究. 北京：法律出版社，2016：202-203.

二、反腐败国际追逃工作

反腐败国际追逃，是指对于逃匿到国（境）外的涉嫌重大贪污贿赂、失职渎职等职务犯罪的被调查人，在掌握比较确凿的证据的情况下，通过开展境外追逃工作将其追捕归案。对此，《监察法》第五十二条作了明确规定。开展反腐败国际追逃合作，将潜逃的腐败人员追捕归案，需要满足以下三个条件：一是追逃对象是涉嫌重大贪污贿赂、失职渎职等职务犯罪案件的被调查人；二是被调查人已经逃匿到国（境）外；三是掌握证据比较确凿。《监察法实施条例》第二百四十二条规定，监察机关应当依法全面收集外逃人员涉嫌职务违法和职务犯罪证据。这里应当区分执法的证明标准和刑事审判的证明标准，前者的证明标准要低于后者。开展反腐败国际追逃，只需要掌握的证据“比较确凿”即可。总之，以上三项条件缺一不可，否则无法启动反腐败国际追逃工作。为了富有实效且规范化地开展反腐败国际追逃工作，监察机关在国（境）内工作中建立了统一接收外逃信息、案件档案等机制。根据《监察法实施条例》第二百四十一条规定，监察机关追逃追赃部门统一接收巡视巡察机构、审计机关、行政执法部门、司法机关等单位移交的外逃信息。监察机关对涉嫌职务违法和职务犯罪的外逃人员，应当明确承办部门，建立案件档案。

在实践中，开展反腐败国际追逃的方式有多种，其中引渡是利用国际刑事司法协助开展境外追逃的正式渠道和理想方式。引渡是最为传统和常用的境外追逃措施，但由于各国对于引渡多会规定一些前提条件，如互惠原则、条约前置主义，并受到死刑不引渡、政治犯不引渡、本国公民不引渡等原则的限制，引渡合作往往不能顺利实现。在引渡无法实现的情形之下，可以采取非法移民遣返、劝返、异地追诉等引渡之外的一些替代性措施。所谓引渡的替代性措施，就是指在无法诉诸正式的引渡程序或引渡遇到不可逾越的法律障碍的情况下所使用的追逃手段。

在常规的替代性措施中，非法移民遣返是指由请求国向外逃涉案人员所在国提供其违法犯罪线索和伪造护照等虚假身份情况，使其所在地国根据相关移民法规强制将其遣返自请求国的一种合作机制。而所谓劝返，是指通过劝说沟通的方式，让职务犯罪外逃人员主动或同意回国归案的一种司法措施。异地追诉则是请求国在无法行使管辖权的情况下，向外逃人员所在国提供自己掌握的证据材料，使其所在国根据本国法律对外逃人员提起诉讼，使其受到应有的法律制裁。除了以上常规的替代性措施，反腐败国际追逃方式还包括绑架、诱捕等非常规措施。

所谓绑架是指用绑架手段将外逃人员缉捕回国，而诱捕是将犯罪嫌疑人引诱到本国境内、国际公海、国际空域或有引渡条约的第三国，然后进行逮捕或引渡。由于该类非常规的替代性措施易引发外交纠纷，所以在实践中较少使用。①

在反腐败国际追逃的几种措施中，劝返因其效率最高、成本最低而成为当前实务部门最常使用的方式。具体而言，劝返相较于其他追逃方式更具效率，同时其具有促进司法共赢的积极效果。②《监察法实施条例》第二百四十三条对劝返作出了相关规定，即开展追逃工作，应当把思想教育贯穿始终，落实宽严相济刑事政策，依法适用认罪认罚从宽制度，促使外逃人员回国投案或者配合调查、主动退赃。劝返可以发生在任何场合，也可以采取各类方式。比如，劝返工作既可以在外逃人员尚未进入引渡、遣返或者其他强制性法律程序之前进行，也可以在这类程序之后开展；既可以通过其亲属、相关法律程序中的代理人（律师）进行，也可以由国内办案机关或主管机关实施。境外劝返与境内的劝说投案有重大区别，追逃人员在境外的规劝活动属于公务行为，如果得不到当地执法或司法机关的许可、默认或配合，则很难开展劝返工作。③

虽然我国反腐败国际追逃措施包括引渡、非法移民遣返、劝返、异地追诉四种，但在实践往往同时采用，犯罪嫌疑人的自愿回国往往是多种措施共同作用的结果。比如杨某珠案，该案是我国综合适用引渡替代性措施开展反腐败国际追逃的典型案例。在杨某珠案中，除了非法移民遣返程序以外，我国还主动为美国提供证据，启动异地追诉程序，追究杨某珠在美国的相关刑事罪行，这些强大的外力，为压缩杨某珠的生存环境，推动其最终接受劝返奠定了重要基础。④

三、反腐败国际追赃工作

反腐败国际追赃，是指贪污贿赂、失职渎职等职务犯罪案件的涉案人携带赃款赃物逃往国（境）外，向赃款赃物所在地国请求查询、冻结、扣押、没收、追缴、返还涉案资产，追回涉案资产的国际合作。反腐败国际追逃与追赃之间的区别是较为明显的。追逃旨在将腐败犯罪嫌疑人或被告人缉拿归案、押回国内接受审判，包括引渡、非法移民遣返、劝返、异地追诉等做法。而国际追赃的最终目

---

① 中共中央纪律检查委员会法规室，中华人民共和国国家监察委员会法规室.《中华人民共和国监察法》释义. 北京：中国方正出版社，2018：231.

② 罗斌. 反腐败国际合作：追逃劝返制度的规则构建. 东方法学，2019（6）：154.

③ 黄风. 中国境外追逃追赃：经验与反思. 北京：中国政法大学出版社，2016：61－71.

④ 张磊. 境外追逃中的引渡替代措施及其适用：以杨秀珠案为切入点. 法学评论，2017，35（2）：169.

标是让腐败犯罪嫌疑人或被告人无法从犯罪中获得利益。[①] 不过，开展国际追赃合作往往主要依附于追逃，因此“国际追逃追赃”经常串联使用。

开展反腐败国际追赃的手段主要有以下几种：[②] 第一种是在开展引渡、遣返等追逃工作的同时，附带请求移交赃款赃物。第二种则是利用赃款赃物所在地国的犯罪所得追缴法或其他国内法，对犯罪所得予以没收并返还。在追赃的域外民事没收程序中，我国办案机关应当协助外国追诉方调查取证，尤其要提供关于资产来源于犯罪的证据和赃款赃物非法转移的证据，形成较为明晰的证据链。第三种是在资产流入国启动民事诉讼程序进行追赃。通过民事诉讼开展追赃工作，涉及的环节较多，需要国内外的执法司法机构或国际组织的有力协助，调查取证、财产保全、参加庭审等是关键环节。第四种是在我国启动刑事诉讼法规定的违法所得没收程序追回赃款赃物。《刑事诉讼法》在第五编“特别程序”的第四章专门规定“犯罪嫌疑人、被告人逃匿、死亡案件违法所得的没收程序”。具体而言，我国根据法院的生效判决，通过国际刑事司法协助渠道，请求他国承认和执行我国法院的判决以达到追回赃款赃物的目的。第五种则是运用刑事政策促使腐败犯罪嫌疑人或其近亲属自行退赃。这种手段的运行成本较低，需要在这方面加强工作力度。

反腐败国际追赃具有较大的难度，追赃成本和技术要求较高，是反腐败国际合作中的难点问题。当前追赃工作基础相对薄弱，建立和完善腐败犯罪境外追赃的长效机制，是实现以追赃促追逃目标的关键举措，也是有效预防和惩治腐败犯罪的现实需要。[③] 结合追赃工作实际，通过适用违法所得没收程序、境外民事诉讼等手段，持续强化赃款赃物追缴力度，加大对洗钱行为的打击力度，推动与更多国家国际组织建立涉案赃款查找、冻结、返还合作机制。[④] 在推进反腐败国际追赃工作的过程中，要进一步完善我国的犯罪资产分享制度。犯罪资产分享制度，是指犯罪资产流出国与实际控制国政府之间根据国际公约、双边条约或者临时协定，将没收的犯罪资产扣除必要费用之后按照比例分割的制度。实施犯罪资产分享制度，就要灵活地坚持国家主权原则。当然，具体的制度规定应当体现灵活性，以便能够使有关机关具体准确掌握作出让步的内容。分享的财产范围不能

---

① 胡冬华. 反腐败国际追赃司法机制研究. 北京：法律出版社，2017：66.

② 同①190－192.

③ 赵晨光. 论我国腐败犯罪境外追赃机制存在的问题及其完善. 法学杂志，2019，40（3）：105－106.

④ 中央纪委国家监委国际合作局. 落实全会精神机关篇｜把握反腐败国际合作的时和势. https://www.ccdi.gov.cn/llxx/202308/t20230824_286962.html.

包含本应属于善意第三人、犯罪被害单位或者个人的财产，也不能包括被请求国在提供协助过程中所支出的巨大费用。[①] 2016 年，中国与加拿大签署了《中国政府和加拿大政府关于分享和返还被追缴资产的协定》，这是中国就追缴转移境外的犯罪所得对外缔结的第一份专门协定。该协定是对《中华人民共和国和加拿大关于刑事司法协助的条约》关于查找、移交赃款赃物规定的细化和补充。除了个案式的实践，2018 年《中华人民共和国国际刑事司法协助法》第四十九条第二款、第五十四条更是明确规定了该项制度，具体内容是：对于请求外国协助没收、返还违法所得及其他涉案财物，外国提出分享请求的，分享的数额或者比例，由对外联系机关会同主管机关与外国协商确定；对于外国请求协助没收、返还违法所得及其他涉案财物的，可以由对外联系机关会同主管机关提出分享的请求，且分享的数额或者比例也由对外联系机关会同主管机关与外国协商确定。

四、反腐败国际防逃工作

反腐败国际防逃，是指通过加强组织管理和干部监督，查询、监控涉嫌职务犯罪的公职人员及其相关人员进出国（境）和跨境资金流动情况，在调查案件过程中设置防逃程序，以防止涉嫌职务犯罪的公职人员外逃。《监察法》第五十二条规定："国家监察委员会加强对反腐败国际追逃追赃和防逃工作的组织协调，督促有关单位做好相关工作：……（三）查询、监控涉嫌职务犯罪的公职人员及其相关人员进出国（境）和跨境资金流动情况，在调查案件过程中设置防逃程序。"监察机关应当将防逃工作纳入日常监督内容，督促相关机关、单位建立健全防逃责任机制。监察机关应当会同同级组织人事、外事、公安、移民管理等单位健全防逃预警机制，对存在外逃风险的监察对象早发现、早报告、早处置。

为有效落实反腐败国际防逃具体工作，可采取多项防逃措施。第一，完善居民身份证管理和护照管理制度。在保证居民使用安全便利的条件下，运用大数据手段，强化对居民身份信息的核实和查验，依法惩治伪造身份的违法犯罪行为。第二，完善公职人员个人信息申报制度。个人信息申报的重要内容是公职人员的个人财产信息。但在具体工作推进上，可以将公共财产公开作为可操作、可施行的切入点，先行培育足够强大且有序的社会能量，再逐步推行个人财产公示制度。[②] 此处的公共财产公开，是通过在公共资金的管理、使用上实行财政信息公

---

① 杨正万. 境外追逃、追赃的几个问题思考//黄风，赵林娜. 境外追逃追赃与国际司法合作. 北京：中国政法大学出版社，2008：48－49.

② 刘剑文，耿颖. 论反腐败进路中的公共财产公开. 江淮论坛，2014（1）：117－118.

开，便于人大和民众的权力监督。第三，强化对财产向国外转移渠道的监管。涉案人员的跨境资金流动可以成为判断其有无外逃可能的重要线索。当前重要工作方向是加强对重点人员对外资金流向的监管和控制，不仅要严格监管海外赌博等资金异动情况，还要强化对子女留学、出国旅游、海外购置资产等的监管。可以说，加强对跨境资金流动的监管是最为切实有效的防逃措施。为此，《监察法实施条例》第二百三十九条规定，监察机关应当加强与同级人民银行、公安等单位的沟通协作，推动预防、打击利用离岸公司和地下钱庄等向境外转移违法所得及其他涉案财产，对涉及职务违法和职务犯罪的行为依法进行调查。第四，严格落实对配偶子女移居国（境）外的国家工作人员相关管理规定。换言之，要定期开展“裸官”清理，裸官是指配偶已移居国（境）外以及没有配偶但子女均已移居国（境）外的公职人员。加强对其日常监管，以防止“裸官”变贪官、再变“逃官”的情形。第五，严格执行出入境审批报备制度。根据国家及地方规定，国家公职人员因公因私出境，应按照组织、人事管理权限履行审批报备手续。

综上，这些具体措施与方法的运作，有助于分析并掌握涉嫌职务犯罪的公职人员外逃的风险，并最终将职务犯罪嫌疑人阻拦在国门之内。除了采取以上的防逃措施，还需要明确防逃责任，强化责任意识，突出防逃工作重点。如果被调查人外逃、赃款赃物转移，监察机关及相关部门均要承担相应责任。在具体的防逃工作中，要协调配合，加强分析研判，发现公职人员可能外逃蛛丝马迹的，应当及时启动防范措施。

课后练习

1. 开展反腐败国际追逃的方式有哪些？
2. 开展反腐败国际追赃的手段主要有哪些？
3. 为有效落实反腐败国际防逃具体工作，可采取的防逃措施有哪些？

核心法条

《中华人民共和国监察法》

第五十二条 国家监察委员会加强对反腐败国际追逃追赃和防逃工作的组织协调，督促有关单位做好相关工作：

（一）对于重大贪污贿赂、失职渎职等职务犯罪案件，被调查人逃匿到国

（境）外，掌握证据比较确凿的，通过开展境外追逃合作，追捕归案；

（二）向赃款赃物所在国请求查询、冻结、扣押、没收、追缴、返还涉案资产；

（三）查询、监控涉嫌职务犯罪的公职人员及其相关人员进出国（境）和跨境资金流动情况，在调查案件过程中设置防逃程序。

第八章　对监察机关和监察人员的监督

习近平总书记指出："监督别人的人首先要监管好自己，执纪者要做遵守纪律的标杆。"① 对于初步建立的国家监察体系而言，对监察机关和监察人员的监督是不可或缺的重要环节。《监察法》中，以设置专章（第七章）的形式对监察机关和监察人员的监督进行了详细规定，明确了监察机关和监察人员应当受到谁的监督、应当受到怎样的监督、应当怎样进行自我监督，以及如何对监察机关提出申诉等内容。本章将对这些内容进行全面解读。

第一节　概述

一、对监察机关和监察人员的监督的法律内涵

对于监察法来说，监察主体、监察行为和对监察的监督与救济是构成监察法体系的三大基础内容。基于监察权的特殊性质，对监察机关和监察人员的监督有着更为特殊的内涵。首先，从监察权的作用对象来看，监察委员会代表党和国家依法对所有行使公权力的公职人员行使监察权。从逻辑上来说，监察人员也是行使公权力的公职人员，也必须受到相应的监督。所以，对监察机关和监察人员的监督可以说是对监督的监督、对监督者的监督，解决的是"监督者必受监督"的

① 习近平．在第十八届中央纪律检查委员会第六次全体会议上的讲话．北京：人民出版社，2016：29．

问题。习近平总书记指出："监督别人的人首先要监管好自己，执纪者要做遵守纪律的标杆。"[①] 因此，对于初步建立的国家监察体系而言，对监察机关和监察人员的监督是不可或缺的重要环节。甚至可以说，如果没有对监督者的监督，那么全面监督所有公职人员行使公权力的监察体系本身就是不成立的。因为归根结底，监察权也是公权力的一种，有权必有责，用权受监督，对于监察权而言也不例外。

其次，从监督主体来看，要解决"谁来监督监督者"的问题，首先必须明确其在国家监督体系中的定位。立足于国家监督体系的整体视角，我国宪法同时确立了三种监督机关：一是作为国家权力机关的人民代表大会，二是作为国家法律监督机关的检察机关，三是作为国家监察机关的监察委员会。[②] 这三类机关当然都可以对监察机关和监察人员实施监督，分别对应人大监督、司法监督和自我监督。这也是三类制度化的监督方式。除了这些制度化的监督方式之外，还有一些例如民主监督、舆论监督等非制度化的监督方式。它们共同构成对监察机关和监察人员的监督制度，同样属于在人民代表大会监督指导下的监督体系的有机组成部分。

最后，类比行政监督与救济，从规范主义角度分析对监察机关和监察人员的监督，涉及监督监察权的方式运用问题。因为不同于立法权、行政权和司法权等其他公权力，监察权本身就是承担监督职能的公权力。那么，要想监督监察权，破解谁来监督监督者的难题，就必须选取有切实效果的监督方式。从监督的一般理论来看，对于权力的监督无外乎两条路径，一条是以权力监督权力，一条是以权利监督权力。[③] 对监察机关和监察人员的监督，采用较多的是以权力监督权力的路径。而以权利监督权力的路径，则较多出现在监督救济领域。两者的区别主要在于，前者主要指的是包括监察委员会在内的各类国家机关，依法对监察行为和监察人员进行各种不同类型的监督，主要包括执政党监督、人大监督、司法监督、自我监督等。而后者主要着眼于被监察人员，以其合法权益遭受侵犯、受到损害为前提，基于被监察人员依法享有的基本权利，以内部或外部的各种不同形式救济其受损的合法权益，主要包括监察申诉、监察复审复核、监察赔偿等。

总而言之，就法律内涵而言，对监察机关和监察人员的监督既是国家监察体系的重要组成部分，也是国家监督体系的重要组成部分，其本质是包括国家机关

---

① 习近平. 在第十八届中央纪律检查委员会第六次全体会议上的讲话. 北京：人民出版社，2016：29.

② 陈瑞华. 论国家监察权的性质. 比较法研究，2019（1）：3.

③ 刘艳红，冀洋."反腐败基本法"建构初论. 行政法学研究，2016（2）：21.

在内的各类监督主体运用不同形式对监察权是否合法运行进行的监督。

二、对监察机关和监察人员的监督的特征

第一，主体的广泛性。如前所述，从对监察权的监督路径来看，可分为以权力监督权力和以权利监督权力两大类。两类监督路径分别对应不同的监督主体，前者以行使各种国家公权力的国家机关为主，如行使执政党监督的各级党委、行使人大监督的各级人大及其常委会、行使司法监督的各级法院和检察院、各级监察委员会的自我监督等；后者以依法享有民主监督权利的公民和社会组织为主，如人民群众享有的民主监督、群众监督权利，社会各界享有的社会监督权、新闻舆论监督权等。这些都表明了对监察机关和监察人员的监督在主体上的多元性和广泛性。

第二，客体的特定性。对监察机关和监察人员的监督实质上还是对监察权的监督，所以监督在客体上可以表现为对人（监察人员）、对组织（监察机关，即监察委员会）、对行为（监察行为）的监督。

第三，行为属性的复杂性。基于对监察机关和监察人员的监督在主体上的广泛性和作为监督客体的监察行为本身的复杂性，使得对监察机关和监察人员的监督行为本身具备了复杂的属性。从对监督权进行监督的两种路径来看，以权力监督权力的监督主要表现为执政党监督、人大监督、司法监督等；而以权利监督权力的路径，除了直接表现为监察救济之外，也可以视作对监察机关和监察人员的监督行为的一部分。例如公民或者社会组织等通过行使和维护基本权利，既可以救济被损害的合法权益，也可以对监察机关行使监察权进行群众监督和社会监督等。

第四，类型和手段的多样性。从《监察法》的体例结构来看，第七章“对监察机关和监察人员的监督”的九条（第五十三条至第六十一条）内容，一共涉及了至少五种不同监督主体对监察机关和监察人员的监督类型：人大监督（第五十三条），民主监督、社会监督、舆论监督（第五十四条），自我监督（第五十五条）。这些不同的监督类型中也各自包含着若干具体的监督手段。以自我监督为例，《监察法》就明确列举了多种自我监督方式下具体的监督手段，如登记备案（第五十七条）、回避（第五十八条）、离职后从业限制（第五十九条）、重大失误责任追究（第六十一条）等。当然，除了自我监督之外，其他类型的监督方式也有不同的监督手段。总而言之，基于主体的广泛性，对监察机关和监察人员的监督的类型和具体手段也具有多样性。

第五，内容的法定性。对监察机关和监察人员的监督是包括国家机关在内的多元广泛的监督主体，针对监察行为、监察机关或者监察人员进行的形式多样、手段不同的监督的总称。那么这些监督到底涉及哪些内容呢？回到监督的本意，所谓监督，一般指的是相对权威性的主体，为保证其他主体按照自己的意愿行事，而对其某些行为进行的由上至下单向性的检查、审视和督促。[①] 由此看来，对监察机关和监察人员的监督的内容具有特定性或法定性，即监督主体依法对监察人员或监察机关实施的监察行为（或监察活动）是否合法进行检查、审视和督促。尤其值得注意的是，这里说的合法性中的“法”，是一个广义的概念，即实施监察活动依据的是党内法规和国家法律，而国家法律也不仅仅只是监察法，还包括涉及监察活动的刑法、公务员法等其他各项法律。所以，对监察机关和监察人员的监督内容具体可表现为：监察人员在实施具体监察行为时是否遵循法定程序、各种监察活动是否符合监察法等国家法律的规定、监察机关是否违法实施监察活动等。对监察机关和监察人员的监督内容归根结底就是监督监察权是否合法运行。

第六，行为行使的相对独立性。《监察法》第四条第一款明确规定：“监察委员会依照法律规定独立行使监察权，不受行政机关、社会团体和个人的干涉。”这意味着监察机关必须独立行使监察权。这种独立性当然也意味着监察机关不受其他监督主体的干扰，依法独立地对所有行使公权力的公职人员进行全面的监察。监察权相对独立的原则也要求对监察机关和监察人员的监督必须保持一定的独立性，否则就有可能出现以对监察机关和监察人员进行监督之名干涉监察权独立行使的现象。对监察机关和监察人员的监督本身也应该保持相对独立性，该独立性和监察行为的独立性其实是辩证统一的关系，失去了任何一方，另一方都将不成立。当然，这些独立性都是相对的，无论是监察权的行使还是对监察机关和监察人员的监督权限的行使，都不可能是完全和绝对意义上的独立。监察机关必须自觉接受包括各级党组织、人大机关、司法机关等各类监督主体的监督。而各监督主体对监察机关和监察人员进行监督时，也要特别注意监督方式、监督事项和监督程序等，以不损害监督权的独立行使为原则。

三、对监察机关和监察人员的监督的种类

基于监督主体的广泛性、监督客体和监督行为本身的复杂性等特征，对监察

① 马怀德. 监察法学. 北京：人民出版社，2019：331.

机关和监察人员的监督的类型和手段也具有多样性。那么，依据上述的不同标准可以对其进行不同的种类划分，以便让我们了解不同类型监督的特征、作用和方式手段等的差异性，从而更深入地认识对监察机关和监察人员的监督的本质规律。

（一）权力型监督和权利型监督

按照对监督权的监督路径划分，监督主体可以分为权力监督主体和权利监督主体两大类。前者以行使各种国家公权力的国家机关为主，如行使党内监督的各级党委及其工作部门、行使人大监督的各级人大及其常委会、行使司法监督的各级法院和检察院、各级监察委员会的自我监督等。权力监督主体所实行的对监察机关和监察人员的监督，一般都有明确的制度设计，我们可以称之为权力型监督。后者以依法享有民主监督权利的公民和社会组织为主，如人民群众享有的民主监督、群众监督权利，社会各界享有的社会监督权、新闻舆论监督权等。这些监督方式一般都没有明确的制度设计，我们可以称之为权利型监督。具体来看，权力型的监督形式主要包括党内监督、人大监督、司法监督和监察机关的自我监督，而权利型的监督形式主要包括民主监督、舆论监督和社会监督等。

党内监督主要指的是在党的领导下，各级党组织履行主体责任，为实现党的理想和宗旨，执行党的路线方针和政策，依据党章和党内法规，运用组织监督、纪律处分等手段对纪检监察机关的相关工作人员开展的监督，包括自上而下的组织监督、自下而上的民主监督和同级的相互监督等。人大监督主要指的是各级人民代表大会及其常务委员会基于其权力机关的地位，依据宪法的规定对监察机关行使的民主性、权威性和整体性的监督。司法监督主要指的是以法院和检察院为代表的国家司法机关，依照法定职权和法定程序对监察机关进行的外部监督。其中，法院主要通过审判活动对监察委员会进行监督，检察院主要通过行使检察职能对监察委员会进行监督。监察机关的自我监督主要指的是国家各级监察委员会，依法在其机构内部设立专门的监督机构，依据《监察法》等的相关规定对行使监察权的监察人员进行的内部监督。

民主监督有狭义和广义之分，狭义的民主监督主要指的是民主党派和政治协商会议（有时候也可以包括执政党自身），依据《监察法》对监察机关和监察人员的监察活动进行的监督；而广义的民主监督指的是包括人民团体、政党组织和政治协商会议等在内的各种社会民主力量作为监督主体，对监察机关及其工作人员进行广泛的政治监督。舆论监督和社会监督主要指的是公民个人、社会团体、新闻舆论等多种社会力量对监察机关及其工作人员的监察活动所实施的监察和督导。

（二）内部监督和外部监督

以监督主体是否由监督机关本身来充当为划分标准，可以将对监察机关和监察人员的监督分为内部监督和外部监督。具体而言，内部监督又可称之为自我监督，即国家各级监察委员会依法在其机构内部设立专门的监督机构，依据《监察法》等的相关规定对行使监察权的监察人员进行的内部监督。《监察法》第五十五条明确规定："监察机关通过设立内部专门的监督机构等方式，加强对监察人员执行职务和遵守法律情况的监督，建设忠诚、干净、担当的监察队伍。"由此可见，作为行使国家监察职能的专责机关，监察委员会及其工作人员应当以身作则。依法建立与完善内部自我监督的专门机构，做到严格执行监督执纪工作规则和相关法律法规，坚持集体决策，细化工作流程，严格审批权限，规范内控程序等，最终达到党和国家对监察人员"执纪者必先守纪，律人者必先律己"的要求。

外部监督则是由监察机关之外的其他监督主体所实施的各类监督的总称。一般而言，上述权力型监督中的党内监督、人大监督、司法监督等，非权利型监督中的民主监督、舆论监督和社会监督等，都属于外部监督的范畴。和内部监督相比，外部监督更能体现对监察机关和监察人员的监督的独立性。

课后练习

1. 对监察机关和监察人员的监督的本质是什么？
2. 对监察机关和监察人员的监督的主体和客体分别有哪些？
3. 对监察机关和监察人员的监督有哪些种类？
4. 对监察机关和监察人员的监督有哪些特征？
5. 对监察机关和监察人员的监督的必要性在哪里？

核心法条

《中华人民共和国监察法》

第五十六条 监察人员必须模范遵守宪法和法律，忠于职守、秉公执法，清正廉洁、保守秘密；必须具有良好的政治素质，熟悉监察业务，具备运用法律、法规、政策和调查取证等能力，自觉接受监督。

第二节　人大监督

一、人大监督概述

人民代表大会制度是我国的根本政治制度，全国人民代表大会是最高国家权力机关，地方各级人民代表大会是地方各级国家权力机关。第十三届全国人大一次会议通过的《宪法修正案》规定，监察委员会由人大产生，对其负责，受其监督；人大对本级监委主任有罢免权。《监察法》根据监察机关工作的特殊性和人大监督的实效性，规定监察机关接受本级人大及其常委会的监督；各级人大常委会听取和审议本级监察机关的专项工作报告，组织执法检查；监察机关应当就监察工作中的有关问题，接受人大代表或者常委会组成人员提出的询问或者质询。《监察法》关于人大监督监察机关的这些规定，能够实现人大对监察机关的有效监督。各级监察委员会成立后，将自觉维护宪法权威，严格依法行使职权，对同级人大及其常委会负责并接受其监督。

人大行使监督权的法律依据主要包括《宪法》《监察法》等多项法律规定。例如：《宪法》第三条规定国家行政机关、监察机关、审判机关、检察机关都由人民代表大会产生，对它负责，受它监督；《监察法》第五十三条规定各级监察委员会应当接受本级人民代表大会及其常务委员会的监督；《中华人民共和国各级人民代表大会常务委员会监督法》（以下简称《监督法》）第二条规定各级人民代表大会常务委员会依据宪法和有关法律的规定，行使监督职权。

二、人大监督的特征

与其他监督主体对监察机关的监督方式相比，人大监督具有下述特征：

第一，人大监督是一种民主性监督。[①] 作为我国最根本的政治制度，人民代表大会具有最高的民主性和最广泛的代表性，人大及其常委会对监察机关的监督，是最能代表人民意志的国家监督方式。

第二，人大监督是最具权威性的监督。人民代表大会是我国的权力机关，产

---

① 马怀德. 监察法学. 北京：人民出版社，2019：336.

生“一府一委两院”，后者需对其负责。依照宪法等法律规定，各级人大有权选举本级监察机关的主任，也有权任免本级监察机关的副主任和委员。

第三，人大监督是一种整体性监督。[①] 人大的最高地位决定其监督方式较为原则化和整体化，监督内容主要是国家机关的工作情况或执行法律情况。对具体的事项和案件一般不介入。监督程序也较为原则化。

三、人大监督的主要方式

根据《监察法》和其他相关的法律规定，各级人大及其常委会对监察机关进行监督的具体方式主要有以下三种：

一是人大常委会听取和审议监察委员会的专项工作报告。《监察法》第五十三条第二款规定：“各级人民代表大会常务委员会听取和审议本级监察委员会的专项工作报告，组织执法检查。”听取和审议报告则是各级人大履行监督职责的最主要方式之一。另外，根据《监督法》第八条第一款规定：“各级人民代表大会常务委员会每年选择若干关系改革发展稳定大局和群众切身利益、社会普遍关注的重大问题，有计划地安排听取和审议本级人民政府、人民法院和人民检察院的专项工作报告。”虽然《监督法》的该项规定还没有及时将“本级监察委员会”列入其中，但从我国宪法所规定的国家机关法律关系来看，《监督法》以后必将作出相应修改。

在《监察法实施条例》中，也有对听取专项工作报告的规定。例如第二百五十二条第二款明确规定：“在报告专项工作前，应当与本级人民代表大会有关专门委员会沟通协商，并配合开展调查研究等工作。各级人民代表大会常务委员会审议专项工作报告时，本级监察委员会应当根据要求派出领导成员列席相关会议，听取意见。”这是对《监察法》相关条款的具体性规定。

二是人大常委会组织执法检查。《监察法》第五十三条第二款规定：“各级人民代表大会常务委员会听取和审议本级监察委员会的专项工作报告，组织执法检查。”同时，根据《监督法》第二十二条的规定，各级人大常委会根据工作需要，可以选择若干关系改革发展稳定大局和群众切身利益、社会普遍关注的重大问题，有计划地对有关法律、法规实施情况组织执法检查。这当然也包括对涉及监察工作的有关法律、法规实施情况组织执法检查。从实践中来看，具体到对监察机关的执法检查，大致包括对涉及监察工作的有关法律法规的实施状况作出评

① 马怀德. 监察法学. 北京：人民出版社，2019：336.

价，提出执法中存在的问题和改进执法工作的相关建议；对涉及监察工作的有关法律法规提出修改和完善建议；对本级监察委员会实施监察工作中存在的问题提出整改建议等。①

三是人大代表或者人大常委会组成人员提出询问或者质询。《监察法》第五十三条第三款规定："县级以上各级人民代表大会及其常务委员会举行会议时，人民代表大会代表或者常务委员会组成人员可以依照法律规定的程序，就监察工作中的有关问题提出询问或者质询。"这里的提出询问，指各级人大常委会会议审议议案和有关报告时，本级监察委员会应当派有关负责人员到会，听取意见，回答询问。这里的提出质询，是指一定数量的县级以上人大常委会组成人员联名，可以向本级人大常委会书面提出对本级监察委员会的质询案，由委员长会议或者主任会议决定交由受质询的监察委员会答复。询问一般较质询更为严厉，主要针对的是更为严重的问题。其中质询案应当写明质询的问题和内容。委员长会议或者主任会议可以决定由受质询的监察委员会在本级人大常委会会议上或者有关专门委员会会议上口头答复，或者由受质询的监察委员会书面答复。质询案以口头答复的，由受质询的监察委员会负责人到会答复；质询案以书面答复的，由受质询的监察委员会负责人签署。②

课后练习

1. 人大监督的意义是什么？
2. 人大监督有哪些特征？
3. 人大监督有哪些方式？

核心法条

《中华人民共和国宪法》

第三条 中华人民共和国的国家机构实行民主集中制的原则。

全国人民代表大会和地方各级人民代表大会都由民主选举产生，对人民负责，受人民监督。

① 谢尚果，申君贵. 监察法教程. 北京：法律出版社，2019：218.

② 中共中央纪律检查委员会法规室，中华人民共和国国家监察委员会法规室.《中华人民共和国监察法》释义. 北京：中国方正出版社，2018：240.

国家行政机关、监察机关、审判机关、检察机关都由人民代表大会产生，对它负责，受它监督。

中央和地方的国家机构职权的划分，遵循在中央的统一领导下，充分发挥地方的主动性、积极性的原则。

《中华人民共和国监察法》

第五十三条 各级监察委员会应当接受本级人民代表大会及其常务委员会的监督。

各级人民代表大会常务委员会听取和审议本级监察委员会的专项工作报告，组织执法检查。

县级以上各级人民代表大会及其常务委员会举行会议时，人民代表大会代表或者常务委员会组成人员可以依照法律规定的程序，就监察工作中的有关问题提出询问或者质询。

第三节 司法监督和行政监督

根据我国的基本政治制度，全国人民代表大会行使国家的最高权力，以“一府一委两院”为代表的国家行政机关、司法机关和监察机关均由其产生，对其负责，受其监督。根据《宪法》和《监察法》的规定，各国家机关行使的行政权、司法权（又可具体细分为检察权和审判权）和监察权之间互相配合、互相制约。《监察法》第四条第二款明确规定：“监察机关办理职务违法和职务犯罪案件，应当与审判机关、检察机关、执法部门互相配合，互相制约。”因此，作为国家机关的审判机关、检察机关和行政执法部门，和监察机关的关系应该既要互相配合，又要互相制约。三者共同构成了国家机关对监察机关的监督与制约。

一、审判机关对监察机关的监督与制约

在审理贪污贿赂渎职犯罪案件中，人民法院应主动对监察机关反腐调查活动的过程及结果的合法性进行司法审判。从权力行使角度来看，人民法院可以通过依法行使刑事审判权、国家赔偿权和监督处置的判断权对监察机关进行监督与制约。具体而言，经审理发现犯罪事实不存在或犯罪事实不清的，人民法院可以依法行使刑事审判权裁判被告罪名不成立。该情形下，如果被告的人身权和财产权

受到损害，人民法院应依法行使国家赔偿权裁判监察机关承担相应的国家赔偿责任。若监察机关在办理贪腐案件过程中存在违法行为的，人民法院也应在查明事实的基础上运用监督处置判断权依法追究相关人员的法律责任。[①]

从具体途径来看，审判机关对监察机关的监督与制约主要通过适用非法证据排除规则、疑罪从无原则和责任追究规则实现。[②] 第一，在适用非法证据排除规则方面，我国《刑事诉讼法》第五十六条明确规定："在侦查、审查起诉、审判时发现有应当排除的证据的，应当依法予以排除，不得作为起诉意见、起诉决定和判决的依据。"《监察法》第三十三条第三款也规定："以非法方法收集的证据应当依法予以排除，不得作为案件处置的依据。"虽然该款规定仅明确了监察机关自我排除非法证据的义务，但《监察法》同样规定监察调查的证据应与刑事审判证据标准相一致。因此当监察机关及其工作人员存在以非法方式收集证据的行为时，审判机关也可以依据非法证据排除规则间接实现对监察机关的监督与制约。

第二，在适用疑罪从无原则方面。我国《刑事诉讼法》第二百条规定："证据不足，不能认定被告人有罪的，应当作出证据不足、指控的犯罪不能成立的无罪判决。"因此，当法院认定监察机关调查的职务犯罪案件证据不足时，可以通过作出无罪判决的方式实现对监察机关的监督和制约。

第三，在适用责任追究原则方面。《监察法》第六十六条规定对违反本法规定构成犯罪的，依法追究其刑事责任。其范围涵盖监察机关工作人员。而《监察法实施条例》第二百七十八条则明确列举了贪污贿赂、徇私舞弊等十一种监察人员在履行职责中需要依法严肃处理，构成犯罪的需要依法追究刑事责任的职务违法和职务犯罪行为。第二百七十九条也进一步明确对监察人员在履行职责中构成犯罪的行为，依法追究刑事责任。这些条款共同构成审判机关可以适用的责任追究原则，以实现对监察机关及其工作人员的监督和制约。

二、检察机关对监察机关的监督与制约

（一）审查起诉权

司法监督主要指的是检察机关和审判机关对监察机关的监督与制约。从整体来看，监察机关所代表的监察职能、检察机关所代表的检察职能与审判机关所代

① 马怀德. 监察法学. 北京：人民出版社，2019：344.

② 李晓明，芮国强. 国家监察学原理. 北京：法律出版社，2019：604－605.

表的审判职能，三者在相互协调衔接的基础上呈现出“监察机关调查—检察机关审查提起公诉—审判机关裁判”的严密线性格局。① 在司法机关和监察机关的工作衔接过程中，检察机关通过依法行使审查起诉权对监察机关履行审查职责。②根据监察法和相关法律规定，作为司法衔接的重要组成部分之一，检察机关对于监察机关移送的涉嫌职务犯罪的案件，有三类处理方式：

第一，人民检察院经审查，认为犯罪事实已经查清，证据确实、充分，依法应当追究刑事责任的，应当作出起诉决定。

第二，人民检察院经审查，认为需要补充核实的，应当退回监察机关补充调查，必要时可以自行补充侦查。对于补充调查的案件，应当在一个月内补充调查完毕。补充调查以二次为限。需要注意的是，退回补充调查和自行补充侦查是有先后顺序的，考虑到监察机关移送的案件政治性强、比较敏感，检察机关公诉部门审查后认为需要补充证据的，一般应当先退回监察机关进行补充调查；必要时，才由检察机关自行补充侦查。③

第三，人民检察院对于有《刑事诉讼法》规定的不起诉的情形的，经上一级人民检察院批准，依法作出不起诉的决定。监察机关认为不起诉的决定有错误的，可以向上一级人民检察院提请复议。

上述三类处理方式中，尤其第二种和第三种处理方式，都能较为明显地体现出检察机关在工作衔接过程中通过依法行使审查起诉权对监察机关进行监督和制约。

（二）法律监督权

根据检察机关本身法律监督机关的性质，检察机关还可以通过法律监督权从事先、事中与事后三个不同阶段实现对监察机关相关活动的全过程监督。

第一，事先对线索移送的监督。国家机关在工作中发现公职人员涉嫌贪污贿赂、失职渎职等职务违法或者职务犯罪的问题线索，应当移送监察机关，由监察机关依法调查处置。同时《监察法》第三十四条规定了问题线索处理的共享机制，有利于检察机关及时了解相关问题线索，起到对职务犯罪的事前监督作用。④

第二，事中对立案、调查措施的监督。检察机关对立案调查全过程进行监

---

① 李晓明，芮国强. 国家监察学原理. 北京：法律出版社，2019：603.

② 马怀德. 监察法学. 北京：人民出版社，2019：348.

③ 中共中央纪律检查委员会法规室，中华人民共和国国家监察委员会法规室.《中华人民共和国监察法》释义. 北京：中国方正出版社，2018：214.

④ 同②349.

督，必要时可发出检察建议。例如对出现应立案未立案，不应立案而立案，非法行使留置、查封、扣押、冻结等措施等情况，检察机关均可进行法律监督，依法发出检察建议。

第三，事后的审判监督。审判监督又称为抗诉监督。抗诉监督是对人民法院的审判实行法律监督的重要形式，抗诉引起法院的依法再审，从而间接构成了对监察机关的监督与制约。

三、行政执法部门对监察机关的监督与制约

《监察法》中明确规定了监察机关与行政执法部门之间的关系。《监察法》第四条规定："监察机关办理职务违法和职务犯罪案件，应当与审判机关、检察机关、执法部门互相配合，互相制约。监察机关在工作中需要协助的，有关机关和单位应当根据监察机关的要求依法予以协助。"由此可知，行政执法部门和监察机关的关系是互相配合、互相制约的。在实践中，对监察机关实施监督和制约的行政执法部门主要包括公安机关、国家安全机关和审计机关等，但相较于相互配合，相互监督和制约的具体方式在《监察法》中体现得并不明显。

（一）公安机关对监察机关的监督与制约

从机关属性来看，公安机关是典型的双重属性机关，既是行政机关，同时也是司法机关。《监察法》中有多个条款涉及公安机关。例如第二十四条规定监察机关进行搜查时可以提请公安机关配合，第二十九条规定监察机关决定在本行政区内通缉被调查人时由公安机关发布通缉令，第三十条规定监察机关对被调查人采取限制出境措施时由公安机关依法执行，第三十四条规定公安机关在工作中发现公职人员职务违法和职务犯罪问题线索的应当移送监察机关由其调查处置，第四十三条规定监察机关采取留置措施时可以提请公安机关配合。可以看出，《监察法》中涉及公安机关的条款多为要求公安机关配合监察机关工作的内容。在这些配合工作中，公安机关是否有权对监察机关实施监督和制约，在《监察法》中并无明确规定。

（二）国家安全机关对监察机关的监督与制约

《监察法》中并无直接涉及国家安全机关内容的条款。但在中共中央纪律检查委员会法规室、中华人民共和国国家监察委员会法规室编写的《〈中华人民共和国监察法〉释义》中，在第四条第二款的释义中提道："执法部门是指

公安机关、国家安全机关、审计机关以及质检部门、安全监管部门等行政执法部门。这里执法部门的表述与宪法的相关表述一致。监察机关履行职责离不开这些机关的协助、配合，同时也需要这些机关的监督制约。”国家安全机关出于自身机关属性等原因，可以协助监察机关开展工作。监察机关在具体监察工作中，除了要求国家安全机关提供配合协助之外，也应该接受国家安全机关的监督和制约。

（三）审计机关对监察机关的监督与制约

审计监督是由审计机关依法对国家重大政策措施贯彻落实情况，公共资金、国有资产、国有资源管理使用情况，以及领导干部履行相关责任情况所进行的监督活动，是党和国家监督体系的重要组成部分。党的十八届四中全会首次将审计监督纳入党和国家监督体系，随后党的十九届四中全会明确提出：“发挥审计监督、统计监督职能作用。以党内监督为主导，推动各类监督有机贯通、相互协调”。由此可见，审计监督在党和国家监督体系中发挥重要作用。审计机关作为行政机关，主要通过具体的审计工作实现与监察机关互相配合、互相制约的作用。

在互相配合方面，《监察法》第三十四条规定，审计机关在工作中发现公职人员职务违法和职务犯罪问题线索的，应移送监察机关由其调查处置。在互相监督方面，监察机关的经济和财政行为也属于国家审计的覆盖范围，审计机关依法对监察机关的主要负责人在任期间对本地区、本部门或者本单位的财政收支、财务收支以及有关经济活动应负经济责任的履行情况进行审计监督，以实现行政机关对监察机关真正意义上的监督和制约。①

课后练习

1. 司法机关和监察机关的关系是什么？
2. 检察机关对监察机关监督和制约的措施有哪些？
3. 审判机关对监察机关监督与制约的措施有哪些？
4. 行政执法部门对监察机关监督与制约的措施有哪些？

① 马怀德. 监察法学. 北京：人民出版社，2019：352.

核心法条

《中华人民共和国监察法》

第四条 监察委员会依照法律规定独立行使监察权，不受行政机关、社会团体和个人的干涉。

监察机关办理职务违法和职务犯罪案件，应当与审判机关、检察机关、执法部门互相配合，互相制约。

监察机关在工作中需要协助的，有关机关和单位应当根据监察机关的要求依法予以协助。

第三十四条 人民法院、人民检察院、公安机关、审计机关等国家机关在工作中发现公职人员涉嫌贪污贿赂、失职渎职等职务违法或者职务犯罪的问题线索，应当移送监察机关，由监察机关依法调查处置。

被调查人既涉嫌严重职务违法或者职务犯罪，又涉嫌其他违法犯罪的，一般应当由监察机关为主调查，其他机关予以协助。

第四节 民主监督

民主监督作为对监察机关和监察人员监督的重要的组成部分之一，有狭义和广义之分。狭义的民主监督主要指的是民主党派和政治协商会议（有时候也可以包括执政党自身），依据《监察法》对监察机关和监察人员的监察活动进行的监督；而广义的民主监督指的是包括人民团体、政党组织和政治协商会议等在内的各种社会民主力量作为监督主体，对监察机关及其工作人员进行的广泛的政治监督。所以，从广义角度出发，公民个人、社会团体、新闻舆论等多种社会力量对监察机关及其工作人员的监察活动所实施的舆论监督和社会监督也属于民主监督。就本质而言，民主监督是经由以权利监督权力的路径产生，基于人民群众所享有广泛的民主监督权利而形成的监督形式。所以，民主监督也可以称之为人民群众监督。从其分类来看，是权利型监督方式的最主要的表现形式。

从民主监督的法律依据来看，《宪法》第二条明确规定“中华人民共和国的一切权力属于人民”，第四十一条第一款明确规定：“中华人民共和国公民对于任何国家机关和国家工作人员，有提出批评和建议的权利；对于任何国家机关和国家工作人员的违法失职行为，有向有关国家机关提出申诉、控告或者检举的权利，但是不得捏造或者歪曲事实进行诬告陷害”。同时《监察法》第五十四条也规定：“监察机关应当依法公开监察工作信息，接受民主监督、社会监督、舆论监督。”监察机关的监察权来源于人民，当然也必须接受人民的监督。人民群众可以通过民主监督、社会监督和舆论监督等多种形式行使对监察权进行民主监督的权利。

实现人民群众行使民主监督权的前提之一在于监察机关的信息公开。作为反腐败专责机关，监察委员会依法公开监察工作信息，既是保障人民群众对反腐败工作知情权、参与权和监督权的必然要求，又是坚持反腐败专门工作与群众路线相结合的重要途径。[①]《监察法实施条例》在第二百五十五条中，对于各级监察机关应该公开的监察工作信息作出了明确规定，包括：监察法规，依法应当向社会公开的案件调查信息，检举控告地址、电话、网站等信息和其他依法应当公开的信息。阳光是最好的防腐剂，对监察机关而言也不例外。监察机关应积极公开监察工作信息，将自己置身于人民群众的监督之下，这既能确保监察机关的监察活动的合法实施，也是实现监督民主的重要手段。

一、民主监督

狭义上的民主监督一般指的是民主党派等政治团体通过人民政治协商会议等方式对监察机关和监察人员的监察活动是否合法所进行的外部监督活动。民主监督具有广泛而充实的法律基础。2020 年发布的《中国共产党统一战线工作条例》第十五条就规定：中国共产党与各民主党派实行互相监督。这种监督是在坚持四项基本原则的基础上，通过提出意见、批评和建议的方式对中国共产党进行的民主监督，是我国社会主义监督体系的重要组成部分。从政治监督的高度定义了各民主党派和中国共产党之间的互相监督。

2018 年，第五次修改后的《宪法》在序言中明确规定：“中国人民政治协商会议是有广泛代表性的统一战线组织，过去发挥了重要的历史作用，今后在国家政治生活、社会生活和对外友好活动中，在进行社会主义现代化建设、维护国家的统一和团结的斗争中，将进一步发挥它的重要作用。中国共产党领导的多党合作和政治协商制度将长期存在和发展。”强调了各民主党派和中国人民政治协商会议的法律地位和重要作用。同样经过 2023 年修订的《中国人民政治协商会议章程》，在第三条中规定：“中国人民政治协商会议全国委员会和地方委员会的主要职能是政治协商、民主监督、参政议政，……民主监督是对国家宪法、法律和

① 吴建雄. 读懂《监察法》. 北京：人民出版社，2018：289.

法规的实施，重大方针政策、重大改革举措、重要决策部署的贯彻执行情况，涉及人民群众切身利益的实际问题解决落实情况，国家机关及其工作人员的工作等，通过提出意见、批评、建议的方式进行的协商式监督。”该条款具体界定了民主监督的性质、内容和方式。

二、社会监督

社会监督是指国家机关以外的公民或社会组织为主体进行的监督。社会监督有着自身独特的优点：监督主体众多、监督范围广泛、监督具有主动性、监督方式灵活多样、监督成本低、具有自下而上性、体现人民主权的要求。只有充分信任群众、发动群众、依靠群众，形成人人要监督、人人愿监督、人人敢监督的良好气氛，才能形成社会监督的氛围。

对监察机关的社会监督主要通过公民个人或者社会团体以批评、建议、检举、揭发、申诉、控告以及信访举报等灵活多样的方式进行。除此之外，《监察法实施条例》第二百五十六条明确规定，各级监察机关可以根据工作需要，按程序选聘特约监察员履行监督、咨询等职责。特约监察员名单应当向社会公布。特约监督员制度是监察机关构建制度化社会监督的有益尝试。

社会监督有利于监督国家监察机关及其工作人员审慎用权，有利于保障公民行使民主监督权利，有利于保障监察机关正确行使监察权。

三、舆论监督

舆论监督指的是社会各界通过广播、影视、报纸、杂志、网络、自媒体等大众传播媒介发表看法，形成舆论压力，从而间接对监察机关及其工作人员进行监督。党的十八大报告中提出加强党内监督、民主监督、法律监督、舆论监督，让人民监督权力，让权力在阳光下运行。党的十九大报告也提出：“构建党统一指挥、全面覆盖、权威高效的监督体系，把党内监督同国家机关监督、民主监督、司法监督、群众监督、舆论监督贯通起来，增强监督合力。”在信息传播高度发达的今天，作为监督方式之一的舆论监督正发挥着越来越重要的作用。

无论是民主监督、社会监督还是舆论监督，都不是毫无限制的，这些监督应当在法律规定的范围内进行。依法监督与非法干预不能混为一谈。[①]

① 中共中央纪律检查委员会法规室，中华人民共和国国家监察委员会法规室.《中华人民共和国监察法》释义. 北京：中国方正出版社，2018：214.

课后练习

1. 狭义和广义的民主监督分别指的是什么？
2. 民主监督、社会监督和舆论监督的关系是什么？
3. 民主监督的必要性是什么？

核心法条

《中华人民共和国宪法》

第二条 中华人民共和国的一切权力属于人民。

人民行使国家权力的机关是全国人民代表大会和地方各级人民代表大会。

人民依照法律规定，通过各种途径和形式，管理国家事务，管理经济和文化事业，管理社会事务。

《中华人民共和国监察法》

第五十四条 监察机关应当依法公开监察工作信息，接受民主监督、社会监督、舆论监督。

《中华人民共和国监察法实施条例》

第二百五十五条 各级监察机关应当通过互联网政务媒体、报刊、广播、电视等途径，向社会及时准确公开下列监察工作信息：

（一）监察法规；

（二）依法应当向社会公开的案件调查信息；

（三）检举控告地址、电话、网站等信息；

（四）其他依法应当公开的信息。

第五节 内部监督

监察机关的自我监督又称内部监督，指的是国家各级监察委员会，依法在其机构内部设立专门的监督机构，依据《监察法》等的相关规定对行使监察权的监察人员进行的内部监督。监察机关上下级间的领导体制，各部门间相互协调制约的工作机制以及工作决策机制也属于制度层面上监察机关的内部监督。另外，在《监察法》第七章中，还专章规定了登记备案制度、回避制度和脱密与从业限制等特殊具体的内部监督制度。

一、登记备案制度

作为监察法的基本原则之一，独立行使监察权要求监察人员排除干扰，独立办理相关监察事项。登记备案制度是监察法赋予监察人员独立办理监察事项的有力制度保障之一。根据《监察法》第五十七条的规定，该制度主要包括以下两方面的主要内容：第一是对监察人员干预案件的报告和备案。备案登记的主体是办理监察事项的监察人员，针对的监督对象是在线索处置、日常监督、调查、审理和处置等各环节有打听案情、过问案件、说情干预等行为的监察人员，是一种监察人员对监察人员的内部监督。监察机关内部建构登记备案制度为监察机关内部监督提供了制度保障，同时也是对办理监察事项的监察人员的保护措施，有利于办案的独立性和公正性。[①] 第二是对办理监察事项的监察人员违反规定接触有关人员的报告和备案。登记备案主体是知情人，这里的知情人既包括共同办理该监察事项的其他监察人员，也包括被调查人、涉案人员及其特定关系人或者其他人员。针对的监督对象是在办理监察事项过程中违反规定接触有关人员的监察人员。知情人范围的扩大化理解其实就是对民主监督或社会监督的积极适用，调动所有社会公众的力量对监察人员进行监督，以保障监察活动的公正公开。对上述两类情况，监察机关应当全面、如实记录，做到全程留痕，有据可查。

需要注意的是，对于上述违法干预案件、接触相关人员的监察人员，应当依法给予政务处分；是党员的，要依照《中国共产党纪律处分条例》追究党纪责任；构成犯罪的，还应当依法追究刑事责任。[②]

二、回避制度

监察回避，是指办理监察事项的监察人员在遇到法定情形时不得参与监察事项的办理的一种制度。其目的在于确保监察工作客观、公正、合法，树立监察机关公正执法的良好形象。根据《监察法》第五十八条的规定，监察回避分为自行回避和申请回避两类。自行回避指的是办理监察事项的监察人员在遇到法定情形时，主动向有关监察机关申请退出参与案件的办理。自行回避是监察人员应尽的义务，既是对监察人员自身的保护，也能避免在案件办理中先入为主、徇私舞弊。申请回避指的是监察对象、检举人及其他有关人员发现办理监察事项的监察人员具有需要自行回避的法定情形却没有申请自行回避时，可以依法向有关监察

① 吴建雄. 读懂《监察法》. 北京：人民出版社，2018：289.

② 中共中央纪律检查委员会法规室，中华人民共和国国家监察委员会法规室.《中华人民共和国监察法》释义. 北京：中国方正出版社，2018：253.

机关提出申请要求其退出参与案件的办理。申请回避是监察对象、检举人及其他有关人员享有的法定权利，出于保障被调查人或监察对象在监察活动中受到公正对待的需要，相关人员有权要求有利害关系的监察人员回避。申请回避本质上也是一种用权利监督和制约权力的方式。

《监察法》规定了四类需要回避的法定情形，分别是：(1) 是监察对象或者检举人的近亲属的。这种情形是指监察人员是监察对象或者检举人的夫、妻、父、母、子、女、同胞兄弟姊妹。(2) 担任过本案的证人的。担任过本案的证人的人，不能参与以后的调查处置环节，以避免出现不公正办案的情况。(3) 本人或者其近亲属与办理的监察事项有利害关系的。这是指监察人员或者他的夫、妻、父、母、子、女、同胞兄弟姊妹虽不是本案相关人，但本案的处理涉及他们的重大利益，或者存在可能影响案件公正处理的其他关系。(4) 有可能影响监察事项公正处理的其他情形的。这种情形主要包括以下几种：是监察对象、检举人及其他有关人员的朋友、亲戚，与监察对象有过恩怨，与监察对象有借贷关系，等等。上述情形只有在可能影响公正处理案件的情况下适用回避。比如监察人员是监察对象的近亲属，应当无条件回避，但如果监察人员与监察对象是一种远亲的关系，则要看其是否可能影响公正处理案件才能决定回避与否。①

根据《监察法实施条例》第二百六十三条和第二百六十四条的相关规定，监察回避具有回避申请的提出、回避申请的审查和决定等一般性程序内容。

三、脱密与从业限制

监察人员行使监察权，不仅在职在岗期间要对其加强监督制约，在其离职离岗后仍应对其行为有所限制。《监察法》第五十九条第一款和第二款分别规定了对离职离岗监察人员的脱密期管理和从业限制。

就脱密期管理而言，监察人员在工作过程中往往会接触到包括国家秘密、商业秘密和个人隐私在内的各种相关秘密。所谓“脱密”，指的就是不再接触相关秘密；而所谓“脱密期管理”，指的就是在一定期限内，从就业、出境等方面对离岗离职的监察机关涉密人员采取相应的限制措施。② 就从业限制而言，监察人员辞职、退休后，虽然不再具备监察机关工作人员的身份，但仍有可能利用其在职期间的人脉关系、影响力等为自己谋取私利。为了避免出现西方政界常见的“旋转门”现象，《监察法》第五十九条第二款明确规定了对离职离岗监察人员的

① 中共中央纪律检查委员会法规室，中华人民共和国国家监察委员会法规室.《中华人民共和国监察法》释义. 北京：中国方正出版社，2018：255-256.

② 马怀德. 监察法学. 北京：人民出版社，2019：382.

从业限制。就适用对象来说，主要适用主动离职或自动退休的监察人员，被辞退、被开除离职的一般不在限制之列；就适用期限来说，一般是辞职、退休三年内，超过该期限则从业不再受限；就适用行为来说，监察人员辞职、退休三年内，不得从事与监察和司法工作相关联且可能发生利益冲突的职业。这里何为“与监察和司法工作相关联且可能发生利益冲突的职业”，《监察法》没有给出明确的范围界定，可参照《法官法》《检察官法》等相关法律规定，在今后监察法规等相关规范中作出进一步细致的规定。

另外，在《监察法实施条例》第二百七十条中，尤其强调监察人员应当严格遵守有关规范领导干部配偶、子女及其配偶经商办企业行为的规定。该条规定相当于对监察人员的近亲属（配偶、子女及其配偶）也作出了一定的从业限制。

课后练习

1. 监察机关实行自我监督的必要性是什么？
2. 登记备案制度的作用是什么？
3. 回避制度的适用对象有哪些？

核心法条

《中华人民共和国监察法实施条例》

第二百六十三条 办理监察事项的监察人员有监察法第五十八条所列情形之一的，应当自行提出回避；没有自行提出回避的，监察机关应当依法决定其回避，监察对象、检举人及其他有关人员也有权要求其回避。

选用借调人员、看护人员、调查场所，应当严格执行回避制度。

第二百六十四条 监察人员自行提出回避，或者监察对象、检举人及其他有关人员要求监察人员回避的，应当书面或者口头提出，并说明理由。口头提出的，应当形成记录。

监察机关主要负责人的回避，由上级监察机关主要负责人决定；其他监察人员的回避，由本级监察机关主要负责人决定。

第二百七十条 监察人员应当严格遵守有关规范领导干部配偶、子女及其配偶经商办企业行为的规定。

第九章　监察救济

我国《监察法》的制定目的在于构建集中统一、权威高效的中国特色国家监察体制。作为行使国家监察职能的专责机关，国家各级监察委员会在行使监察权的过程中，若行使不当有可能会对自然人、法人或者其他组织的合法权益造成侵害。《监察法》第五条明确规定，国家监察工作严格遵照宪法和法律，以事实为根据，以法律为准绳；在适用法律上一律平等，保障当事人的合法权益；权责对等，严格监督；惩戒与教育相结合，宽严相济。这一规定确立了监察工作的合法权益保障和救济原则。[①] 从监察法的基本原则来看，高效反腐原则和人权保障原则相辅相成，缺一不可，不可偏废。根据"无救济则无权利"的法谚，必须依法给予合法权益受损的当事人以救济的制度和机制。根据《监察法》第四十九条、第六十条和第六十七条的相关规定，监察救济制度包括监察复审、复核，监察申诉和监察赔偿三项主要内容。

第一节　监察复审、复核

一、监察复审、复核的概念

监察复审是指对监察机关作出的监察决定是否合法进行复查核实，监察复核是指对监察机关作出的复查决定是否合法进行复查核实。申请复审、复核的主体

① 秦前红. 监察法学教程. 北京：法律出版社，2019：408.

是监察对象，即《监察法》第十五条规定的六大类群体。复审机关是作出决定的原监察机关，复核机关是原监察机关的上一级监察机关。

《监察法》中对于复审、复核制度的规定，既体现了对于合法权益可能受损的监察对象的人权保障原则，也通过对复审、复核的对象、事由和程序等的法定化，防止和避免对监察对象滥用复审、复核权，维护监察机关的正常工作活动。[①]

二、监察复审、复核的事由

根据《监察法》第四十九条的规定，监察复审、复核的事由被限定为涉及监察对象本人的监察处理决定。对于监察对象的所在单位，不在复审、复核的范围之中。[②] 根据《监察法》第四十五条的规定，涉及监察对象本人的监察处理决定主要包括以下四类：第一，对有职务违法行为但情节较轻的公职人员，按照管理权限，直接或者委托有关机关、人员，进行谈话提醒、批评教育、责令检查，或者予以诫勉；第二，对违法的公职人员依照法定程序作出警告、记过、记大过、降级、撤职、开除等政务处分决定；第三，对不履行或者不正确履行职责负有责任的领导人员，按照管理权限对其直接作出问责决定，或者向有权作出问责决定的机关提出问责建议；第四，对涉嫌职务犯罪的，监察机关经调查认为犯罪事实清楚，证据确实、充分的，制作起诉意见书，连同案卷材料、证据一并移送人民检察院依法审查、提起公诉。监察对象不服上述涉及本人的监察处理决定的，均可在法定期限内申请复审。

三、监察复审、复核的程序

《监察法》第四十九条明确规定了监察复审、复核的程序。就复审、复核的申请期限而言，本条规定，监察对象对监察机关作出的涉及本人的处理决定不服的，自收到处理决定之日起一个月内，可以向作出决定的监察机关申请复审，作出决定的监察机关依法受理后，应当对原处理决定进行审查核实并作出复审决定。监察对象对复审决定仍旧不服的，自收到复审决定之日起一个月内，可以向作出复审决定的监察机关的上一级监察机关申请复核，上一级监察机关依法受理后，对原复审决定进行审查核实并在二个月内作出复核决定。

就监察机关作出复审、复核的时限而言。本条规定，复审机关应当在一个月

① 江国华. 中国监察法学. 北京：中国政法大学出版社，2018：276.

② 同①277.

内作出复审决定，复核机关应当在二个月内作出复核决定。这里的“一个月”应当自复审机关收到复审申请之日起计算，这是作出原处理决定的监察机关进行复审活动的期限，“二个月”应当自复核机关收到复核申请之日起计算，这是上一级监察机关进行复核活动的期限。规定复审、复核期限的目的在于保证监察机关及时处理复审、复核案件，维护复审、复核申请人的合法权益。另外，从该程序条款也可以看出，复审是复核的前置程序，未经复审的，不能提出复核申请。

就复审、复核期间原处理决定的效力而言。复审、复核期间，不停止原处理决定的执行。规定复审、复核期间不停止原决定的执行，是因为监察机关处理决定和复审决定，是一级国家机关依法作出的，对监察对象和监察机关均有约束力，双方都必须严格执行，非依法定程序不得随意变更和撤销。在复审、复核期间不停止原处理决定的执行，有利于保障监察机关代表国家作出的处理决定、复审决定的效力，维护监察机关的工作秩序，维护法律秩序和公共利益。同时，作这样的规定，也不影响对复审、复核申请人合法权益的保护，监察机关经过复审、复核认为原处理决定不适当的，可以作出变更或者撤销原处理决定的复审、复核决定。这一复审、复核决定的效力始于原处理决定生效之时。[①]

需要注意的是，对监察机关涉及本人的处理决定不服的，只能向作出原处理决定的监察机关申请复审，而不能向其他机关提出申请。

课后练习

1. 监察复审和监察复核有哪些异同?
2. 监察复审的法定事由有哪些?
3. 提出监察复审、复核的主体有哪些?

核心法条

《中华人民共和国监察法》

第五条 国家监察工作严格遵照宪法和法律，以事实为根据，以法律为准绳；在适用法律上一律平等，保障当事人的合法权益；权责对等，严格监督；惩戒与教育相结合，宽严相济。

---

① 中共中央纪律检查委员会法规室，中华人民共和国国家监察委员会法规室.《中华人民共和国监察法》释义. 北京：中国方正出版社，2018：222-223.

第四十九条 监察对象对监察机关作出的涉及本人的处理决定不服的，可以在收到处理决定之日起一个月内，向作出决定的监察机关申请复审，复审机关应当在一个月内作出复审决定；监察对象对复审决定仍不服的，可以在收到复审决定之日起一个月内，向上一级监察机关申请复核，复核机关应当在二个月内作出复核决定。复审、复核期间，不停止原处理决定的执行。复核机关经审查，认定处理决定有错误的，原处理机关应当及时予以纠正。

第二节 监察申诉

一、监察申诉的概念

《宪法》第四十一条第一款明确规定，中华人民共和国公民对于任何国家机关和国家工作人员，有提出批评和建议的权利；对于任何国家机关和国家工作人员的违法失职行为，有向有关国家机关提出申诉、控告或者检举的权利，但是不得捏造或者歪曲事实进行诬告陷害。作为宪法规定的公民基本权利，《监察法》第六十条也明确规定了监察申诉的范围、事由和程序。所谓监察申诉，指的就是被调查人及其近亲属对于监察权滥用或者不当行使的，向监察机关申诉，监察机关依法作出调查与处理的制度。

监察复审、复核制度和监察申诉制度有以下两点不同：第一，提出主体不同。监察复审、复核制度只能由监察对象提出申请；而监察申诉制度的提出主体除了被调查人，还可以是其近亲属。结合《刑事诉讼法》的相关规定，被调查人的近亲属主要是指被调查人的夫、妻、父、母、子、女、同胞兄弟姊妹。第二，法定事由不同。监察复审、复核的法定事由为涉及监察对象本人的监察处理决定，而监察申诉的法定事由为监察机关及其公职人员滥用监察权的行为。

二、监察申诉的事由

《监察法》第六十条第一款共五项分别列举了五种可以申诉的违法行为，即监察申诉有五种法定事由：

一是留置法定期限届满，不予以解除的。《监察法》第四十三条明确规定："留置时间不得超过三个月。在特殊情况下，可以延长一次，延长时间不得超过三个月。省级以下监察机关采取留置措施的，延长留置时间应当报上一级监察机关批准。"如果超过上述规定期限，有关监察机关及其工作人员对被留置人不解除留置措施的，就属于第一种法定事由。

二是查封、扣押、冻结与案件无关的财物的。查封、扣押、冻结是指《监察法》第二十五条第一款规定的“监察机关在调查过程中，可以调取、查封、扣押用以证明被调查人涉嫌违法犯罪的财物、文件和电子数据等信息”和第二十三条第一款规定的“监察机关调查涉嫌贪污贿赂、失职渎职等严重职务违法或者职务犯罪，根据工作需要，可以依照规定查询、冻结涉案单位和个人的存款、汇款、债券、股票、基金份额等财产”。如果超出该规定的范围，任意查封、扣押、冻结与案件无关的财物，就属于第二种法定事由。

三是应当解除查封、扣押、冻结措施而不解除的。这是指监察机关采取查封、扣押、冻结措施后，按照《监察法》第二十五条第二款中“查封、扣押的财物、文件经查明与案件无关的，应当在查明后三日内解除查封、扣押，予以退还”和第二十三条第二款中“冻结的财产经查明与案件无关的，应当在查明后三日内解除冻结，予以退还”的规定，应当及时解除查封、扣押、冻结措施，否则就属于第三种法定事由。

四是贪污、挪用、私分、调换以及违反规定使用查封、扣押、冻结的财物的。“贪污”一般是指监察机关及其工作人员将被查封、扣押、冻结的财物占为己有；“挪用”一般是指将该财物私自挪作他用；“私分”一般是指将该财物私下瓜分；“调换”一般是指将该财物以旧换新，或者换成低档品等；“违反规定使用”一般是指擅自将财物任意使用，如违规使用被扣押的车辆等。这些属于第四种法定事由。

五是其他违反法律法规、侵害被调查人合法权益的行为。这是为了全面保护被调查人的合法权益设置的兜底条款。除了前四种规定的情形外，对于其他违法违规侵害被调查人合法权益的行为，被调查人及其近亲属也可以提出申诉。①

三、监察申诉的程序

《监察法》第六十条第二款明确规定了监察申诉的程序。就监察申诉的申请期限而言，本条并未对被调查人及其近亲属提出申诉的期限作出明确规定。不过，申诉人对处理决定不服的，自收到处理决定之日起一个月内，可以向作出处理决定的监察机关的上一级监察机关申请复查，上一级监察机关依法受理后，对原处理决定进行复查核实并作出处理决定，情况属实的，及时予以纠正。

---

① 中共中央纪律检查委员会法规室，中华人民共和国国家监察委员会法规室.《中华人民共和国监察法》释义. 北京：中国方正出版社，2018：260-262.

就监察机关作出处理、复查的时限而言。本条规定，申诉受理机关应当在一个月内作出处理决定，复查机关应当在二个月内作出复核决定。这里的“一个月”应当自申诉受理机关收到申诉申请之日起计算，这是作出原处理决定的监察机关进行申诉受理的期限；“二个月”应当自复查机关收到复查申请之日起计算，这是上一级监察机关进行复查活动的期限。规定申诉受理和复查期限的目的在于保证监察机关及时处理申诉、复查案件，保护被调查人的合法权益，强化对监察机关及其工作人员的监督管理。

需要注意的是，监察机关不是行政机关，被调查人及其近亲属对于上一级监察机关复查结果不服的，不能提起行政复议或者行政诉讼。①

课后练习

1. 监察申诉的提出主体有哪些？
2. 监察申诉和监察复审、复核的区别是什么？
3. 监察申诉的程序是什么？

核心法条

《中华人民共和国监察法》

第六十条 监察机关及其工作人员有下列行为之一的，被调查人及其近亲属有权向该机关申诉：

（一）留置法定期限届满，不予以解除的；

（二）查封、扣押、冻结与案件无关的财物的；

（三）应当解除查封、扣押、冻结措施而不解除的；

（四）贪污、挪用、私分、调换以及违反规定使用查封、扣押、冻结的财物的；

（五）其他违反法律法规、侵害被调查人合法权益的行为。

受理申诉的监察机关应当在受理申诉之日起一个月内作出处理决定。申诉人对处理决定不服的，可以在收到处理决定之日起一个月内向上一级监察机关申请复查，上一级监察机关应当在收到复查申请之日起二个月内作出处理决定，情况属实的，及时予以纠正。

---

① 中共中央纪律检查委员会法规室，中华人民共和国国家监察委员会法规室.《中华人民共和国监察法》释义.北京：中国方正出版社，2018：263.

第三节 监察赔偿

一、监察赔偿的概念和原则

监察赔偿是广义国家赔偿的组成部分。国家赔偿是一种国家责任制度，即国家侵犯公民、法人或者其他组织的合法权益，造成损害，依法进行赔偿的制度。[①] 根据《监察法》第六十七条的规定，结合国家赔偿的概念，可对监察赔偿的概念做如下界定：监察赔偿是指监察机关及其工作人员行使职权侵犯公民、法人或者其他组织的合法权益造成损失的，国家依法赔偿受害人，对其受到侵害的权利予以救济的法律制度。和国家赔偿类似，监察赔偿具有如下特征：

第一，监察赔偿必须是国家监察机关及其工作人员的行为引起的。这是同为国家赔偿的监察赔偿区别于行政赔偿和司法赔偿的前提。

第二，国家监察机关及其工作人员的行为必须是行使职权的行为。国家监察机关及其公职人员未行使职权的民事行为或者个人行为造成的损害，不承担国家赔偿责任。

第三，国家监察机关及其工作人员的行为必须具有违法性。如果是国家监察机关及其公职人员的合法行为造成公民、法人或者其他组织的合法权益受损，需要承担的是补偿责任而非赔偿责任。

第四，相对人的合法权益受到损害，且受到的损害必须客观存在。如果受到损害的并非合法权益，或者并非客观存在的损害，也不属于监察赔偿的范围。

第五，监察机关及其工作人员的违法行为与损害事实之间存在因果联系。按照国家赔偿法的相关规定和目前学界的通说，监察赔偿中监察机关及其工作人员的违法行为与损害事实之间适用相当因果关系。

第六，赔偿的责任由国家承担。具体的监察赔偿由监察赔偿义务机关执行。根据国家赔偿法的相关规定，直接造成相对人合法权益受损的监察机关充当监察赔偿义务机关。

国家赔偿的原则是为了解决在什么情况下国家对损害后果承担赔偿责任的问题，又称之为归责原则。[②] 归责原则是确定国家赔偿责任的前提和条件，在国家

---

① 《行政法与行政诉讼法学》编写组. 行政法与行政诉讼法学. 2版. 北京：高等教育出版社，2018：297.

② 王学辉. 行政法与行政诉讼法学. 2版. 北京：法律出版社，2015：468.

赔偿制度中，它反映国家赔偿的价值取向和赔偿政策，从而直接影响国家赔偿的范围以及具体程序。[①] 目前在我国国家赔偿制度中，行政赔偿主要适用违法归责原则，即只要国家行政机关及其工作人员违法行使职权并造成损害，无论其有无过错均需要负责赔偿。司法赔偿适用的是以违法归责原则为主，无过错归责原则为辅的归责体系。无过错归责原则指的是不以过错为责任的构成要件，只要国家机关及其工作人员的行为造成损害，都应对其行为所造成的损害承担责任。在监察赔偿中，造成相对人合法权益受损的主要是监察调查权，其性质相较于行政权，更接近于司法机关的刑事侦查权。因此在监察赔偿中，归责原则可以参考司法赔偿中的归责原则，适用过错责任为主归责原则，无过错责任为补充的归责体系。

二、监察赔偿的范围和要件

《监察法》第六十七条规定："监察机关及其工作人员行使职权，侵犯公民、法人和其他组织的合法权益造成损害的，依法给予国家赔偿。"根据《监察法实施条例》第二百八十条的规定，监察机关及其工作人员在行使职权时，有以下情形之一的，受害人可以申请国家赔偿："（一）采取留置措施后，决定撤销案件的；（二）违法没收、追缴或者违法查封、扣押、冻结财物造成损害的；（三）违法行使职权，造成被调查人、涉案人员或者证人身体伤害或者死亡的；（四）非法剥夺他人人身自由的；（五）其他侵犯公民、法人和其他组织合法权益造成损害的。"与《监察法》第六十五条规定的违法行为相比，监察赔偿的范围相对有所限缩，主要集中在监察机关及其工作人员侵犯当事人人身权和财产权两方面。

监察机关因其履行职责构成侵权，应承担国家赔偿责任时，一般要具备以下几个条件：

一是公民、法人或者其他组织受到的损害必须是监察机关或者监察人员违法行使职权所造成的。所谓"行使职权"，一般是指监察机关及其工作人员依据职责和权限所进行的活动。监察人员在从事与行使职权无关的个人活动给公民、法人或者其他组织造成损害的，监察机关不承担国家赔偿责任。

二是损害事实与违法行使职权的行为之间存在着因果关系。违法行使职权的行为既包括侵犯公民、法人或者其他组织财产权的行为，如违法提请人民法院冻结案件涉嫌人员的存款等，也包括侵犯人身权的行为，如采取留置措施时超过法

---

① 杨小君. 国家赔偿的归责原则与归责标准. 法学研究，2003（2）：113-121.

定期限等。

三是损害必须是现实已经产生或者必然产生的，不是想象的、虚拟的，是直接的，不是间接的。

四是赔偿是法律规定的。国家赔偿责任是一种法律责任，只有当法律规定的各项条件具备后，国家才予以赔偿。受损害人提出国家赔偿请求，应当在法定范围和期限内依照法定程序提出。对于不符合法定条件，或者不属于法定赔偿范围的，国家不负责赔偿。①

三、监察赔偿的程序

对照国家赔偿的相关程序规定，监察赔偿程序应包括提出赔偿请求、监察行为判断和赔偿决定程序。② 具体程度，应按照《中华人民共和国国家赔偿法》（以下简称《国家赔偿法》）有关规定执行。这里需要注意的是监察行为判断程序，即需要判断监察行为是否违法。除了《监察法实施条例》第二百八十条明确列举的几种违法行为之外，作为兜底条款规定的“其他侵犯公民、法人和其他组织合法权益造成损害的”应该如何界定，需要更为具体细致的制度设计。对照国家赔偿制度中行政赔偿和司法赔偿的程序设计，监察赔偿程序是否也需要设计诸如诉讼程序和非讼程序等的划分，或者监察机关与检察机关、审判机关之间单独赔偿程序和共同赔偿程序等。这些问题都有赖于对监察赔偿理论定位问题的解决，从本质而言反映了监察机关与检察机关、审判机关之间权力行使的相互关系和责任承担的宪法体制问题。③

参照司法赔偿程序，在监察赔偿程序的具体制度设计上，可以将监察赔偿的赔偿程序划分为以下五个部分：第一，先行处理程序。合法权益受到监察机关及其工作人员侵害，要求监察赔偿的申请人应当首先向监察赔偿义务机关提出，由监察赔偿义务机关在法定期限内作出是否赔偿的决定。第二，复议程序。赔偿申请人向监察赔偿义务机关提出赔偿请求后，监察赔偿义务机关的处理可能会有三种情形：不作出决定、不予赔偿的决定或者作出赔偿的决定。如果监察赔偿申请人对监察赔偿义务机关的处理决定不服，可以向监察赔偿义务机关的上一级监察机关申请复议。第三，法院审理程序。法院审理程序是指由法院赔偿委员会依法

---

① 中共中央纪律检查委员会法规室，中华人民共和国国家监察委员会法规室.《中华人民共和国监察法》释义. 北京：中国方正出版社，2018：283－284.

② 秦前红. 监察法学教程. 北京：法律出版社，2019：416.

③ 谭宗泽，张震，褚宸舸. 监察法学. 北京：高等教育出版社，2020：219.

对监察赔偿请求人的赔偿申请进行审理并作出决定的程序。第四，赔偿监督程序。作为国家的法律监督机关，检察机关应当在国家赔偿中对法院作出的赔偿决定依法予以监督，最大限度地保障监察赔偿申请人的相关权益。第五，追偿程序。参照《国家赔偿法》中对于追偿的制度设计，监察赔偿中也应设计针对有重大过错的监察机关工作人员实施追偿的相关程序。[①] 总体而言，监察赔偿程序的具体制度安排，有赖于今后《国家赔偿法》的修改及相关监察法律法规的制定。

课后练习

1. 监察赔偿和行政赔偿、司法赔偿有何区别？
2. 监察赔偿的要件有哪些？
3. 监察赔偿的必要性是什么？

核心法条

《中华人民共和国监察法》

第六十七条　监察机关及其工作人员行使职权，侵犯公民、法人和其他组织的合法权益造成损害的，依法给予国家赔偿。

① 张如忆. 论监察赔偿的制度构建：以《监察法》第 67 条与《国家赔偿法》相衔接为背景. 法学，2021 (4)：502-508.

图书在版编目（CIP）数据

监察法理论与实务/谭宗泽主编；杨尚东，杨靖文副主编. -- 北京：中国人民大学出版社，2024.5
法律硕士精品系列教材
ISBN 978-7-300-32748-8
Ⅰ.①监… Ⅱ.①谭… ②杨… ③杨… Ⅲ.①行政监察法-中国-研究生-教材 Ⅳ.①D922.11

中国国家版本馆 CIP 数据核字（2024）第 082703 号

法律硕士精品系列教材
监察法理论与实务
主　编　谭宗泽
副主编　杨尚东　杨靖文

出版发行	中国人民大学出版社		
社　　址	北京中关村大街 31 号	**邮政编码**	100080
电　　话	010－62511242（总编室）		010－62511770（质管部）
	010－82501766（邮购部）		010－62514148（门市部）
	010－62515195（发行公司）		010－62515275（盗版举报）
网　　址	http://www.crup.com.cn		
经　　销	新华书店		
印　　刷	天津鑫丰华印务有限公司		
开　　本	787 mm×1092 mm　1/16	**版　　次**	2024 年 5 月第 1 版
印　　张	15 插页 1	**印　　次**	2024 年 5 月第 1 次印刷
字　　数	261 000	**定　　价**	49.00 元

《　　　　　　　》※任课教师调查问卷

为了能更好地为您提供优秀的教材及良好的服务，也为了进一步提高我社法学教材出版的质量，希望您能协助我们完成本次小问卷，完成后您可以在我社网站中选择与您教学相关的 1 本教材作为今后的备选教材，我们会及时为您邮寄送达！如果您不方便邮寄，也可以申请加入我社的**法学教师 QQ 群：436438859（申请时请注明法学教师）**，然后下载本问卷填写，并发往我们指定的邮箱（cruplaw@163.com）。

邮寄地址：北京市海淀区中关村大街 59 号文化大厦中国人民大学出版社 1202 室收

邮　　编：100872

再次感谢您在百忙中抽出时间为我们填写这份调查问卷，您的举手之劳，将使我们获益匪浅！

基本信息及联系方式：※

姓名：______________ 性别：______________ 课程：______________________

任教学校：__________________________________ 院系（所）：________________

邮寄地址：__________________________________ 邮编：______________________

电话（办公）：_______________ 手机：_______________ 电子邮件：________

调查问卷：※

1. 您认为图书的哪类特性对您选用教材最有影响力？（　　）（可多选，按重要性排序）
   A. 各级规划教材、获奖教材　　B. 知名作者教材
   C. 完善的配套资源　　D. 自编教材
   E. 行政命令
2. 在教材配套资源中，您最需要哪些？（　　）（可多选，按重要性排序）
   A. 电子教案　　B. 教学案例
   C. 教学视频　　D. 配套习题、模拟试卷
3. 您对于本书的评价如何？（　　）
   A. 该书目前仍符合教学要求，表现不错将继续采用
   B. 该书的配套资源需要改进，才会继续使用
   C. 该书需要在内容或实例更新再版后才能满足我的教学，才会继续使用
   D. 该书与同类教材差距很大，不准备继续采用了
4. 从您的教学出发，谈谈对本书的改进建议：_____________________________

____

____

选题征集：如果您有好的选题或出版需求，欢迎您联系我们：

联系人：黄　强　联系电话：010-62515955

索取样书：书名：____

书号：____

备注：※ 为必填项。